Schleswig-Holstein
Ostseeküste

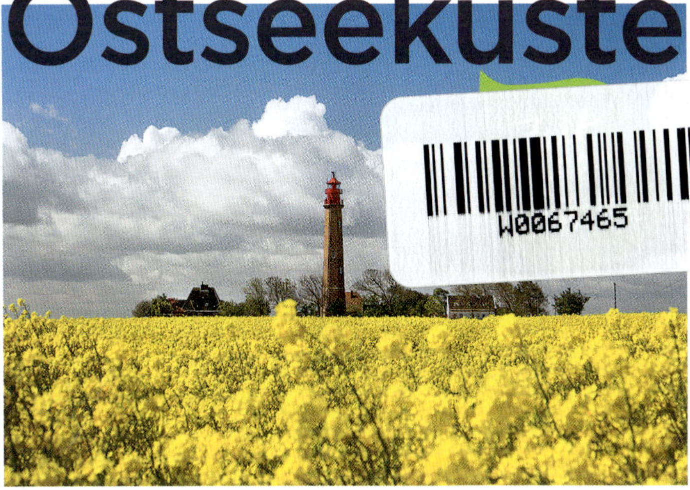

HIGHLIGHTS | GEHEIMTIPPS | WOHLFÜHLADRESSEN

»Die Ostsee! Er lehnte den Kopf gegen den starken
Seewind, der frei und ohne Hindernis daherkam,
die Ohren umhüllte und einen gelinden Schwindel,
eine gedämpfte Betäubung hervorrief, in der die
Erinnerung an alles Böse, an Qual und Irrsal, an
Wollen und Mühen träge und selig unterging.«
Thomas Mann, Tonio Kröger (1903)

Schifffahrt, Strand und Seebäderkultur liegen oft nah beieinander – so wie hier in Travemünde.

Schleswig-Holstein
Ostseeküste

Zeit für das Beste!

Christine Lendt
Ottmar Heinze

BRUCKMANN

INHALT

Auch das ist typisch Ostseeküste: Leuchtende Rapsfelder, hier mit der Farver Mühle in Ostholstein.

Die Ostsee ist ruhiger als die Nordsee – doch sie kann auch ordentlich Brandung haben.

KIELER BUCHT

MEHR WISSEN

Morgenstimmung am Strand von Schönberg

MEHR ERLEBEN

An der Schlei

IM HINTERLAND DER KIELER BUCHT

FEHMARN UND LÜBECKER BUCHT

Die wohl bekannteste Fischspezialität der Region

Die Altstadt von Lübeck an der Trave

DAS SOLLTEN SIE SICH NICHT ENTGEHEN LASSEN

Hier, an der Schusterkate,
geht es nach Dänemark.

❶ Kaffee trinken in der Museumswerft (S. 34)

Der Blick fällt auf historische Masten, dahinter weitet sich das Fördepanorama mit der Kirchturmspitze von St. Jürgen über dem alten Kapitänsviertel am Ost-ufer. Ein liebevoll geschäumter Cappuccino steht auf dem Terrassentisch, und falls es zu windig ist, sitzt man im ge-mütlich-maritimen Innenraum des Mini-Cafés. Es versteckt sich inmitten der roten Werftschuppen, in denen Boots-bauer ihrem Handwerk nachgehen.

❷ Spaziergang nach Dänemark (S. 52)

Eine malerische Holzbrücke schwingt sich über die Lagune. Wiegendes Schilf, ein Schwan paddelt vorbei, die Förde wirkt hier wie ein stiller Binnensee. Der Spa-zierweg verführt zum Hinübergehen, auf der anderen Seite verschwindet er im Grün des Kollunder Waldes. Und schon ist man angekommen in Dänemark … Nichts davon bemerkt? Wer beim Überqueren der Brücke auf die Steinpfeiler mit den Buchstaben D und DK achtet, stellt fest: Dies ist der wohl schönste Grenzübergang Europas. Zu finden in Wassersleben, am nördlichsten Ende der schleswig-holstei-nischen Ostseeküste.

❸ Floraler und leibhaftiger Adel in Glücksburg (S. 57)

Mehr als 500 Rosensorten verströmen ihren Duft, arrangiert in einem romantischen Garten mit lauschigen Plätzen zum Verweilen. Lustwandeln, Augen und Nase verwöhnen lassen und anschließend auch den Gaumen bei hausgemachten Torten im Rosencafé. Nebenan erhebt sich das weiße Glücksburger Wasserschloss wie ein Märchen im See. So lässt sich ein Besuch bei der Königin der Blumen mit der Besichtigung der Wiege europäischer Könige verbinden.

4 Zu den wilden Pferden wandern (S. 5, 78 f.)

Eine ganze Herde grast in der weiten Landschaft mit Wiesen, Wäldern und kleinen Seen. Stuten traben neben ihren Fohlen, die Mähnen fliegen im Ostseewind. Schottische Hochlandrinder gesellen sich dazu. Die Halbinsel im äußersten Nordwesten der Kieler Bucht lässt das Gefühl von Freiheit aufleben. Den Tieren darf man dabei ganz nah sein.

Das Rosarium seaside-garden in Glücksburg

5 Mit der Schlei-Fähre nach Arnis übersetzen (S. 13, 96)

Am anderen Ufer ist schon die vielleicht kleinste Stadt Deutschlands zu sehen: Die Fischerhäuser von Arnis verlocken dazu, die hübsche Ortschaft zu erkunden. Hinüber geht es mit der per Seilkraft betriebenen Fähre. Warten braucht man dafür normalerweise nicht lange, und falls einmal doch: Umso besser, im Biergarten Schleiwelle beim Fähranleger in Sundsacker lässt es sich gut aushalten.

6 Fossilien finden in Waabs (S. 125)

Viele bunte Steine, wohin man schaut, über Jahrtausende rund geschliffen von der Kraft des Wassers. Nun aber ganz genau hinsehen, den Blick immer auf den Boden gerichtet. Diese Farbe, ist das nicht etwa … Nein, für einen Bernstein ist der zu schwer. Aber dort, gleich daneben – Sammlerglück macht sich breit, was für ein wunderschöner, versteinerter Seeigel. Am wildesten Strand der Eckernförder Bucht kann man so einiges finden.

7 Diqurannte in Eckernförde (S. 136)

Perfekt: Einer der Strandkörbe ist noch frei, und die kosten hier auf der Terrasse keine Gebühr. Schon bald steht der Sundowner auf dem Tisch, leuchtet hellrot im Abendlicht. Den Strohhalm zum Mund führen, die Eiswürfel klimpern lassen. Apropos, dies ist eigentlich ein Eiscafé, lädt aber genauso zum Chillen ein, während feiner Sand vom Strand herüberweht, und der norddeutsche Backstein im Hintergrund vergessen ist.

In Lübeck lockt der Marzipan Speicher.

⑧ Fördebaden in Kiel (S. 156)
Die Sonne brennt vom Himmel. Bunte Bikinis, Bastschirme und Sonnenliegen, trendiges Weiß, gemixt mit der Nostalgie des Seebadens. Nun Schritt für Schritt die Holztreppe hinab und sich von der kühlenden Ostsee umfangen lassen. Die einzige Kieler Bar auf dem Wasser ist auch ein Meerfreibad mit 60-Meter-Bahn, Sprungbrett und Nichtschwimmerbereich. Wer es ganz stilecht möchte, setzt eine Badehaube auf und winkt seufzend den in Richtung Mündung ziehenden Kreuzfahrtschiffen hinterher.

⑨ Die Hohwachter Badehütten (S. 170)
Das gibt es nirgendwo sonst an der Ostseeküste: Ein buntes, kleines Sommerdorf in den Dünen am bewaldeten Steilufer. Das Glück, vor oder in einem der Häuschen verweilen zu können, ist jenen vorbehalten, die sie erbten oder pachteten. Diese Badehütten schrieben Geschichte. Doch schon daran vorbeizuspazieren macht Laune, und der herrliche Sandstrand von Hohwacht steht allen offen.

⑩ Das Marzipanland besuchen (S. 46)
Die ehrwürdige Hansestadt ist auch für ihr Naschwerk berühmt. Im Lübecker Marzipan-Speicher ist zu erleben, welche unglaublichen Formen es annehmen kann. Ein Rundgang führt durch eine kostenlose Ausstellung von Kuriositäten, Antiquitäten und Exponaten rund um die aus Mandeln gewonnene Spezialität. Dabei begegnen einem auch lebensgroße Figuren in Marzipankleidung, darunter einige Weltrekorde. Wer sich selbst im genussvollen Formen ausprobieren möchte, macht hier gleich das Marzipan-Abitur.

VIELFALT DER
Fördelandschaften

Mal helle Sandstrände mit gepflegten Promenaden, dann wieder von Steinsäumen und steilen Ufern begleitete Küsten. Das gewellte Hinterland mit Reetdachdörfern, Gutshöfen, Schlössern und leuchtenden Rapsfeldern. Traditionsreiche Fischerhäfen und monumentale Backsteingotik. Die Ostseeküste Schleswig-Holsteins hat mehr als ein Gesicht. Ihr Profil zeichneten eiszeitlich geprägte Fördelandschaften.

Schon ein Blick auf die Landkarte zeigt: Die Küste zwischen Flensburg und Lübeck ist anders als die zu Mecklenburg-Vorpommern gehörende Nachbarin. Während dort vor allem Boddenlandschaften mit Lagunen zu finden sind, schneiden sich hier drei Förden und die Schlei tief in das Landesinnere, schmale Meeresarme mit den Hafenstädten Flensburg, Schleswig, Eckernförde und Kiel, jeweils am innersten Zipfel. Eine Ausnahme bildet die Hansestadt Lübeck mit dem Ortsteil Travemünde, der an der weiten Lübecker Bucht liegt.

Kulturperle nahe Kiel: das Künstlermuseum Heikendorf

Anders als der von der Nordsee gesäumte Westen ist der Osten Schleswig-Holsteins außerdem von besonders vielen Binnenseen gesprenkelt. Sie betten sich in an Wäldern reiche Naturparks wie die Holsteinische Schweiz, die Lauenburgischen Seen oder Westensee bei Kiel – Süßwasser nahe der Küste für abwechslungsreiche Urlaube. So ist Deutschlands nördlichstes Bundesland hier auch alles andere als platt, sondern überrascht mit hügeligen Regionen, in denen teils sogar Weinreben gedeihen. Und auf dem Bungsberg, mit rund 168 Metern der landesweit höchste »Gipfel«, wird bei Schneefall ein Skilift aufgestellt.

Von Gletschern gestaltet

Ihre vielfältigen Landschaften verdankt die schleswig-holsteinische Ostseeküste vor allem den Gletschern, die weit in das Land vordrangen, zuletzt während der Weichsel-Kaltzeit vor rund 12 000 Jahren. Die Eispanzer rückten aus Skandinavien in Richtung Südwesten vor und bildeten eine Moränenlandschaft mit Steilküsten und Förden. Als Moränen be-

Das Ostseebad Damp bietet einen langen Sandstrand.

zeichnet die Geologie das von den Gletschern herbeitransportierte Material,
Schutt oder Geröll, das schließlich durch
die Bewegung aufgehäuft wurde und so
das Gelände formte. Es befinden sich
darin auch zahlreiche eiszeitliche Geschiebe und Fossilien, die besonders an
den Steilküsten der naturbelassenen
Ostseestrände nach Stürmen freigegeben werden. Also ist die Region auch bei
Sammlern beliebt. In einigen Ausstellungen können Besucher seltene Stücke bewundern und viel über die Entstehungsgeschichte der Küste erfahren – wie
etwa im Eiszeitmuseum Lütjenburg oder
im Eiszeithaus beim Flensburger Christi-

ansenpark, das konkret Fossilien und Gesteine aus der nahen Umgebung zeigt.

Die drei Förden und die Schlei

Die rund 45 Kilometer lange Flensburger
Förde ist in Schleswig-Holstein die größte dieser Wasserflächen, unterteilt von
der Halbinsel Holnis in eine Innenförde
und die Außenförde. Zwischen der Flensburger und der Kieler Förde liegt die
Eckernförder Bucht, bei der es sich – anders als ihre Bezeichnung vermuten lässt
– ebenfalls um eine Förde handelt, wenn
sie auch etwas breiter ist als die beiden

Die sattgrünen Ufer der Schlei gefallen auch den Schafen.

anderen. Eine Besonderheit ist die nördlich davon verlaufende Schlei, ein noch schmaleres Gewässer, das sich zwischen den Städten Kappeln und Schleswig rund 40 Kilometer weit in das Binnenland zieht. Denn anders als die drei Förden wurde sie vermutlich nicht von einer Gletscherzunge gegraben, vielmehr handelt es sich wohl um eine eiszeitliche Schmelzwasserrinne. Sie entstand demnach also durch ein Rinnsal und nicht durch den Gletscher selbst.

Den Fjorden ähnlich

Die Förden Schleswig-Holsteins werden, zum Beispiel von touristischen Institutionen vor Ort, auch gern mal als Fjorde bezeichnet, da sie den Meeresarmen Norwegens ähneln. Auch im Dänischen heißen sie so. Geomorphologisch betrachtet gibt es jedoch einen Unterschied, obwohl es sich bei beiden Landschaftsformen um glaziale Rinnen handelt, also um Täler, die von Gletschern geschaffen wurden. Fjorde sind durch Gebirgsgletscher entstanden, die sich von Hochtälern aus seewärts bewegten. Die Förden hingegen wurden von den Zungen großer Eispanzer gegraben, die sich durch die flachen Ostseebecken landwärts schoben. Der landschaftliche Effekt indes ist äußerst ähnlich.

Vielerorts an den Küsten und im Hinterland zeigen sich die Spuren der eiszeitlichen Ereignisse. Das nördlichste Beispiel dafür ist das Tunneltal der Krusau mit steil abfallenden Hängen und tiefen Bachschluchten. Hier wurde die Förde seinerzeit durch ein Gletschertor entwässert. Es bildete sich eine vielfältige

Landschaft mit Gewässern, Mooren und Feuchtwäldern, die heute zu Wanderungen einlädt. Im südöstlichen Binnenland ist die Holsteinische Schweiz mit ihren Hügeln und zahlreichen Seen ein besonderes Beispiel, genauso die unmittelbar angrenzende Stauchmoränenlandschaft rund um Lütjenburg. Noch weiter im Norden auf der Halbinsel Angeln befindet sich die Obere Treenelandschaft mit Binnendünen, Mooren, Flussläufen und Seen, gebildet von der während der Eiszeit entstandenen Treene, einem Nebenfluss der Eider.

Wildpferde und Wikinger

So könnte man gleich viele verschiedene Urlaube an der schleswig-holsteinischen Ostseeküste verbringen, denn jede Förde, jede Bucht hat ihren eigenen Charakter.

Ganz oben angefangen bei der Flensburger Förde, deren nördliche Ufer bereits in Dänemark liegen. Sehenswert ist die traditionsreiche, namensgebende Hafenstadt genauso wie die Schwesterstadt Glücksburg mit ihrem märchenhaften Wasserschloss, das als Wiege europäischer Könige gilt. Die Außenförde reicht noch bis zur Kieler Bucht. Sie schließt mit der kleinen Geltinger Bucht und der benachbarten Halbinsel Geltinger Birk ab, auf der sogar Wildpferde leben.

Es folgt die Schleimündung mit dem etwas landeinwärts gelegenen Hafenstädtchen Kappeln und einem der wenigen Wattgebiete der hiesigen Ostseeküste – den sogenannten Windwatten, weil der Meeresgrund hier (anders das das Watt an der Nordsee) nicht gezeitenbedingt frei liegt, sondern aufgrund von Wind

Im Wikinger-Museum Haithabu

Weitblick am Strand von Hohwacht

und Wetter. Solche Wattgebiete sind sonst vor allem in den mecklenburgischen Bodden zu finden.

Von der Mündung führt der Meeresarm der Schlei bis hinunter nach Schleswig. Das Gewässer, das anders ist als die Förden, besticht mit seinem eigenen Charakter. Sein idyllisches Umland lädt zu Radtouren ein mit den zahlreichen »by-Dörfern« wie Brodersby oder Rieseby, der durch die ZDF-Serie bekannten »Landarzt-Region« und Arnis, der wahrscheinlich kleinsten Stadt der Welt. Entlang der Schlei ist auch das Erbe der Wikinger gegenwärtig, besonders im Freilichtmuseum Haithabu bei Schleswig.

Sandstrände, so weit das Auge reicht

Nördlich der Schlei lädt die große Halbinsel Angeln zu Ausflügen ein. Zu entdecken sind hier auch einige Zeugen der

Steinzeit wie Europas größtes Großsteingrab im Arnkiel-Park. Südlich der Schlei grenzt mit Schwansen eine weitere große Halbinsel an. Hier gibt es besonders hübsche Dörfer und weitläufige Strände, die sich entlang der nächsten Förde aufreihen – der Eckernförder Bucht. Auch hier ist das Städtchen, das dem Gewässer den Namen gab, am innersten Zipfel zu finden, auch dieses hat einen schmucken Hafen zu bieten und ist doch ganz anders als Flensburg oder das wesentlich größere Kiel. Die Südseite der Eckernförder Bucht und die Nordseite der Kieler Förde bilden die Küstenlinie der nächsten Halbinsel, die »Dänischer Wohld« heißt. Auch sie ist gesäumt von beliebten Badestränden unterschiedlichster Art. Viele davon sind naturbelassen, und einige haben eine Steilküste.

Die maritime Landeshauptstadt

Die nächste Ferienregion ist die Kieler Förde – als kleiner Einschnitt in die Kieler Bucht – mit der geschäftigen Landeshauptstadt. Letztere ist vor allem bekannt durch die alljährliche »Kieler Woche«, eines der weltgrößten Segelspektakel. Doch auch zu anderen Zeiten lohnt sich ein Besuch der maritimen Großstadt. Am Ostufer der Kieler Außenförde setzen sich die langen Sandstrände fort, darunter das besonders gut besuchte Schönberger Strand mit dem klingenden Ortsteil »Kalifornien«. Im Hinterland ist die Probstei eine besondere Region, die sich unter klösterlicher Herrschaft entwickelte. Etwas weiter südöstlich liegt die Holsteinische Schweiz mit dem Großen Plöner See im Mittelpunkt.

Eindrucksvolle Backsteingotik

Kurz vor Fehmarn eröffnet sich die Hohwachter Bucht, eine teils beschauliche und teils trubelige Urlaubsgegend mit dem Ferien- und Freizeitpark Weißenhäuser Strand, der sich vor allem an Familien richtet. Sie wird im Osten begrenzt durch die große Halbinsel Wagrien mit der vorgelagerten »Sonneninsel« Fehmarn, die über die Sundbrücke mit dem Festland verbunden ist. Sie ist die einzige Insel der schleswig-holsteinischen Ostseeküste und die drittgrößte deutsche Ostseeinsel nach Rügen und

Usedom, die wiederum zu Mecklenburg-Vorpommern gehören. So sind also sämtliche Orte an dieser Küste auch über Landwege zu erreichen – anders als etwa viele der Nordseeinseln. Auf Bootsfahrten braucht man natürlich trotzdem nicht zu verzichten: In allen Häfen bringen Ausflugsschiffe ihre Gäste zu den schönsten Fördeplätzen oder zeigen bei Rundfahrten die Wasserseiten der Region.

Südöstlich von Fehmarn säumen besonders schöne Sandstrände und Seebäder die Lübecker Bucht, darunter auch prominente Plätze wie Timmendorfer Strand. Mit der ehrwürdigen Hansestadt Lübeck, deren Altstadtinsel komplett zum UNESCO-Weltkulturerbe erklärt wurde, hat diese Region viel an Sehens-

Der Glockenturm des Kieler Rathauses ist Besuchern zugänglich.

Reetdachidylle am Strand von Heiligenhafen

würdigkeiten zu bieten, u. a. eindrucksvolle Bauten der Backsteingotik und
Museen, die von den Hintergründen des
europaweiten Kaufmannsbundes berichten. Zu Lübeck gehört auch Travemünde,
das zweitälteste deutsche Ostseebad. Im
Hinterland lockt der Naturpark Lauenburgische Seen mit den Ausflugszielen
Ratzeburg und Mölln, der Till-Eulenspie-
gelstadt. Östlich von Lübeck schließlich
beginnt das Bundesland Mecklenburg-
Vorpommern, an dem sich die schöne
Ostseeküste mit eigenem Charakter fort-
setzt (mehr dazu im Bruckmann Reiseführer *Zeit für das Beste – Ostseeküste
Mecklenburg-Vorpommern*).

Die Ostsee,
ein Binnenmeer

Mit einer Fläche von 412 500 Quadratkilometern ist die Ostsee das größte Binnenmeer Europas. Ihre Küsten grenzen
an viele Länder: im Süden und Westen
an Dänemark und Deutschland, im Osten
an Polen und die baltischen Staaten.
So erklären sich auch ihr weiterer Name
Baltisches Meer und ihre englische Bezeichnung Baltic Sea (von lat. Mare Bal-
ticum). Zwischen Polen und dem Balti-
kum verläuft sie auch an einem Teil der
russischen Küste, und zwar der Exklave
Oblast Kaliningrad (Königsberg). Im Nor-

den geht die Ostsee in den Bottnischen Meerbusen und das Finnische Meer über, mit Grenzen zu Schweden und Finnland. Es sind auch ab Schleswig-Holstein Ausflüge oder ganze Urlaube per Fähre in die nahen Nachbarländer möglich, etwa von Kiel oder Travemünde nach Skandinavien oder von Puttgarden auf Fehmarn ins dänische Rødby.

Stark schwankender Salzgehalt

Wer andere Meere kennt und zum ersten Mal an einem Ostseestrand ist, wundert sich vielleicht: Die Luft ist weniger salzig, die Wellen sind klein und kurz, schäumende Brandung oder hohe Wogen sieht man selten. Auch machen sich Ebbe und Flut hier kaum bemerkbar. Bei Windstille gleicht die Ostsee beinahe einem riesigen See. Denn anders als etwa

Abendstimmung in der Geltinger Birk

die Nordsee oder der Atlantik ist die Ostsee als Binnenmeer nahezu komplett von Land umschlossen. Nur eine Wasserstraße zwischen Dänemark und Schweden verbindet sie mit dem offenen Meer: Über das Kattegat (»Katzenloch«) im Nordwesten strömt das salzige Wasser der Nordsee ein, doch ganz im Osten

Auch ein paar »Seebären« gibt es noch an der Ostseeküste.

Straßenverkauf bei Habernis

einmündende Flüsse tragen große Mengen an Süßwasser bei. Beides vermengt sich zum weltweit größten Brackwassermeer. Ansonsten ist Brackwasser eher nur im Bereich von Flussmündungen zu finden. Man versteht darunter See- oder Meerwasser mit einer Salinität, also einem Salzgehalt von 0,1 bis 1 Prozent.

Wahre Überlebenskünstler

Die Salinität der Ostsee liegt in einigen Bereichen zwar noch über diesem Wert, in anderen jedoch ist sie äußerst niedrig. Während der Salzgehalt des Atlantischen Ozeans bei 3,5 Prozent liegt, sind es in der Kieler Bucht nur 1,9 Prozent. »Gegenüber« im Finnischen Meerbusen

beträgt der Salzgehalt gerade einmal 0,3 Prozent. Hier ähnelt die Ostsee beinahe schon einem Binnengewässer. Dieser Mix verlangt den Lebewesen einiges ab: Meeresbewohner sind hier genauso zu Hause wie Süßwasserfische. Alle müssen das jeweils fehlende oder überschüssige Salz im Wasser mit viel Energie ausgleichen. Den Tieren bleibt daher weniger Kraft zum Wachsen. Darum sind zum Beispiel die Miesmuscheln und Seesterne hier kleiner als in der Nordsee. Regelmäßig drücken außerdem Weststürme salzigeres Wasser aus der Nordsee in die Ostsee. Dann können sich Temperatur und Salzgehalt schlagartig ändern, was eine besondere Anpassungsfähigkeit erfordert.

Die Qualle: viel schöner als ihr Ruf

Auch eine Begegnung mit Quallen gehört an der Ostsee oft dazu. In den wohl meisten Fällen aber ist sie unbedenklich: Die häufig vorkommende Ohrenqualle verursacht keine Nesselungen, vielmehr ist sie – besonders beim Tauchen oder Schnorcheln – wunderschön anzusehen, wie sie sich filigran im Dämmerlicht bewegt. Ohrenquallen sind leicht zu erkennen an den vier braunroten, kleinen Ringen (dies sind die Geschlechtsorgane) in der Mitte und vier bräunlichen, kurzen Mundarmen auf der Unterseite des durchsichtigen Quallenschirms.

In Acht nehmen sollte man sich dagegen vor der Gelben Haarqualle, auch bekannt als Feuerqualle. Sie trägt haarfeine, gelbliche Nesselfäden auf der Unterseite des Schirms, die oft sehr dicht und lang gewachsen sind. Doch selbst wenn es dazu kommt, sind die Folgen meist glimpflich und mit der Wirkung von Brennnesseln

Die Ohrenqualle ist völlig harmlos.

Miesmuscheln und Konsorten findet man häufig am Strand.

vergleichbar; empfindliche oder allergische Personen können jedoch auch stärker darauf reagieren. Eine lindernde Salbe sollte zum Reisegepäck gehören. Auch die Wasserwacht hilft ansonsten weiter. Feuerquallen sind keineswegs die Regel an den Ostseestränden, oft sind gar keine vorhanden. Sie können im Sommer jedoch – abhängig von Wind und Wetter – regional auch vermehrt auftreten.

Ruhig, aber gewaltig

Aufgrund ihrer geografischen Besonderheiten sind Sturmfluten an der Ostsee äußerst selten, weshalb es auch deutlich weniger Deiche gibt als an der Nordsee. Die letzte extreme Sturmflut ereignete sich vor rund 150 Jahren, am 13. November 1872. Davon berichtet etwa die Klappbrücke im Hafen von Eckernförde, das damals fast komplett unter Wasser stand. Sie ersetzt eine vorherige Landverbindung. Auch wenn Vergleichbares seitdem nicht vorkam: Zu unterschätzen

Bei den Volleyball Masters am Timmendorfer Strand

schon genügend erwärmt, während die Wassertemperatur noch im Mai bei unter zehn Grad liegen kann. Dies stört wahre Ostseefans übrigens wenig: Das traditionelle Anbaden, etwa zu Pfingsten in Travemünde, wird mit großem Hallo gefeiert. Zum Baden eignet sich dann noch die Zeit oft bis weit in den Herbst hinein, da das Meer nur langsam wieder abkühlt. Es ist also im September in der Regel wärmer als im Frühjahr.

ist auch dieses Meer nicht, besonders beim Segeln, Tauchen oder anderen Bootsfahrten. Auch die Ostsee kann launisch sein und hat ihre Strömungen, und das andere Ufer gerät bei widrigem Wetter schnell außer Sicht. Gerade beim Wassersport sollten sich Unerfahrene also an die regionalen Anbieter wenden.

Es gibt kein schlechtes Wetter …

… nur unpassende Kleidung. Diese Alltagsweisheit trifft auf die Ostsee ganz besonders zu, denn anders, als manche meinen, ist sie ganzjährig ein lohnenswertes Reiseziel. Es hängt natürlich auch von den eigenen Erwartungen und Plänen ab. Für einen typischen Badeurlaub sind die Monate Juli und August die Hauptreisezeit. Die Wetterlage ist dann meist am stabilsten und die See hat sich

An passende Kleidung denken

Auch dass es im Norden ständig regnet, ist ein Klischee. Klar gibt es hier genauso auch mal einen verregneten Sommer wie in anderen Regionen, doch die Wolken verziehen sich an den Küsten oft so schnell wieder, wie sie gekommen sind.

Angler auf der Seebrücke in Dahme

Die winterliche Ostsee in der Hohwachter Bucht

Das Wetter ist also eher wechselhaft, und darauf sollte man sich bei der Kleidung einstellen. Besonders im Frühjahr und Herbst ist der Zwiebelschalenlook immer empfehlenswert, d. h. sich also in mehreren Schichten zu kleiden, sodass je nach Bedarf etwas an- oder ausgezogen werden kann. Auch sollte man dann ein Halstuch und eine Mütze oder Kapuzenjacke einpacken für den Fall, dass ein kühler Wind weht.

Das Wetter hängt auch etwas von der konkreten Reiseregion ab. Je weiter im Norden und je dichter an der See, desto niedriger sind tendenziell auch die Temperaturen. Es ist also häufig in Flensburg etwas frischer als in Lübeck. Einige Orte an der Ostsee haben auch häufiger Sonne als andere. So hat sich Fehmarn einen Namen als »Sonneninsel« gemacht. Mit durchschnittlich mehr als 2100 Sonnenstunden jährlich gilt sie als einer der sonnigsten Plätze Deutschlands.

Auch im Winter ein Erlebnis

Insgesamt lässt es sich an der Ostsee mit ihrem gemäßigten Klima gut aushalten. Im Sommer ist es selten zu heiß bei durchschnittlichen Temperaturen bis um die 25 Grad. Im Winter wiederum bleibt extreme Kälte meist aus, da sich das

Im Strandkorb ist es auch bei kühlem Wind angenehm.

Thermometer in der Regel bei um die Null Grad einpendelt. Allerdings kann es vor allem im Herbst und Winter ordentlich stürmen. Dafür ist es eine herrliche Zeit für ausgedehnte Strandspaziergänge bei anschließender gemütlicher Einkehr, oder um einen Drachen steigen zu lassen. Zwar hat manches schon geschlossen, doch gerade in den Seebädern gibt es auch zahlreiche ganzjährige Unterkünfte, Restaurants und Cafés. An den Küstenorten hat man sich zudem auf jedes Wetter eingestellt: Vielerorts sind direkt am Strand gelegene Meerwasserschwimmbäder eine Alternative zum Seebaden. Auch gibt es u. a. Naturerlebniszentren, Wellnesstempel und Kultureinrichtungen.

Einfach genial: der Strandkorb

Die vielerorts zu mietenden Strandkörbe sind – wie auch an der Nordsee – eine äußerst nützliche Sache: In ihrem Schutz ist es auch dann noch lauschig, wenn draußen eine kühle Brise weht, und der Korb lässt sich in die optimale Richtung drehen. Die paar Euro Gebühr sind es also wert, wer sie sparen möchte, sollte ein Strandzelt oder anderen Windschutz dabeihaben. An einigen Stränden wird zwar darauf geachtet, dass diese nicht zwischen den Strandkörben aufgestellt werden, doch es gibt meist auch hierfür ein Areal. Apropos Kosten: Kurstrände sind abgabepflichtig, während an den naturbelassenen Stränden normalerweise keine Gebühren anfallen. Dafür muss man dort häufig auf etwa sanitäre Anlagen u. ä. verzichten. Übrigens haben die Strandkörbe an der Ostsee traditionell eine abgerundete Form, während sie an der Nordsee gerade Kanten aufweisen.

Kulturgenuss vom Feinsten: Die NordArt in Rendsburg

Hochkarätige Kulturevents

Neben den kulturellen Zentren – der Größe nach in dieser Reihenfolge – Kiel, Lübeck und Flensburg offenbart sich die kulturelle Vielfalt auch in den Seebädern sowie in prachtvollen Schlössern und Parks, die in Städtchen wie Schleswig, Eutin oder Plön zu finden sind sowie in Gutsanlagen, besonders in Ostholstein. So manche sind Schauplatz klassischer Konzertveranstaltungen, etwa beim Schleswig-Holsteinischen Musikfestival oder den Eutiner Festspielen mit weltberühmten Opern unter freiem Himmel. Einige der Adelshöfe bieten auch herrschaftliche Übernachtungsmöglichkeiten, z. B. Kultur Gut Hasselburg bei Neustadt.

Hafenfeste und Winterzauber

Bei einem Bummel durch die Küstenorte sind Perlen zu entdecken wie der malerische Fischerhafen von Niendorf oder das Fischerdorf Gothmund, das sich mit reetgedeckten Häusern der Zunft in einem unscheinbaren Lübecker Stadtteil an das Traveufer schmiegt. Es lohnt sich, vor Ort auch einen Blick in den jeweiligen Veranstaltungskalender zu werfen: Man feiert Hafenfeste, alljährliche Highlights wie die Kappelner Heringstage, Fischmärkte und andere Ereignisse, darunter auch Extravagantes wie die jährliche Traum-Automeile im schicken Tim-

Kappeln kürt jährlich einen Heringskönig.

25

Radfahrer können sich über steigungsarme Strecken freuen.

mendorfer Strand. Selbst im tiefsten Winter ist in den Seebädern und einigen Dörfern noch jede Menge los, etwa beim Fackellauf zu Neujahr in Hohwacht, beim maritimen Weihnachtsmarkt Fischers Wiehnacht in Niendorf oder wenn in der Adventszeit beim Lichterfest an der Lübecker Bucht die Ostsee in Flammen steht.

Wassersport von A bis Z

Naturparks mit Gebieten wie der Holsteinischen Schweiz oder dem Herzogtum Lauenburg, waldreich und mit vielen Seen bestückt, ermöglichen Erholung bei Aktivitäten wie Paddeln, Radfahren oder Wandern. Vergleichbar vielseitig kann der Urlaubsspaß direkt an der Küs-

te ausfallen, wo alles geht von Wassersport bis hin zu Trendsportarten wie Skiken. Surf- und Segelschulen sind entlang der gesamten Küste in den meisten Orten zu finden, besonders in der und rund um die Sailing City Kiel. Den Blick unter die Wasseroberfläche ermöglichen Tauchschulen in beispielsweise Eckernförde oder auf Fehmarn. Hot-Spots für Wasserski oder Wakeboarden sind u. a. Sierksdorf und Scharbeutz.

Per Pedale unterwegs

Sich Fahrräder auszuleihen (oder mitzubringen) und durch die Küstenwälder oder die weiten Landschaften zu radeln, ist auch immer eine gute Idee. Besonders schön ist es im Frühjahr, wenn die

Rapsfelder leuchtend gelb aufblühen. Der 430 Kilometer lange Ostseeküstenradweg verbindet die Flensburger Förde mit der Lübecker Bucht, führt vorbei an Sandstränden und Promenaden, Steilküsten und den Hafenstädten. Ab Lübeck kann man ihm übrigens noch weiter bis Usedom folgen und dann sogar noch entlang der Küsten der anderen Ostseeanrainer. Die komplette Route führt einmal um die ganze Ostsee herum.

Ein traditionsreicher Radfernweg ist der küstennahe Ochsenweg: Auf einer Strecke von rund 250 Kilometern folgt er in großen Teilen dem alten Handels- und Heerweg, über den Kaufleute und Bauern vom dänischen Viborg bis nach Wedel bei Hamburg gelangten.

Nordic-Walking: die ostsee*laufküste

Rund 35 Orte von Glücksburg bis Travemünde haben sich in Sachen Nordic Walking und Laufen zusammengetan. Unter dem Namen ostsee*laufküste wurde ein präpariertes Streckennetz von insgesamt 800 Kilometern Länge geschaffen, mit 107 Routen zwischen 2 und 16 Kilometern, das einheitlich nach verschiedenen sportlichen Ansprüchen ausgeschildert und markiert (mit grünen Pfeilen) ist.

Familienspaß, Reiten und Golf

Für Fun und mehr Action sorgen besondere Attraktionen wie die Tauchgondel in Grömitz oder Kletterparks in Altenhof bei Eckernförde, Kiel-Falkenstein oder Lensterstrand. Auch gibt es Reitmöglichkeiten und Golf in allen Varianten – klassisch für Spieler mit Platzreife oder im jedermann zugänglichen Mini-Format, Adventure-Gold auf Fehmarn, Swing Golf und Fußballgolf an der Eckernförder Bucht. Besonders beliebt ist auch Beachvolleyball. Ein Höhepunkt jeder Saison sind jährlich im August die Deut-

Begegnung beim Wind Surf Cup auf Fehmarn

schen Beachvolleyball-Meisterschaften in Timmendorfer Strand. Und in der Lübecker Bucht wird hoch zu Ross das Beach Polo ausgetragen.

Leben an der Ostseeküste

In Schleswig-Holstein mit seinen insgesamt 15 799 Quadratkilometern Landesfläche leben rund 2,8 Millionen Menschen (Stand 2015) – viele davon an oder nahe der Ostseeküste, die dichter besiedelt ist als die Nordseeküste mit den Städten Flensburg, Kappeln, Schleswig, Eckernförde, Rendsburg, Kiel und Lübeck. Die Landeshauptstadt Kiel ist mit rund 240 000 Einwohnern auch die größte Stadt. Die vier kreisfreien Städte und elf Kreise des nördlichsten Bundeslandes gliedern sich in 1110 Gemeinden. Eine ökonomische Triebfeder in Schleswig-Holstein ist der Tourismus. Es werden damit landesweit jährlich Umsätze in Höhe von rund 7,5 Milliarden Euro erzielt. Der mit Abstand größte Umsatzbringer ist der Tagestourismus aus dem Inland mit 2,6 Milliarden Euro – was dafür spricht, dass das Bundesland zwischen den beiden Meeren auch ein beliebtes Ausflugsziel ist.

Viele Häfen sind von der Fischerei geprägt.

Steckbrief Ostseeküste

Lage: Im Norden grenzt die Ostseeküste Schleswig-Holsteins an Dänemark, im Südosten an das Bundesland Mecklenburg-Vorpommern.

Küstenlänge: Ca. 384 km. Die Landesfläche von Schleswig-Holstein beträgt 15 799 Quadratkilometer.

Inseln: Die einzige Insel der schleswig-holsteinischen Ostseeküste ist Fehmarn. Mit einer Fläche von rund 185 Quadratkilometern ist sie die drittgrößte Insel Deutschlands (nach Rügen und Usedom in Mecklenburg-Vorpommern).

Bevölkerung: In Schleswig-Holstein leben rund 2,8 Mio. Menschen. Mit einer Bevölkerungsdichte von 178 Einwohnern pro Quadratkilometer liegt Deutschlands nördlichstes Bundesland unter dem Bundesdurchschnitt.

Amtssprache: Deutsch.

Landesflagge:

Währung: Euro

Zeitzonen: Mitteleuropäische Zeit. Die Sommerzeit beginnt am zweiten Sonntag im März und endet am ersten Sonntag im November.

Geografie: Die Küste ist von Förden und Buchten geprägt, die eiszeitliche Gletscher formten. Der Meeresarm der Schlei zwischen Kappeln und Schleswig entstand vermutlich als eiszeitliche Schmelzwasserrinne.

Politik und Verwaltung: Landeshauptstadt ist Kiel, mit rund 240 000 Einwohnern auch die größte Stadt Schleswig-Holsteins. Die vier kreisfreien Städte und elf Kreise des Bundeslands sind in 1110 Gemeinden untergliedert.

Wirtschaft und Tourismus: Schleswig-Holstein ist ein Land des Mittelstands, 99 Prozent der Unternehmen sind kleine und mittlere Betriebe mit weniger als 250 Beschäftigten. Besonders stark vertreten sind zukunftsweisende Branchen wie maritime Wirtschaft und Ernährungswirtschaft, Informations- und Kommunikationstechnologie, Maschinenbau, Medizintechnik, erneuerbare Energien und Gesundheitswirtschaft. Die Wirtschaft prägt maßgeblich der Tourismus mit jährlichen Umsätzen in Höhe von rund 7,5 Milliarden Euro. Den größten Anteil daran haben der Tagestourismus aus dem Inland mit 2,6 Milliarden Euro sowie die Übernachtungen in gewerblichen Beherbergungsbetrieben mit 2,4 Milliarden Euro.

Die maritime Wirtschaft ist eine Triebfeder.

Geschichte im Überblick

Frühe Vorzeit Erste Besiedlungen in Schleswig-Holstein. Davon zeugen heute z. B. zahlreiche Megalithgräber sowie historisch bedeutsame Funde in den Mooren von Nydam und Thorsberg.

9. Jh. Mit Haithabu an der Schlei entsteht eine der größten Wikingersiedlungen Nordeuropas.

1143 Graf Adolf von Schauenburg gründete Lübeck und verleiht der Ansiedlung das Stadtrecht. Er hatte die verkehrspolitisch günstige Lage der Kaufmannssiedlung erkannt.

1226 Die Reichsfreiheit ermöglicht Lübeck eine starke und selbstständige Handelspolitik. Das in der Stadt entwickelte Recht erlangt in rund 120 Ostsee-Städten als lübisches Recht Geltung.

Mitte des 13. Jhs. Weitere große Städte werden gegründet, u. a. wird Flensburg im Jahr 1240 erstmals urkundlich erwähnt. Das Herzogtum Schleswig bildet sich zwischen Eider und Königsau. Als Tor zur Ostsee gewinnt Lübeck zunehmend an Bedeutung im Handel mit den Ostsee-Anrainern. In einem langen Prozess entwickelt sich aus der gemeinsamen Handelspolitik niederdeutscher Kaufleute die Hanse, der sich im Laufe der Jahrhunderte immer mehr Städte anschließen.

1386 Dänen und Deutsche einigen sich, das dänische Fürstentum Schleswig mit der deutschen Grafschaft Holstein unter einem Landesherrn zu vereinigen. Die Regierung über beide Landesteile obliegt den deutschen Grafen von Schauenburg.

1460 Mit dem Aussterben der letzten Familienmitglieder endet die Herrschaft der Grafen von Schauenburg. Ihnen folgt König Christian I. von Dänemark, der den Ripener Freiheitsbrief verfasst. Die berühmteste Urkunde Schleswig-Holsteins – noch heute gültig – galt lange als Bekenntnis zur Unteilbarkeit des Landes. Die jüngere Geschichtsschreibung indes wertet sie als Wunsch nach innerem Frieden und nicht als Anspruch auf die Eigenstaatlichkeit Schleswig-Holsteins.

15. Jh. Lübeck, im Zentrum der europäischen Hansestädte gelegen, nimmt im weiter gewachsenen Kaufmannsbund eine vorherrschende Stellung ein und wird zum Haupt der Hanse.

1474 Noch zur Regierungszeit Christians I. wird Holstein zum Herzogtum.

Ab 1773 Der dänische König regiert wieder beide Landesteile.

Ab dem späten 18. Jh. Schleswig-Holstein erlebt einen großen wirtschaftspolitischen Aufschwung. Mit dem Eiderkanal (eingeweiht 1784), dem Vorläufer des jetzigen Nord-Ostsee-Kanals, entsteht die bedeutendste Wasserstraße zwischen Nord- und Ostsee. Die Leibeigenschaft wird abgeschafft und damit eine Agrarreform eingeleitet.

19. Jh. Der zunehmende Nationalismus, verbunden mit Bestrebungen aus Kopenhagen, das Herzogtum Schleswig ins dänische Königreich Dänemark einzugliedern, lässt Konflikte zwischen Deutschen und Dänen wieder aufflammen.

1848 Das nun zerrüttete Verhältnis zwischen Deutschen und Dänen führt zur Schleswig-Holsteinischen Erhebung: Mittels einer provisorischen Regierung bestimmt die deutsche Bevölkerung selbst über die Geschicke der Herzogtümer. Der dreijährige Schleswig-Holsteinische Krieg beginnt.

24./25. Juli 1850 Mit der Schlacht bei Idstedt nimmt der Schleswig-Holsteinische Krieg eine entscheidende Wende zugunsten der dänischen Truppen, die nun wieder ganz Schleswig unter ihre Kontrolle gebracht haben.

1851 Truppen des Deutschen Bundes besetzen das Herzogtum Holstein und stellen die Verhältnisse von vor 1848 wieder her. Zugleich verpflichtet sich der dänische König, eine Gesamtstaatsverfassung einzuführen. Sie schließt eine Eingemeindung Schleswigs in das Königreich aus.

1864 Der deutsch-dänische Konflikt führt abermals zum Krieg (Deutsch-Dänischer Krieg, auch: Zweiter Schleswig-Holsteinischer Krieg). Schauplatz der Entscheidungsschlacht ist die Festungsanlage Düppeler Schanzen am 18. April 1864. Dabei erleidet Dänemark eine Niederlage und verliert als Folge die Herzogtümer Schleswig sowie Holstein und Lauenburg an Preußen und Österreich.

1866 Schleswig-Holstein wird zur Provinz des Königreiches Preußen. Verwaltungssitz ist Schleswig.

1876 Die Provinz Schleswig-Holstein wird um das Herzogtum Lauenburg erweitert.

Frühes 20. Jh. Der Kieler Matrosenaufstand leitet die Novemberrevolution von 1918 ein und damit das Ende des Ersten Weltkriegs in Deutschland.

1920 Als Folge des Versailler Vertrags entscheidet sich der nördliche Teil der Bevölkerung Schleswigs in einer Volksabstimmung für die Vereinigung mit Dänemark. In der südlichen Zone stimmen 80 Prozent der Bevölkerung für den Verbleib im Deutschen Reich. Seitdem bildet die Grenze zwischen beiden Abstimmungsgebieten die Staatsgrenze zwischen Deutschland und Dänemark, mit nationalen Minderheiten zu beiden Seiten der Grenze.

1949 Nach Ende des Zweiten Weltkriegs (1939–45) bilden »die Kieler Erklärung von 1949« des Schleswig-Holsteinischen Landtages und »die Bonn-Kopenhagener Erklärungen« von 1955 die Basis für eine kontinuierliche Verbesserung des deutsch-dänischen Verhältnisses.

20. Jh. – heute Aus den Konflikten zwischen Deutschen und Dänen hat sich ein enges Miteinander von Mehrheit und Minderheit entwickelt. Die regionale Zusammenarbeit mit Süddänemark und der Grenzregion sind zentrale Anliegen.

Fast wie ein See wirkt die Flensburger Förde an diesem Tag von Solitüde aus betrachtet.

DIE FLENS-BURGER FÖRDE

1 Im Flensburger Hafen
Salondampfer, Rum und Bootsbau

Ein Spaziergang um die Fördespitze ist auch eine Zeitreise in die Flensburger Seefahrtsgeschichte. Einfach bummeln, ein Fischbrötchen und die fotogenen Ansichten genießen oder beim Sightseeing in historische Tiefen abtauchen, alles ist dabei möglich. Die Tour lässt sich um zwei vor Ort ausgeschilderte Erlebnis-Rundgänge erweitern.

Ein guter Startpunkt ist die Straße Norderhofenden am südlichsten Fördezipfel nahe dem ZOB. Hier gibt es auch reichlich Parkmöglichkeiten (gebührenpflichtig). Der Wasserlinie folgend, ist nach rund 200 Metern die Schiffsbrücke erreicht, an der schon die ersten historischen Boote liegen, hier zunächst aus den Sammlungen klassischer Yachten, Motorboote und Dampfschiffe. Der Star im Hafen ist der 1908 gebaute Salondampfer »Alexandra«, auch »Alex« genannt, mit dem auch Ausflugsfahrten möglich sind. Er wurde damals von der Prinzessin Alexandra zu Schleswig-Holstein-Glücksburg getauft.

Im weiteren Verlauf führt die Promenade zu einem Ort, der wie ein kleines Fischerdorf wirkt mit seinen roten Werfthäusern, Bootsschuppen und Arbeitsschiffen aus vergangenen Zeiten. Es handelt sich um die Museumswerft, in der meist eifrig gewerkelt wird. Besucher sind willkommen (1 Euro Eintritt in das Kistchen am Eingang werfen, Spenden sind erbeten.). Auch eine Kinderwerft mit Mitmach-Aktionen gibt es. Im zugehörigen Museumshafen ist die Sammlung segelnder Berufsfahrzeuge zu bewundern. Infotafeln über Fakten informieren.

Mitte: Blick auf das Westufer der Innenförde mit dem Museumsberg
Unten: Den Salondampfer »Alexandra« taufte eine Glücksburger Prinzessin.

Am nördlichen Ende
des Bollwerks
steht der Krahn
von 1726.

Rund um die Fördespitze

Im Flensburger Hafen gibt es viel zu entdecken. Für den kompletten Rundgang sollte man einen ganzen Tag einplanen. Alternativ bietet sich an, immer einen Abschnitt zu erkunden oder sich einige Ziele herauszupicken.

A **Straße Norderhofenden** – Der ideale Startpunkt für eine Runde durch den Hafen mit großem Parkplatz. Von hier aus geht es wahlweise zunächst am westlichen und dann am östlichen Förde-Ufer entlang, oder andersherum.

B **Schiffsbrücke** – Hier liegen die historischen Boote der Sammlungen klassische Yachten, Motorboote und Dampfschiffe.

C **Anleger für die Fahrgastschiffe** – Hier geht es auf Förde-Touren nach Glücksburg, zur Marina Sonwik und zu den dänischen Ochseninseln.

D **Salondampfer »Alexandra«** – auch »Alex« genannt. Das berühmteste Schiff im Flensburger Hafen wurde von Prinzessin Alexandra zu Schleswig-Holstein-Glücksburg persönlich getauft. Es startet auch zu Ausflugsfahrten.

E **Parkplatz am Gastsegler-Kai (gebührenpflichtig)** – unterteilt die beiden Bereiche des historischen Hafens mit seinen verschiedenen Sammlungen.

F **Museumswerft und Museumshafen** – mit der Sammlung segelnder Berufsfahrzeuge, dem Krahn von 1726 und dem »Lüttfischerhafen«

G **Schifffahrtsmuseum** – eine interaktive Ausstellung zur Stadt- und Hafengeschichte. Dies ist auch der Startpunkt der ausgeschilderten Erlebnis-Rundgänge: Die »Rum & Zucker Meile« führt zu den Spuren der Westindienfahrt im Flensburger Stadtbild. Der »Kapitänsweg« begleitet mit 14 Stationen durch die Flensburger Seefahrtsgeschichte.

H **Rumhaus Sonnberg** – Das älteste Rumhaus in Flensburg beherbergt heute die 1990 gegründete »Hansens Brauerei« (Schiffbrücke Nr. 16).

I **Kompagnietor** – Das Gebäude zeigt die Wappen von König Christian IV. und Königin Anna Katharina von Brandenburg sowie das Flensburger Stadtwappen mit der Inschrift »Gerecht und Metich alltidt sin/ Mit Gades hülp bringt grodt Gewinn« (»Gerecht und mäßig allzeit Mit Gottes Hilfe bringt großen Gewinn«) (Schiffbrücke Nr. 12).

J **Westindienspeicher** – Das sonnengelbe Gebäude diente früher als Lager für Kolonialwaren wie Rum, Rohrzucker, Tabak, Kakao, Tee und Gewürze. Der Kaufmann und Reeder Andreas Christiansen ließ es 1789 errichten. (Speicherlinie 43a)

K **Kapitänsviertel Jürgensby** – mit schmucken Kapitänshäusern und ganz schmalen Gässchen der wohl schönste Stadtteil Flensburgs.

L **Östliche Hafenpromenade** – ist mit an Aussicht reichen Lokalen und dem Fischereihafen samt Fischereimuseum immer einen Bummel wert.

M **Marina Sonwik** – Der moderne Yachthafen bietet ganz andere Eindrücke und eine gehobene Gastronomie.

Im Kapitänsviertel

Auf Kapitäns Spuren

EINKEHREN BEI DEN BOOTSBAUERN

Geheimtipp

Mitten in der Museums-
werft versteckt sich das
heimelige Werft-Café zwischen
den Schuppen, mit einer Terrasse direkt am Wasser. Drinnen ist es urge-
mütlich, und draußen hat man einen
schönen Blick auf die Förde mit den
hier liegenden historischen Booten.
Am Steg vor dem Eingang zur Werft
verkündet Ben's Fischhütte das
»letzte Fischbrötchen vor der
(deutsch-dänischen) Grenze«. Frisch
belegt im knusprigen Brötchen, so
gut bekommt man sie selten. Vor allem schmeckt es auf dem Steg sit-
zend mit Hafenluft in der Nase gleich
noch viel besser!

Café in der Museumswerft.
Schiffbrücke 43, 24939 Flensburg,
Tel. 0461/18 22 47,
www.museumswerft.de

Am nördlichen Ende des Bollwerks steht eine hohe Holzkonstruktion. Dies ist der Krahn von 1726 (wie damals mit »h« ge- schrieben). Flensburger Bootsbauern setzten mit ihm einst die Masten in ihre neuen Schiffe. Ne- benan, im »Lüttfischerhafen«, sind besonders klei- ne historische Arbeitsboote zu sehen – das platt- deutsche Wort »Lütt« bedeutet »klein«.

Gegenüber lädt das Schifffahrtsmuseum zu einer Zeitreise ein, einer interaktiven Ausstellung zur Stadt- und Hafengeschichte. Hier beginnen zwei ausgeschilderte Erlebnis-Rundgänge durch die Ha- fenviertel: Die »Rum & Zucker Meile« und der »Ka- pitänsweg«. Genauso lassen sich einzelne Stationen dieser Rundgänge auch einzeln ansteuern, etwa in Jürgensby am gegenüberliegenden Fördeufer, mit schmucken Kapitänshäusern und ganz schmalen Gässchen der wohl schönste Stadtteil Flensburgs.

Ohnehin lohnt es sich, die Fördespitze zu umrun- den und der östlichen Promenade zu folgen zum Fischereihafen mit einem kleinen Fischereimu- seum, einigen Lokalen mit Terrassenblick auf die Flensburger Altstadt und in modernere Hafenbe- reiche. Nach einem weiteren Kilometer folgend, geht es zur schicken Marina Sonwik.

GUT ZU WISSEN

»MOIN« ODER »MOIN, MOIN«?
Anders als etwa vielerorts an der Nordseeküste ist es in Flensburg durchaus üblich, den nordischen Gruß doppelt auszusprechen. So kommt ein bestärkendes »Moin, Moin!« hier auch gern mal als Antwort auf das einfach ausgesprochene »Moin«. Die Floskel bedeutet keinesfalls guten Morgen, sondern so viel wie »Hallo« und ist daher von früh bis spät gebräuchlich.

Infos und Adressen

SEHENSWÜRDIGKEITEN

Historischer Hafen Schiffsbrücke und Norderhofenden. www.historischer-hafen.de

Museumswerft mit Museumshafen. Schiffbrücke 43, 24939 Flensburg, Tel. 0461/18 22 47, www.museumswerft.de

Schifffahrtsmuseum. Di–So 10–17 Uhr, Schiffbrücke 39, Tel. 0461/85 29 70, www.schifffahrtsmuseum.flensburg.de

FÖRDE-RUNDFAHRTEN

Salondampfer Alexandra. Anmeldungen und Reservierung im »Alex«-Büro Mi–Fr 14–18 Uhr), Schiffbrücke 22, Tel. 0461/212 32, mobil 0171/316 40 07, www.dampfer-alexandra.de

M/S Viking Förderrundfahrten. Fahrten starten ab Förde-Brücke ab 9.30 (von Glücksburg zurück ab 10.30) alle zwei Stunden bis 15.30 bzw. im Sommer 17.30 Uhr. April/Mai/Sept. tgl. außer Mo., Juni–Aug. tgl., Okt. Di/Mi/Sa/So, Tel. 0461/255 20, Bordtelefon: 0174/158 55 55, www.viking-schifffahrt.de

Reederei Ketelsen (M/S Möwe und M/S Jürgensby). Tel. 0461/629 45 und 0171/826 95 40 oder 0151/12 30 62 39, Fahrtzeiten, auch Sonder- und Charterfahrten unter www.fahrgastschiffe-flensburg.de

M/S Flora II. Das kleinere Fährboot steuert z. B. die Marina Sonwik oder die Ochseninseln an, www.flensburger-faehr-betrieb.de

Die »Hansens Brauerei« mit Sommerterrasse

Das Schifffahrtsmuseum bietet Seefahrtsgeschichte zum Anfassen.

ESSEN UND TRINKEN

Bistro-Café East Side. An der östlichen Hafenpromenade, nettes Lokal, das Einheimische gern besuchen mit Blick auf die Innenstadt. Am Kanalschuppen 6, 24937 Flensburg, Tel. 0461/150 15 89

Hansens Brauerei im Rumhaus Sonnberg. Schiffbrücke 16, 24939 Flensburg, Tel. 0461/222 10, www.hansensbrauerei.de

ÜBERNACHTEN

Hotel Handwerkerhaus. Im Kapitänsviertel Jürgensby, nahe Hafen und Innenstadt. Auch Familienzimmer. Augustastr. 2, 24937 Flensburg, Tel. 0461/14 48 00, www.hotel-handwerkerhaus.de

FESTE UND EVENTS

Die Promenade vom Museumshafen Bollwerk bis zur Hafenspitze ist regelmäßig Schauplatz von Veranstaltungen wie dem legendären DampfRundum (jeweils in den ungeraden Jahren). Infos und Termine unter www.historischer-hafen.de

INFORMATION

Touristinformation Flensburg. Rote Straße 15–17, 24937 Flensburg, Tel. 0461/909 09 20, www.flensburg-tourismus.de

Parken. Parkplatz Fördespitze (Hafendamm) oder Schiffbrücke (jeweils gebührenpflichtig), Parkhaus Segelmacherstraße Bus: Linie 1 und 7 (ZOB)

Beim DampfRundum beweisen die Maschinen, wozu sie noch in der Lage sind.

Am innersten Zipfel der von Gletschern geschaffenen Flensburger Förde weht noch der Wind aus alten Seefahrerzeiten. Die geschützte Lage am Wasser war mit ausschlaggebend für die Gründung Flensburgs im 12. Jahrhundert. Schon während des Mittelalters trieb der Hafen die wirtschaftliche Entwicklung der Fördestadt voran.

40

Damals befand sich der Hafen noch weiter südlich. Durch Verlandungen und Aufschüttungen verschob er sich in Richtung Norden. Die Flensburger Stadtbefestigung sicherte Teile des Hafens, andere lagen außerhalb der Stadtmauern. Aus dieser Zeit stammt das Kompagnietor, ein zentrales, repräsentatives Gebäude mit großem Torbogen. Es ist eines der ältesten Gebäude der Stadt. Daneben zeugt das Rumhaus Sonnberg von einer weiteren Bedeutung des Hafens: Im späten 18. Jahrhundert beteiligten sich die Flensburger Kaufleute am Westindien-Handel. So entwickelte sich die Flensburger Rum-Tradition. Vom blühenden Überseehandel mit den karibischen (auch: westindischen) Inseln berichtet der Westindienspeicher an der Speicherlinie. Er diente seinerzeit als Lager für Kolonialwaren, insbesondere Rum, Rohzucker, Tabak, Kakao, Tee und Gewürze. Diese Traditionen und die komplette Hafengeschichte werden im Schifffahrtsmuseum greifbar. Es ist im alten Zollpackhaus untergebracht und wurde 2012 nach einer kompletten Renovierung wiedereröffnet.

Die Eindrücke bereichert der Historische Hafen, der bei der Schiffsbrücke beginnt. Dort liegen historische Jollen, Dampfschiffe, ausgediente Schlepper, Fischerei- und Behördenboote und noch anderes, was schon seit vielen Jahrzehn-

ten Wasser unter dem Kiel hat. Darunter etwa die »Fulvia af Anholt«, ein Postschiff aus dem Jahr 1898, die »Bodil«, ein Haikutter von 1924 und der Salondampfer »Alexandra«. Im Hintergrund bilden die alten Kaufmannshöfe und gepflasterten Gänge eine würdige Kulisse.

Engagement für den Museumshafen

Private Trägervereine und Unterstützung regionaler Unternehmen gestalteten den Historischen Hafen über einen Zeitraum von 25 Jahren, aus privater Initiative werden hier alte Schiffe restauriert oder nachgebaut und gefahren. Seit 2012 betreibt die Historischer Hafen gemeinnützige GmbH die Wasserflächen und organisiert Veranstaltungen wie die Rum-Regatta oder das »DampfRundum« mit Hunderttausenden von Besuchern.

Bootsbauern über die Schulter gucken, das geht in der Museumswerft.

2 Die Flensburger City
Shoppen auch auf dänisch

Es ist in Flensburg kaum zu übersehen, wie nahe das Nachbarland ist. Das macht die Fußgängerzone genauso besonders wie die zahlreichen historischen Winkel, Gänge und Höfe, die hier zu entdecken sind. Abseits der Hauptader locken die Rote Straße und die individuelle Norderstraße. Sehenswerte Kirchen, der Oluf-Samson-Gang, das Nordertor und noch mehr garnieren den Bummel durch die Innenstadt.

Südlich der Fußgängerzone, die Südermarkt und Nordermarkt verbindet, lädt zunächst Flensburgs berühmteste Altstadtgasse zum Stöbern und Entdecken ein: Die Rote Straße mit ihren historischen Handwerker- und Kaufmannshöfen und rund 40 inhabergeführten Geschäften. Zwischen Kunsthandwerk, Antiquitäten und Galerien verführen lauschige Restaurants und Cafés. Im Wein- und Rumhaus Braasch produziert und verkauft Familie Braasch seit 1976 Flensburger Spirituosen, Weine und andere Spezialitäten. Dazu gehören zwei Höfe, in denen ein Lokal und die Rum-Manufaktur (zu besichtigen) mit privatem Museum untergebracht sind.

Das kopfsteingepflasterte Sträßchen war einst Teil des Ochsenweges. Über diesen alten Handels- und Heerweg gelangten Kaufleute und Bauern vom dänischen Viborg bis nach Wedel bei Hamburg. Dass es heute solch ein Schmuckstück ist, ist auf das Engagement einiger Flensburger um die Kaufleute Günter Kruse und Walter Braasch zurückzuführen. Die Interessengemeinschaft setzte sich für die Sanierung des marode gewordenen Quartiers

Mitte: Bummel durch die Große Straße
Unten: Die alten Kaufmannshöfe sind für viele Überraschungen gut.

Einfach gut!

ein. Als Verein IG Rote Straße e.V. organisiert sie auch Straßenfeste und andere Veranstaltungen.

Kloster und Kulturzentrum

In der Roten Straße bieten sich das neue Parkhaus mit der Touristinformation sowie ein großer Parkplatz als Startpunkt an, um den Stadtbummel zu beginnen. Eine kostengünstigere Alternative ist die gebührenfreie »Exe«, der Exerzierplatz weiter oberhalb an der Schützenkuhle, sofern dort nicht gerade ein Markt o. a. stattfindet. Von hier sind es zu Fuß circa zehn Minuten bis zur Roten Straße. Die Tour weiter zum Südermarkt könnte durch den Klostergang führen, der parallel zur Roten Straße verläuft. Hier befindet sich noch das namensgebende Gebäude mit Fachwerk, das im 13. Jahrhundert zu einem Franziskanerkloster gehörte. Es beherbergte schon zu Zeiten der Reformation eine Stiftung zugunsten alter und hilfebedürftiger Menschen, die der dänische König Christian III. (1503–1559) ins Leben gerufen hatte. Im zugehörigen Neubau ist heute eine Wohnanlage für Senioren untergebracht.

Vom Südermarkt zum Nordermarkt

Am Südermarkt beginnt – aus südlicher Richtung betrachtet – die Fußgängerzone. Mittwochs und samstags füllen Marktstände den Platz, auf dem es schon im Mittelalter einen Bauernmarkt gab. An der Westseite erhebt sich die St. Nikolai-Kirche. Die größte Kirche Flensburgs, erbaut um 1390, wurde nach dem Schutzpatron der Schiffer und Seeleute benannt. Bekannt ist sie vor allem für ihre Orgel (1604–1609): Mit dem 15 Meter hohen und 7 Meter breiten Orgelprospekt, geschaffen von Hinrich Ringering, trägt sie eine der

KULTURGENUSS UND BIER

Für den kulturellen Ausklang findet man sicher etwas Passendes im Deutschen Haus südlich der Einkaufsmeile. In dem Veranstaltungszentrum mit mehreren Sälen und Räumen wird vieles geboten – von Ausstellungen, Lesungen, Comedy, Kino und dem Krimmelmokel Puppentheater bis hin zu großen Konzerten des Landes-Sinfonie-Orchesters und anderen bedeutenden Ensembles. Was man auch nicht übersehen sollte: In der Nähe befindet sich die Flensburger Brauerei, bekannt für das Bier in der Flasche mit dem nostalgischen Bügelverschluss. Sie ist bei Führungen zu besichtigen (Anmeldung mind. vier Wochen vorher) und seit Neuestem gibt es auch einen Plop-Shop vor Ort.

Deutsches Haus. Veranstaltungszentrum Flensburg, Berliner Platz 1, 24937 Flensburg, Tel. 0461/31 80 20, www.deutscheshaus-fl.de

Flensburger Brauerei. Munketoft 12, 24937 Flensburg, Tel. 0461/86 30, www.flens.de

Tradition: Eingang zum Rumhaus Johannsen

Nicht verpassen

JOHANNSENS »HÖKEREI«

Gegenüber dem Norder-
markt zweigt die Marien-
straße ab. Hier befindet sich mit
dem Rumhaus Johannsen eine Institution: das älteste noch produzieren-
de Rumhaus Flensburgs. Bereits seit
1070 stellt Familie Johannsen Rum
in der Förde-Stadt her. Zum Firmen-
gebäude in der Marienstraße 6, ein
Kaufmannshof aus der Zeit des
Nordlandhandels mit Treppenturm,
der auch Marienburg genannt wird,
gehört das Vorderhaus (Marienstraße
8) mit der Hökerei – einem Fabrik-
verkauf, wo man neben dem hauseigenen Rum und anderen Spirituosen
auch Pralinen und Präsente findet.

Rumhaus Johannsen. Marienstraße 6–8, 24937 Flensburg,
Tel. 0461/252 00,
www.johannsen-rum.de

größten und aufwendigsten Orgelfassa-
den der Renaissance. Das Instrument
schuf der dänische Hoforgelbauer Nicolaus
Maaß im Auftrag des dänischen Königs Christian IV. Der berühmte Orgelbauer Arp Schnitger
gestaltete es ab 1707 in ein barockes Orgelwerk
um. Der Turm der St. Nikolai-Kirche entstammt
neueren Zeiten. Er wurde saniert, nachdem er
1872 durch einen Blitzschlag abgebrannt war.

Vom Südermarkt kann man nun der Fußgängerzone bis zum Nordermarkt folgen. Sie umfasst die
Straßen Holm und Große Straße, wird nur von der
Rathausstraße unterbrochen. Es bietet sich weitgehend das typische Bild einer filialisierten Innenstadt mit den Zweigstellen großer Handels- und
Fast-Food-Ketten. Gleich am Südermarkt befindet
sich die Flensburg Galerie, eine Shoppingmall mit
rund 80 Geschäften. Und doch ist Flensburg anders: Von der Einkaufsmeile zweigen historische
Höfe und Gassen ab. Viele können es durchaus mit

Flensburgs Shopping– und Kulturmeile

A Parkhaus Rote Straße – Möglicher Startpunkt, vor allem, weil sich hier auch die Touristinformation befindet.

B Rote Straße – Flensburgs berühmteste Altstadtgasse ist historisch bedeutsam, schön anzusehen und reich an Qualitäten.

C Wein- und Rumhaus Braasch – In zwei Höfen mit Lokal, Rum-Manufaktur und privatem Museum.

D Klostergang – Hier stand schon im 13. Jahrhundert ein Franziskanerkloster.

E Südermarkt – Das südliche Ende Fußgängerzone und ein großer Wochenmarkt

F St.-Nikolai-Kirche – Flensburgs größte Kirche beherbergt eine eindrucksvolle Orgel.

G Fußgängerzone – Ein Kilometer Einkaufsmöglichkeiten vom Holm bis in die Große Straße, und noch weitere in den verwinkelten Höfen und Gassen.

H Heilig-Geist-Kirche – zur dänischen Kirchengemeinschaft gehörend, dient sie der heutigen dänischen Minderheit in Südschleswig

I Pfarrkirche St. Marlen – Schmerzhafte Mutter – Flensburgs katholische Kirche mit Josefskapelle

J Nordermarkt – Das historische Herz Flensburgs lädt zum Verweilen bei einem Eis oder Kaffee ein. Es markiert auch das nördliche Ende der Fußgängerzone.

K Norderstraße – Hier setzt sich die Einkaufsmeile noch fort bis zum Nordertor, individuell und mit Straßenverkehr. Sehenswert sind unter anderem das Eckener-Haus und der Oluf-Samson-Gang.

L Dänische Zentralbibliothek – mit der Schleswigschen Sammlung zu Themenbereichen innerhalb des ehemaligen Herzogtums Schleswig (das heutige dänische Süd-Jütland / Sønderjylland) und dem deutschen Landesteil Schleswig.

M Nordertor – Flensburgs Wahrzeichen steht aus historischer Sicht am Beginn der City, bildete es doch im Mittelalter den Zugang zur befestigten Stadt.

N Phänomenta – Die Erlebnisausstellung mit Physik zum Anfassen begeistert nicht nur junge Besucher.

GENIESSEN ZWISCHEN EDEL-STEINEN

Geheimtipp

Gegenüber dem Nordertor ist eine ungewöhnliche Café-Bar zu finden: In der offenen Werkstatt mit Verkaufsraum, Vitrinen mit Schmuck von Sabin Stein, können sich auch Gäste niederlassen, die einfach Kaffeespezialitäten, Torten-bömbchen und andere hausgemach-te (auch vegane) Kuchen genießen möchten. Und falls jemand zugleich etwas Unvergängliches im Sinn hat: Die Goldschmiedin und Schmuckde-signerin berät auch zu Neuanferti-gungen, Umarbeitungen und Repara-turen. In der warmen Jahreszeit stehen auch einige Cafétische auf dem Vorplatz, mit Blick auf Flens-burgs Wahrzeichen und die Phäno-menta mit einer abendlichen Licht-show in allen Spektralfarben.

café zeitlos. Norderstraße 134, 24939 Flensburg, Tel. 0461/ 182 94 96 und 0171/731 10 13, www.sabinsteinschmuckdesign.de

In der Weinstube im Krusehof sollte man zum Wein den Elsässer Flammkuchen probieren.

denen in der bekannteren Roten Straße aufnehmen. So sind auch hier Läden mit Kunsthandwerk und idyllische Cafés zu entdecken, auch mal ein Secondhandshop und andere individuelle Geschäfte. Was noch auf-fällt: Es wird (auch) Dänisch gesprochen. So sind einige Hinweisschilder und auch die Speisekarten zweisprachig, besonders an den Samstagen strö-men Ausflugsgäste aus dem Nachbarland in die City. Da und dort weht die dänische Nationalflag-ge (Dannebrog), und viele Geschäfte akzeptieren Krone und Öre als Zahlungsmittel. Und natürlich bekommt man hier echte dänische Hotdogs mit dem originalen Rød pølse bzw. Pölser (»roten Würstchen«).

Das dänische Erbe entdecken

Dieser Teil Norddeutschlands gehörte einmal zu Dänemark, und so friedlich wie heute war das Verhältnis der Nachbarländer lange nicht. Noch im 19. Jahrhundert galt Flensburg als bedeutend-ste Ostseehandelsstadt im dänischen Gesamtstaat. Auf den heutigen Verlauf der Landesgrenze einig-te man sich bei der nationalen Volksabstimmung im Jahr 1920: Damals erhielt Dänemark mit Nord-schleswig einen Teil des Gebietes zurück, das es im Deutsch-Dänischen Krieg (1864) verloren hatte.

Einige Einrichtungen in der Flensburger Fußgän-gerzone dienen der heutigen dänischen Minder-heit in Südschleswig: In der Norderstraße Nr. 59 ist die Dänische Zentralbibliothek zu finden und beim Heiligengeistgang/Ecke Große Straße Nr. 43 steht die zur dänischen Kirchengemeinschaft ge-hörende Heilig-Geist-Kirche (1386). Am anderen Ende des Heiligengeistgangs (Ecke Nordergraben) ist Flensburgs katholische Kirche zu finden, die Pfarrkirche St. Marien – Schmerzhafte Mutter – mit Josefskapelle.

Und weiter bis zum Nordertor

Beim Nordermarkt endet die autofreie Einkaufsmeile. Der Platz, den auch einige Terrassenlokale
rahmen, ist schön anzusehen mit dem Neptun-
brunnen (1758) und der im Jahr 1284 erbauten
St.-Marien-Kirche. Markt und Gotteshaus sind über
die Schrangen, einen Arkadengang von 1595, verbunden.

Die hier beginnende Norderstraße mit weiteren
inhabergeführten Läden hat ihren eigenen Charakter. Das Haus Nr. 8 erinnert an den berühmten
Luftfahrtpionier Hugo Eckener. Ziemlich bekannt
ist der Oluf-Samson-Gang, eine der ältesten Straßen Flensburgs, die nach einem Flensburger Reeder und Kaufmann benannt wurde.

Das ehrwürdige Nordertor schließlich, Wahrzeichen Flensburgs mit dem doppelten Treppengiebel, ist das einzige im Landesteil Schleswig
noch erhaltene Stadttor und unbedingt einen Besuch wert. Sein Vorgängerbau wurde bereits im
14. Jahrhundert errichtet. An der Nordseite ist das
Stadtwappen zu sehen mit dem Leitsatz »Friede
ernährt, Unfriede verzehrt« sowie das Wappen des
dänischen Königs Christian VII. Etwas eigensinnig
korrespondiert die kobaltblaue Glasfront der Phänomenta mit dem Nordertor. Doch die physikalische Erlebnisausstellung zu besuchen, lohnt sich
auf jeden Fall.

Oben: Der Oluf-Samsung-Gang ist
eine der ältesten Straßen der
Stadt.
Mitte: In einem der Hinterhöfe ist
das Restaurant Borgerforingen.
Unten: Eigenwilliges Ensemble: die
moderne Phänomenta und das ehrwürdige Nordertor

Infos und Adressen

Für Handballfans: das Themenzimmer SG Flensburg-Handewitt im Hotel Alte Post.

SEHENSWÜRDIGKEITEN

Kloster zum Heiligen Geist. Klostergang 9, 24937 Flensburg

St.-Nikolai-Kirche. Südermarkt, 24937 Flensburg

Historisches Landgericht. Südergraben 22, 24937 Flensburg, Tel. 0461/892 13

Heilig-Geist-Kirche zu Flensburg. Große Str. 43, 24937 Flensburg

Pfarrkirche St. Marien – Schmerzhafte Mutter. Nordergraben 36, 24937 Flensburg, www.katholische-kirche-flensburg.de

St. Marienkirche. Marienkirchhof 7, 24937 Flensburg, Tel. 0461/293 13

Eckener-Haus. Norderstraße 8

Dänische Zentralbibliothek. Norderstraße 59, 24939 Flensburg, Tel. 0461/869 70, www.dcbib.dk

Nordertor. Am nördlichen Ausgang der Norderstraße, 24939 Flensburg

ESSEN UND TRINKEN

Alte Senfmühle. In der Kulisse des alten Kaufmannshofs werden Steaks und andere Fleischgerichte serviert, auch Fisch, Pasta und mehr. Mit Außenterrasse. Holmhof 45, 24937 Flensburg, Tel. 0461/807 26 36, www.alte-senfmuehle.de

Im Alten Speicher. Das Restaurant bietet rustikale bis ausgefallene Küche, regionale Spezialitäten, Fisch, Steaks vom Lavagrill und Vegetarisches. Speicherlinie 44, 24937 Flensburg, Tel. 0461/120 18, www.speicher-ist.net

Pizzeria Ristorante San Marco. Ein klassischer Italiener in der Fußgängerzone. Große Str. 28, 24937 Flensburg, Tel. 0461/225 35, www.san-marco-flensburg.de

Roter Hof. Speisen oder einfach einen Kaffee trinken im schönen Kaufmannshof. Internationale Küche, Frühstück, Kaffee und Kuchen. Rote Straße 14, 24937 Flensburg, Tel. 0461/505 23 70, www.roterhof.de

Viva, der Mexikaner! Mexikanische und spanische Küche (Tapas), auch Mittagstisch. Rote Str. 15, 24937 Flensburg, Tel. 0461/182 49 30, www.viva-flensburg.de

Weinstube im Krusehof. ... und zum Wein einen der Elsässer Flammkuchen probieren. Rote Straße 24, 24937 Flensburg, Tel. 0461/128 76

ÜBERNACHTEN

Hotel am Rathaus. Hotel Garni nahe dem Südermarkt, drei Sterne. Rote Straße 32–34, 24937 Flensburg, Tel. 0461/173 33 und -35, www.hotel-am-rathaus.com

Hotel Am Wasserturm. Garni-Hotel in ruhiger Lage beim Volkspark. Drei Sterne. Blasberg 13, 24943 Flensburg, Tel. 0461/315 06 00, www.hotel-am-wasserturm.com

Hotel Alte Post. Die Architektin und Designerin Helle Flou entwarf die Innengestaltung. Rathausstraße 2, 24937 Flensburg, Tel. 0461/80 70 81-0, E-Mail: info@ap-hotel.de

Landhaus Eric / Hotel garni. 15 Zimmer im nordischen Stil. Glücksburger Str. 177, 24943 Flensburg, Tel. 0461/648 95, www.landhaus-eric.de

Hostel Flensburg. Nah und preisgünstig. Bei

Backpackern und auch anderen Gästen beliebt. Zimmer mit WLAN und TV, auch barrierefrei. Zur Exe 23, 24937 Flensburg, Tel. 0461/909 08 33, www.hostel-flensburg.de

FESTE UND EVENTS

Flensburger Hofkultur. Einen ganzen Monat lang wird gefeiert in Flensburgs malerischen Höfen, mit Livemusik, Kabarett und Filmvorführungen. Jährlich von Mitte Juli bis Mitte August. www.hofkultur.flensburg.de

KULTUR

Stadttheater gehört zum Schleswig-Holsteinischen Landestheater und Sinfonieorchester. Rathausstraße 22 / Nordergraben 12, 24937 Flensburg, Kartenvorverkauf über die Theaterkasse, Tel. 0461/233 88, kasse.flensburg@sh-landestheater.de, www.sh-landestheater.de

Orpheus Theater. Ein kleines, feines Theater im historischen Fachwerkgebäude Porticus 1740 am Nordermarkt. Marienstraße 1, 24937 Flensburg, www.orpheustheater.de (Kartenreservierung über Homepage möglich)

Phänomenta. Di–Fr 10–18 Uhr (Juni–Sept. auch Mo.), Sa/So/Feiertage 12–18 Uhr Norderstraße 157–163, 24939 Flensburg, Tel. 0461/144 49 0, www.phaenomenta-flensburg.de

Volksbad. Das einstige Badehaus ist heute ein alternatives Kultur- und Kommunikationszentrum. Partys, Konzerte und andere Veranstaltungen wie die Torsdagsbar, Musik von Rock und Indie bis hin zu Swing und Tango Argentino. Schiffbrücke 67, 24939 Flensburg, Tel. 0461/204 78, www.volxbad.de

EINKAUFEN

Dito. Alternativ shoppen in der Norderstraße. Das Geschäft gehört einem Ladenverbund an, der unabhängig von Konzernen agiert. Die individuelle Mode kommt teils aus eigener Produktion. Norder-

Physik als Erlebnis: zu Besuch in der Phänomenta

straße 14, 24939 Flensburg, Tel. 0461/265 13, www.mrs.hippie.de

Flensburg Galerie. 80 Fachgeschäfte mit internationalen und lokalen Marken. Darunter auch eine Filiale des dänischen Lifestyle-Kaufhauses Sinnerup. Mo–Sa 9.30–20 Uhr, Rewe-Supermarkt ab 8 Uhr, Holm 57–61, 24937 Flensburg, Tel. 0461/168 45 78-0

Holmpassage. Einkaufen bei jedem Wetter, mit eigenem Parkhaus. Mo–Sa 9.30–19 Uhr, Frischemarkt ab 8 Uhr, Cafés ab 9 Uhr, Holm 39, 24937 Flensburg, Tel. 0461/219 55

Weinhaus und Rumhaus Braasch. Rote Straße 28, 24937 Flensburg, Tel. 0461/14 16 00, www.braasch.sh

Südermarkt. Wochenmarkt Mi/Sa 4–15 Uhr, Holm und Große Straße, 24937 Flensburg, www.flensburg-galerie.de, www.stadtbibliothek.flensburg.de

Rumhaus Johannsen. Marienstraße 6–8, 24937 Flensburg, Tel. 0461/252 00, info@johannsen-rum.de

INFORMATION

Touristinformation Flensburg. Rote Straße 15–17, Tel. 0461/909 09 20, www.flensburg-tourismus.de

3 Museumsberg Flensburg
Zwei an Kultur reiche Häuser

Sich auf dem Fördehang oberhalb der Innenstadt erhebend, sind die beiden imposanten Gebäude schon von Weitem sichtbar: Das Heinrich-Sauermann-Haus und das Hans-Christiansen-Haus. Auf insgesamt 3000 Quadratmetern Ausstellungsfläche ist hier die Kunst- und Kulturgeschichte des Landesteils Schleswig ab dem 13. Jahrhundert zu erleben.

Flensburgs größtes Museum wurde bereits 1876 gegründet. Die Ausstellungen beziehen sich auf das ehemalige Herzogtum Schleswig, dessen nördliche Hälfte seit 1920 zu Dänemark gehört. Sie verteilen sich auf die beiden Häuser, die nach den Stiftern des Hauptfundus benannt wurden. In einem ist eine Möbelsammlung zu sehen, die der Flensburger Bürger Heinrich Sauermann (1842–1904) begründet hatte. Mit mehr als 900 Stücken aus der Zeitspanne vom Mittelalter bis zum 19. Jahrhundert gilt sie als eine der umfangreichsten ihrer Art. Dazu zählen etwa eine Peselsammlung, Halligstuben der Westküste und andere historische Bauernstuben, Alkoven als einst typische Schlafstätten Schleswig-Holsteins, nordschleswigisches Goldschmiedehandwerk, Keramik, textile Volkskunst, Kirchenkunst und vieles andere mehr. Weitere Abteilungen widmen sich der Naturkunde, wo die Wälder und Küsten der Region zu erleben sind.

Mitte: Hinter der Backsteinfassade verbergen sich vielfältige Ausstellungen.
Unten: Der Idstedt-Löwe auf dem Alten Friedhof

Gartendenkmal aus dem 19. Jahrhundert

Das benachbarte Haus ist nach dem in Flensburg geborenen Maler, Grafiker, Kunsthändler und

Blick auf das Heinrich-Sauermann-Haus

Schriftsteller Hans Christiansen (1866–1945) benannt, dessen Nachlass der Museumsberg verwaltet.
Es zeigt eine Gemäldesammlung mit norddeutscher
Malerei vom 19. bis zum 21. Jahrhundert. Dabei
vereinen sich die Gemälde mit Möbeln der jeweiligen Epochen zu einem Gesamtbild der jeweiligen
Zeit. Zur Ausstellung gehören Werke von Emil Nolde
(1887–1956) und eine wohl einmalige Sammlung
von Bildteppichen aus der Zeit des Jugendstils. Im
Erdgeschoss des Hans-Christiansen-Hauses werden
wechselnde Ausstellungen präsentiert.

Ein Landschaftsgarten

Die Gebäude des Museumsbergs umgibt der Christiansenpark, ein Gartendenkmal aus dem 19. Jahrhundert, unterteilt von der Straße Reepschläger-
bahn und dem Alten Friedhof von 1813. Die 4,2
Hektar große Parkanlage gehörte zu den weitläufigen Landschaftsgärten der einflussreichen Patri-
zierfamilie Christiansen. Bei einem Spaziergang
sind unter anderem die Spiegelgrotte (Schlüssel
an der Museumskasse erhältlich) und die Mu-
miengrotte zu entdecken. Auf dem Alten Friedhof
steht der Löwe von Idstedt, ein Denkmal, das an
die Schlacht vor Idstedt im Jahr 1850 erinnert,
eine der entscheidenden Schlachten im Schleswig-Holsteinisch-Dänischen Krieg zugunsten der
dänischen Truppen.

Infos und Adressen

SEHENSWÜRDIGKEITEN

Eiszeithaus. Kleines Museum am
westlichen Rand des Christiansen-
parks mit Fossilien und Gesteinen
aus der Region Flensburgs. Es zeigt,
wie es während der Eiszeit in
Schleswig-Holstein ausgesehen
haben könnte. Mit Forscherstatio-
nen für Kinder. Mi–So 10.30–16
(Mai–Sept. bis 17 Uhr), Mühlenstraße 7, 24937 Flensburg,
Tel. 0461/85 25 04 oder 85 25 77,
www.eiszeit-haus.flensburg.de

**Museumsberg Flensburg/Städti-
sche Museen und Sammlungen für
den Landesteil Schleswig.** Di–So
10–17 Uhr, Museumsberg 1, 24937
Flensburg, Tel. 0461/85 29 56,
www.museumsberg-flensburg.de
Infos zum Christiansenpark unter
www.christiansenpark.de

ESSEN UND TRINKEN

Im Hans-Christiansen-Haus gibt es
ein kleines Café. Weitere Möglichkeiten in der nahen Fußgängerzone

ÜBERNACHTEN

Touristinformation Flensburg. Rote
Straße 15–17, Tel. 0461/909 09 20,
www.flensburg-tourismus.de

4 Wassersleben
Spaziergang nach Dänemark

Nur wenige Kilometer sind es von der Flensburger Innenstadt bis zur Landesgrenze. Hier ist der Ortsteil Wassersleben ein schönes Reise- oder Ausflugsziel mit Sandstrand, Wald, Wiesen und Wanderwegen. Etwas Besonderes sind der winzige Grenzübergang Schusterkate, die wohl berühmtesten Hotdogs Dänemarks und eine Fahrt zur Großen Ochseninsel.

Wassersleben gehört zur Gemeinde Harrislee, die sich unmittelbar an die Flensburger Nordstadt anschließt. Die abwechslungsreiche Förde-Landschaft zieht Besucher an, sodass auch einige Hotels und von privat vermietete Ferienunterkünfte versammelt sind. Der überschaubare Strand mit seicht abfallendem Grund ist beliebt bei Familien. Auch ein Spielplatz, Kiosk, Strandbistro und sanitäre Einrichtungen sind vorhanden. Auch fällt hier keine Kurtaxe an, und es gibt kostenlose Parkplätze an der Straße, die direkt am Strand vorbeiführt. Auf der anderen Seite befindet sich eine Grünanlage mit Minigolf, Erholungswald und Grillplatz.

Ein idyllischer Grenzübergang

Und Dänemark ist so nahe, dass man das Nachbarland schon bei Spaziergängen erkunden kann, zumal die Grenzübergänge seit dem Schengener Abkommen ohne Kontrollen passierbar sind. Sie befinden sich an den Straßen nach Padborg (Pattburg) und ins nur drei Kilometer entfernte Kruså (Krusau) ist es nicht weit. Etwas Besonderes ist der wohl kleinste Grenzübergang Europas, zu finden am nördlichen Ende des Strandes (zu erreichen über die Straße Dammweg): die Schusterka-

Mitte: Am Strand von Wassersleben
Unten: Allein der Grenzpfeiler erinnert daran, welchen Zweck die idyllische Brücke erfüllte.

Wassersleben

te, eine kleine Holzbrücke, deren westliches Ende auf deutschem Boden steht, während das östliche bereits zu Dänemark gehört. Die Grenzlinie entstand im Jahr 1920, nachdem Nordschleswig nach der Volksabstimmung in Schleswig mit Dänemark wiedervereinigt worden war. Heute weisen nur noch die Grenzsteine an beiden Seiten der Brücke mit den Symbolen D und DK auf die Bedeutung hin sowie weiße Grenzbaken als Seezeichen. Vorhanden sind auch noch die beiden Holzhäuschen der Grenzgendarmen, die von 1920 bis 1958 die Landesgrenzen bewachten. Heute ist hier eine Anmeldung für Bootsfahrer untergebracht, denn hinter der Brücke bildet eine von Schilfgürteln gesäumte Lagune einen ruhigen Ankerplatz. Über die Schusterkate führt ein herrlicher Waldwanderweg immer an der Förde entlang bis nach Kollund. Dabei geht es durch das eiszeitlich geprägte Tunneltal der Krusau mit von Bächen geprägten Schluchten und klaren Quellen.

An die Zeit der Grenzgendarmen erinnert auch der insgesamt 74 Kilometer lange Gendarmstien (»Gendarmenweg«, der Padborg und Høruphav verbindet. Er verläuft größtenteils entlang der Flensburger Förde und gehört streckenweise heute auch zum Europäischen Fernwanderweg E 6.

Heiße Hunde vor den Ochseninseln

Dem Uferweg für sieben Kilometer folgend, erreicht man die Ortschaft Sønderhav. Sie wird auch Hotdog-Havn genannt, denn sie ist bekannt für die vielleicht besten Hotdogs Dänemarks, erhältlich in einer leuchtend gelben Imbissbude: Annies Kiosk, geführt von Annie Bøgild, und schon durch Film und Fernsehen ziemlich berühmt. Gegenüber liegen die Ochseninseln in der Förde. Wer möchte,

Geheimtipp

MUSEUMSORT KUPFERMÜHLE

Wer nicht davon ahnt, könnte die knuffige Siedlung im Krusau-Tal leicht übersehen, denn sie liegt recht versteckt. Orange leuchten die Häuser im hügeligen Grün, verbunden mit Kopfsteinpflasterstraßen. Hier hat die Gewinnung von Kupfer eine 400 Jahre lange Tradition, zuletzt verkörpert durch die Crusauer Kupfer- und Messingfabrik, die 1962 ihre Produktion einstellte. Geblieben sind die schmuck restaurierten Fabrikgebäude. In den historischen Hallen wird seit Juli 2014 die regionale Industriegeschichte neu präsentiert – unter anderem eine denkmalgeschützte 700-PS-Dampfmaschine von 1933, eine Dampfmaschinenmodellsammlung und das rekonstruierte Hammerwerk. Außerdem ist in dem authentischen Ort eine der ältesten Arbeitersiedlungen Nordeuropas zu besichtigen.

Museumsort Kupfermühle GmbH. Messinghof 3, 24955 Harrislee, Tel. 0461/407 71 25, www.industrie-museum-kupfermuehle.de

Oben: Die Fähre zu den Ochseninseln
Unten: Im Tunneltal der Krusau

kann mit der Fähre zur großen Ochseninsel (Store Okseø) übersetzen. Hier überrascht einen ein unerwartet reges Kulturleben mit ganzjährigen Veranstaltungen wie Livemusik und traditionellen Festen. In einem historischen Reetdachhaus befindet sich eine kleine Galerie. Das Inselrestaurant Øens Kro, untergebracht in einer alten Bootsbauhalle aus dem 19. Jahrhundert, hat auch im Winter geöffnet. Möglich machte all dies der Förderverein »Freunde der Großen Ochseninsel«, der sich für den Erhalt des Natur-, Landschaft- und Kulturerbes der Insel einsetzt. Auch einen Campingplatz gibt es hier. Die kleinere Insel Lille Okseø hingegen ist unbewohnt. Der Name der Inseln – die auch Fähren ab Flensburg umrunden – ist auf ihre einstige Nutzung zurückzuführen. Schon im frühen 15. Jahrhundert sollen die Rinder des Flensburger Schlosses Duborg hier geweidet haben.

Infos und Adressen

SEHENSWÜRDIGKEITEN

Ochseninseln. Store Okseø ApS. St. Okseø 1, DK-6340 Kruså, Infos zum Kulturangebot, Camping etc. Tel. 0045/74 67 87 66, info@ochseninseln.de, www.ochseninseln.de Fähre zur großen Ochseninsel ab Sønderhav: stündlich 11–18 Uhr (Juli/Aug. Di–So, Vor- und Nachsaison nur Sa/So)

ESSEN UND TRINKEN

A Hereford Beefstouw. Dänisches Steakhouse, Abenraavej 24a, DK-6340 Krusau, Tel. 0045/74 67 30 00, www.a-h-b.dk

Annies Kiosk. Fjordvejen 67, Sønderhav, DK-6340 Kruså

ÜBERNACHTEN

Hotel Wassersleben. Drei-Sterne-Superior-Hotel direkt am Strand. Wassersleben 4, 24955 Harrislee, Tel. 0461/774 20, Fax: 774 21 33, www.hotel-wassersleben.de

Strandresidenz Wassersleben. Deutschlands nördlichste Ostsee-Ferienanlage. Apartments für 2 und 4 Personen, teils mit Förde-Blick. Strandhof 1,

Die wohl berühmteste Hotdog-Bude der Welt

24955 Harrislee, Tel. 0461/700 70, www.strandresidenz.de

Campingplatz auf der großen Ochseninsel (Kontakt siehe oben)

INFORMATION

www.harrislee-tourismus.de

Zimmer mit Fördeblick: Hotel Wassersleben

5 Das Glücksburger Wasserschloss
Wiege der europäischen Könige

Die Burg, die der kleinen Ostseestadt den Namen gab, ist schon von außen einen Besuch wert. Sich weiß und viertürmig im Schlosssee erhebend, gibt sie ein hübsches Fotomotiv ab. Im Eingangsportal grüßt noch immer der Wahlspruch »Gott gebe Glück mit Frieden – GgGmF«. Innen sind die Geschichte und das Leben der Adelsfamilien zum Greifen nah.

Herzog Johann der Jüngere (1545–1622) ließ das Wasserschloss zu Zeiten der Renaissance (ab 1582) errichten. Zuvor befand sich an dem Platz das 1209 gegründete Zisterzienserkloster Rüde, das mit der Reformation aufgehoben war. Der Schlosspark kam im 18. Jahrhundert, die heutige Orangerie ab 1827 hinzu. Zu der Zeit unterlag das Gebiet bereits der dänischen Krone und wurde als »Munkbrauprharde« dem Amt Flensburg zugeordnet.

Herzog Friedrich Hinrich Wilhelm, der letzte Thronfolger der Glücksburger Herzogslinie, war am 13. März 1779 verstorben. König Christian IX. von Dänemark (1818–1906) begründete den Ruf des Schlosses als »Wiege der europäischen Könige«: Vier seiner Kinder aus der Ehe mit Prinzessin Louise von Hessen-Kassel heirateten in die Königshäuser von Schweden, England und Russland ein. Zu ihren direkten Nachfahren gehören die Könige von Griechenland, Norwegen und Dänemark. Die Könige dieser beiden skandinavischen Länder stellt das Adelsgeschlecht zu Holstein-Sonderburg-Glücksburg noch heute.

Mitte: Das Schloss zeigt Mobiliar aus altem Familienbesitz.
Unten: Ein romantischer Platz zum Durchatmen: das Rosarium seaside-garden

Das Wasserschloss erblickt man schon von Weitem.

Gemälde und Goldtapeten

Der Familiensitz in Glücksburg wird noch von Angehörigen der Adelslinie verwaltet: Elisabeth Prinzessin zu Ysenburg und Büdingen kümmert sich um die Angelegenheiten des Wasserschlosses, Christoph Prinz zu Schleswig-Holstein ist Vorstand der zugehörigen Stiftung. Seit 1925 sind einige Bereiche auch für Besucher geöffnet. Zu besichtigen sind Mobiliar aus altem Familienbesitz, vor allem aus dem Rokoko und der Biedermeierzeit, eine wertvolle Gemäldesammlung, prunkvolle Wandteppiche und Goldtapeten. Auch werden verschiedene Rundgänge und Veranstaltungen angeboten, etwa die Führung »Flirt im Schloss«, die Einblicke in die Flirtgeschichten der Blaublütigen gewährt, und Konzerte in den Sommermonaten (Termine jeweils siehe Homepage und auf Anfrage).

Nach oder vor dem Museumsbesuch lohnen sich ein Spaziergang durch den Schlosspark und ein Besuch im privat geführten Rosarium seaside-garden. Auf dem Gelände der ehemaligen Schlossgärtnerei duften 550 historische Rosensorten und zahlreiche Clematis-Pflanzen. Im zugehörigen Rosencafé können Gäste einkehren und sich die Kuchen munden lassen. Um den Schlosssee führen auch Wanderwege bis an die Küste mit dem Kurstrand Sandwig (siehe S. 58 f.).

Infos und Adressen

SEHENSWÜRDIGKEITEN
Schloss Glücksburg. Großer Parkplatz vor dem Schloss. 24960 Glücksburg, www.schloss-gluecksburg.de

Rosarium seaside-garden. Geöffnet Mai bis September. Am Schlosspark 2b, 24960 Glücksburg (Ostsee), Tel. 04631/60 100 und mobil 0171/ 460 28 88, www.seaside-garden.de

ESSEN UND TRINKEN
Café und Restaurant im Schlosskeller

Rosencafé im Rosarium. Hausgemachte Torten und Kuchen, große Auswahl an Eis. Am Schlosspark 2a, 24960 Glücksburg, Tel. 04631/ 444 837, www.rosencafe-gluecksburg.de

ÜBERNACHTEN
Hotels, Apartments, Pensionen in Glücksburg, Camping auf der nahen Halbinsel Holnis (siehe S. 61 und 69)

INFORMATION
Tourist-Information Glücksburg. Schinderdam 5 (im Rathaus, EG), 24960 Glücksburg, Tel. 04631/ 45 11 00, www.gluecksburg.de

6 Seebad Glücksburg
Kurstrand mit Tradition

Die nördlichste Stadt Deutschlands war schon im 19. Jahrhundert ein beliebtes Ausflugsziel, das auch Kaiser Wilhelm II. besuchte. Mit einer Liaison aus Wald, Steilküste und Sandstrand weiß sie noch immer zu bezirzen, inzwischen auch bereichert durch Hotels oberster Kategorien und eine trendige Beach-Bar. Für Abwechslung sorgen ein Planetarium und die Fördetherme.

Zum Kurstrand gelangt man auf Wanderwegen ab dem Wasserschloss oder mit dem Auto über die Uferstraße, von der ein Schild nach Sandwig weist. Zwar ist der Hauptstrand mit rund 500 Metern Länge recht begrenzt, doch sich vor dem schwanenweißen Kurhotel (dem heutigen Strandhotel) ausbreitend und mit Aussicht auf die dänische Küste, hat er was. Sønderhav und die Ochseninseln liegen direkt gegenüber. Das traditionsreiche Ostseebad erlebte bereits eine Blütezeit, nachdem im Sommer 1872 das erste Curhaus gegenüber der Dampferanlegebrücke eröffnet hatte. Das Strandhotel wurde im Jahr 2000 eröffnet. Dazu gehört die Wassersportstation »Sandwiginger« mit Stand-up-Paddling, Kajakverleih und Strandkorbvermietung. Für frischen Wind sorgt auch der trendige Strandkiosk mit Chillout-Lounge. Direkt vor der Tür befindet sich der Anleger für die Ausflugsboote von und nach Flensburg.

Vom Hauptstrand aus führen Spazierwege an ruhigere Plätze. So gelangt man in südlicher Richtung (der Promenade in Richtung Yachthafen folgend) zum Waldgebiet Quellental mit einem kleinen, naturbelassenen Badestrand, der beson-

Mitte: Am Kurstrand Sandwig
Unten: Das Menke-Planetarium gewährt Blicke in den Kosmos.

Vom Schlosssee zum Kurstrand

Die schönsten Plätze Glücksburgs lassen sich wunderbar bei einer Wanderung verbinden, denn hier sind die Wege kurz. Alle, die lieber direkt in das Kurviertel mit dem Badestrand möchten, nehmen die Uferstraße und die Abzweigung Sandwigstraße. Parkplätze sind auch hier (in Strandnähe) vorhanden.

Ⓐ Wasserschloss – Wer bei Glücksburgs Wahrzeichen (siehe S. 56) startet, kann es bei der Gelegenheit besichtigen und anschließend am Schlosssee entlang zum Kurstrand spazieren (kürzeste einfache Strecke ca. zwei Kilometer).

Ⓑ Kurstrand Sandwig – Blickfang ist das zentrale Strandhotel im Gebäude des ehemaligen Kurhotels.

Ⓒ Wassersportstation »Sandwiginger« – Hier können Gäste sich einen Strandkorb mieten oder sich auch ein Board für Stand-up-Paddling oder ein Kajak ausleihen. Mit Strandkiosk und Chillout-Lounge.

Ⓓ Fähranleger – Wer mit dem Ausflugsboot aus Flensburg kommt, steigt hier aus.

Ⓔ Promenade – Sie führt zum Yachthafen, auf Spazierwegen geht es dann noch bis in den Wald hinein.

Ⓕ Waldgebiet Quellental – Von der namensgebenden Adelheidquelle ist zwar nichts mehr zu sehen, doch es gibt einen kleinen, netten Strandbereich.

Ⓖ Menke-Planetarium mit Sternwarte – Die Fulldome-Projektionsanlage gewährt spannende Einblicke in den Sternenhimmel.

Ⓗ Fördelandtherme – Nahe beim Kurstrand gelegen und bei jedem Wetter ein Erlebnis.

Im tiefen Grün verbirgt sich der Strand von Solitüde.

Nicht verpassen

BADEN UND MINI-GOLF IN SOLITÜDE

Es lohnt sich besonders im Sommer, Glücksburg über die Nebenstrecke ab Flensburg anzusteuern anstatt über die Bundesstraße 199 – nicht nur, weil man bei der Gelegenheit auch an der Marina Sonwik und dem Kraftfahrt-Bundesamt mit den Punkten vorbeikommt. Die Nebenstrecke führt am Förde-Ufer entlang, und im Stadtteil Flensburg-Mürwik versteckt sich der Strand von Solitüde im Waldesgrün. Er liegt überaus idyllisch abseits des Ortsgeschehens und bietet dennoch eine Menge mit Minigolf, Kiosk, Gastwirtschaft, Grillplatz, Spielplätzen und Volleyballfeldern. Das Parken an der Zufahrtsstraße ist kostenlos. Weil zumindest viele Ortskundige den Strand kennen (und schätzen), kann es voll werden.

Minigolfplatz Solitüde.
Solitüde 13a, 24944 Flensburg,
0152/319 102 91 und
0152/319 102 93,
www.minigolf-flensburg.de

ders auch bei Tauchern beliebt ist. Den Namen erhielt dieser Ort von der Adelheidquelle, die im Zugangsbereich des mittlerweile geschlossenen Restaurants Quellental zu finden war. Es kursieren Pläne für eine schicke Neueröffnung.

Blick in die Sterne

Oberhalb der Promenade erhebt sich auf dem Hügel an der Förde-Straße das Menke-Planetarium mit Sternwarte. Es ist mit einer Fulldome-Projektionsanlage ausgestattet und bietet regelmäßig Vorführungen und andere Veranstaltungen. Familie Menke, der das Planetarium zuvor gehörte, hat es im Jahr 2000 offiziell an die Fachhochschule Flensburg übergeben, die es seit 1995 betreibt.

Wenn das Wetter mal nicht mitspielt (oder auch sonst) ist die Fördelandtherme eine Alternative zum Kurstrand. Sie liegt kurz davor direkt an der Zufahrtsstraße und lädt mit Meerwasserbecken, Therme und Sauna zum Relaxen ein. Glücksburg hat knapp 6000 Einwohner und umfasst auch noch weitere Ortsteile wie Alt-Glücksburg beim Wasserschloss sowie die komplette Halbinsel Holnis (siehe S. 64).

Infos und Adressen

SEHENSWÜRDIGKEITEN

Menke-Planetarium. Fördestraße 37, 24960 Glücksburg, Tel. 0461/805 12 73, www.planetarium-gluecksburg.de

Waldmuseum Glücksburg. Hier werden die 24 Baumarten des Glücksburger Waldes und seine Vögel erklärt und auch das Thema »Wald und Kunst« wird behandelt. April–Okt. Sa/So 11–16 Uhr, Eintritt frei (Spende erbeten), Führungen sind nach telefonischer Absprache möglich, Holnisstraße 2, 24960 Glücksburg, Tel. 04631/29 73 und 40 94 97.

ESSEN UND TRINKEN

Restaurant Felix im Strandhotel Glücksburg. Regionale und saisonale Spezialitäten, »Höchste Kochkunst ohne Berührungsängste« lautet das Konzept. Kirstenstraße 6, 24960 Glücksburg, Tel. 04631/614 10

Sandwig Bistro Café Strandbar. In dem legeren Strandrestaurant gibt es unter anderem Tapas und Pizza. Promenade 1, 24960 Glücksburg, Tel. 04631/614 14 90

ÜBERNACHTEN

Alter Meierhof Vital Hotel. Fünf Sterne, einige Zimmer und Suiten haben Förde-Blick. Beauty-

Sternekoch Dirk Luther vom Vitalhotel Alter Meierhof

Klare Sache: Wir sind im Waldmuseum.

und Spa-Bereich. Uferstr. 1, 24960 Glücksburg, Tel. 04631/619 90, www.alter-meierhof.de

Strandhotel Glücksburg. Vier-Sterne-Superior-Hotel direkt am Glücksburger Kurstrand, Kirstenstraße 6, 24960 Glücksburg, Tel. 04631/614 10, www.strandhotel-gluecksburg.de

AKTIVITÄTEN

Sandwiginger Wassersportstation. Kirstenstraße 6, 24960 Glücksburg, Tel. 0461/43 02 05 05, www.sandwiginger.de

Fördeland Therme Glücksburg. Sandwigstraße 1A, 24960 Glücksburg, Tel. 04631/44 40 70, www.foerdeland-therme.de

INFORMATION

Tourist-Information Glücksburg. Schinderdam 5 (im Rathaus, EG), 24960 Glücksburg, Tel. 04631/45 11 00, www.gluecksburg.de

7 artefact Powerpark
Erneuerbare Energien als Freizeitspaß

Hinter dem Ortszentrum von Glücksburg befindet sich dieses ungewöhnliche Ausflugsziel, das für Kinder wie auch Erwachsene spannend ist. An den Erlebnisstationen erfährt man unter anderem, wie die Sonne in die Steckdose kommt und ob Wasser auch bergauf fließen kann. Auch nachhaltiges Übernachten direkt im Park ist möglich.

Die Natur ist dabei auch in anderer Hinsicht nah: Das Gelände mit Zukunftstechnik zum Anfassen liegt in einem Landschaftsschutzgebiet. Selbstverständlich ist der etwas andere Freizeitpark – nach eigenen Angaben Deutschlands erster Energie-Erlebnispark – auch auf vergleichsweise nachhaltige Weise zu erreichen (mit dem Bus Linie 21 ab dem Flensburger ZOB bis Glücksburg-Bremsberg).

An den Stationen der Zukunftstechniken zum Anfassen kann man per Hand Wärme oder Licht erzeugen (Mitte) und mithilfe von Parabolspiegeln kochen (unten).

An mehr als 30 Stationen können Forscher zwischen 7 und 70 Jahren umweltverträgliche Ideen für Bauen, Wohnen und Leben entwickeln und die Welt für Groß und Klein erklären. Themen sind dabei etwa die Nutzung erneuerbarer Energien wie Biogas oder Fotovoltaik, der Stirlingmotor oder die moderne Brennstoffzelle: Mit dem Konzept »Zukunftstechniken zum Anfassen« bietet der Park außerdem ungewöhnliche Erfahrungen wie das Kochen mit Sonnenstrahlen über dem Parabolspiegelkocher. Besucher können mit Leibeskraft Wasser zum Brodeln bringen oder in der Sonnenkuppel erspüren, wie der Treibhauseffekt funktioniert. Und bei der wohl einzigen »Watt-Wanderung« an der Ostsee dürfen die grauen Zellen arbeiten.

Das Angelner Sattelschwein im artefakt Powerpark

Durch den Park leiten mehrere Themenwege. Auf der schwarzen Wegstrecke ist die Umwandlung einer Energieform in die nächste zu erleben – aus Sonnenstrahlen wird Strom, aus Reibung Wärme, durch Auftrieb entsteht Wind. Mit der Sonnenuhr an der gelben Strecke beginnt die Zukunft: die effektive Nutzung fossiler und der Einsatz regenerativer Energie. Zeitleisten im sternförmigen Wegenetz informieren interessant über die Geschichte der Energienutzung.

Experten und interessierte Laien können sich für eine Session oder ein Seminar mit dem Energiestrategiespiel »Changing the Game« anmelden und nachhaltige Szenarien für 2030 entwickeln. Für Kindergeburtstage, Jugendgruppen und Schulklassen wird auch eine Powerpark-Rallye angeboten. Wer einmal nachhaltigen Urlaub machen möchte, kann direkt auf dem Gelände des Powerparks passende Unterkünfte buchen: Kuppel-Appartements und Maisonettes mit nubischem Lehmgewölbe stehen bereit, außerdem ein Solar-Zeltplatz für Gruppen.

Infos und Adressen

SEHENSWÜRDIGKEITEN

artefact Powerpark. April–Sept. Mo–Fr 9–18 Uhr, Okt. Sa/So/Feiertage 10–18 Uhr, Bremsbergallee 35, 24960 Glücksburg, Tel. 04631/611 60, www.artefact.de

ESSEN UND TRINKEN

Cafés und Restaurants im nahen Ortszentrum von Glücksburg oder am Kurstrand Sandwig

ÜBERNACHTEN

Nachhaltige Kuppel-Appartements (eines davon barrierefrei) und Maisonettes, auf dem Gelände des artefact Powerparks, für Gruppen gibt es auch einen Solar-Zeltplatz.

INFORMATION

Tourist-Information Glücksburg. Schinderdam 5 (im Rathaus, EG), 24960 Glücksburg, Tel. 04631/45 11 00, www.gluecksburg.de

8 Halbinsel Holnis
Salzwiesen, Kliff und Sandstrand

Die zu Glücksburg gehörende Halbinsel grenzt die Flensburger Innenförde von der Außenförde ab. Auf einer Länge von sechs Kilometern bietet sie abwechslungsreiche Landschaften, wobei auch mal Interessen aufeinanderprallen: im Westen fast Natur pur mit Steilküste, Lagunenseen und Salzwiesen, an der Ostseite den gut besuchten Sandstrand Holnis Drei und einen Golfplatz.

An der mittleren Westküste von Holnis liegt Schausende, ein touristisch geprägter, wenn auch kleiner Ortsteil, in dem sich Deutschlands nördlichster Sportboothafen (Club Nautic e.V.) befindet. Auch der nördlichste Leuchtturm der Republik macht von sich reden, allerdings ist er nur von außen zu besichtigen. Bei Schausende beginnt das sich bis zur Spitze des Kaps erstreckende Holnis Kliff, eine der schönsten Landschaften der Halbinsel. Es bildete sich während der letzten Eiszeit mit Endmoränen, die bis an das Wasser reichen, geformt von der Brandung während der Jahrtausende. Und dieser Wandel dauert an. Nach jedem Sturm sieht das Kliff wieder etwas anders aus. Im Kliff lebt die Uferschwalbe in ihren selbst gegrabenen Bruthöhlen.

Vom Leuchtturm aus der Straße Deichweg folgend ist bald das Ortsende erreicht. Ab hier führt ein Wanderweg direkt am Ufer entlang zum Großen Noor, dem größeren der beiden Lagunenseen von Holnis. Das kleine Noor ist circa 500 Meter weiter nördlich zu finden und es lohnt sich, den Wegen noch bis zur Nordspitze zu folgen. Es geht

Mitte: Holnis beeindruckt mit einer artenreichen Flora und Fauna.
Unten: Keine Strandkörbe, umso mehr Natur: der wilde Nordstrand

Schleswig-Holstein,
wie es Dir gefällt!

Kiel-Plön = 27,20 Euro
Fehmarn-Burg-Lübeck = 35,50 Euro
Hin und zurück für bis zu 5 Personen.*

Einfach Strecke wählen und los geht's.

Die Kleingruppenkarte für bis zu fünf Personen
im SH-Tarif ist die passende Wahl für einen Ausflug.
Mehr Informationen zu Tickets und Ausflugstipps
gibt's unter **www.bahn.de/sh-ausflug**

Die Bahn macht mobil.

* Preisstand: August 2015.

 NAH.SH *Regio Schleswig-Holstein*

Halbinsel Holnis

Auf Holnis kommt es darauf an: Möchte man in Ruhe die Natur genießen oder lieber in bunter Gesellschaft Strandspaß erleben? Wer alldem etwas abgewinnen kann, besucht die beschriebenen Orte am besten bei einer Rundfahrt.

Ⓐ Schausende – Der Glücksburger Ortsteil mit Sportboothafen und Leuchtturm eignet sich, um zu einer Wanderung durch den wilden Inselnorden zu starten.

Ⓑ Leuchtturm – Nur von außen zu besichtigen, doch immerhin der nördlichste Leuchtturm der deutschen Ostseeküste.

Ⓒ Holnis Kliff – Fotogene Steilküste, in der Uferschwalben brüten.

Ⓓ Wanderweg – Direkt am Ufer entlang zum Großen Noor.

Ⓔ Das Große Noor – An dem größeren der beiden Lagunenseen informiert eine NABU-Schutz-hütte über die Tier- und Pflanzenwelt von der Halbinsel Holnis.

Ⓕ Das Kleine Noor – Es liegt nördlich des Großen Noores und ist von Spazierwegen aus sichtbar.

Ⓖ Salzwiesen – In der Küstenlandschaft mit eigener Flora leben unter anderem Kiebitz und Rotschenkel.

Ⓗ Nordstrand – Nicht touristisch erschlossen, dafür umso naturnäher.

Ⓘ Ziegeleiweg – Führt quer über die Halbinsel auf die östliche Seite.

Ⓙ Holnis Drei – Bade- und Surfer-Paradies mit Sandstrand, Promenade, Campingplatz und Ferienunterkünften.

Ⓚ Förde-Golf-Club e.V. – Auf dem 18-Loch-Golfplatz in Bockholm sollte man sich durch den Meerblick nicht zu sehr ablenken lassen.

Auf dem Weg zur Nordspitze

0   300 m

N

Nordstrand **H**

F l e n s b u r g e r

Salzwiesen **G**

An der
Steilküste

Zur   Salzwiese

Holnis Kliff **C**   • 21

*Kleines
Noor* **F**

Zur Salzwiese

18

Holnis

F ö r d e

Ziegeleiweg **I**

Holnishof

*Großes
Noor* **E**

Holniser Fährweg

Holnisser Norrstraße

Wanderweg **D**

• 8

Ziegeleiweg

Leuchtturm
Holnis

B

A   **Schausende**

An Leuchtturm Am

Deichweg

Tannenw.

Am   Noor

Holnis

Noor

An der Promenade

Drei

An der Promenade

J Holnis Drei

*Yacht-
hafen*

Am   Noor

Schausende

• 12

Kobbellück

Dreishöh

Kobbellück

F l e n s b u r g e r

A u ß e n f ö r d e

Holnisser Noorstraße

Neupugum

Dreisacker

Bockholm

• 5

NSG

Pugumer

See

Alter
Schulweg

Haffwisch

Berglyk

Bockholm

Bockholm

Jägerberg

• 36

Bockholm

Knopp

Jägerberg

**Förde-Golf-Club e.V.
Glücksburg**

K

MIT DEM DRAHTESEL ZUM FÄHRHAUS

Einfach gut!

Sich nahe der Küste halten und beim Großen Noor einmal quer über die Halbinsel – die Route ist leicht zu finden. So lässt sich Holnis auf einer Strecke von circa 22 Kilometern einmal umrunden, und man lernt dabei alle Landschaften kennen. Drahtesel gibt es unter anderem bei der Fahrrad-Station im Ortszentrum von Glücksburg (Rathausstraße). Dies ist auch ein guter Startpunkt für die Rundtour. Als Abstecher lohnt es sich, der Holnisser Fährstraße noch bis zum nordöstlichsten Zipfel der Halbinsel zu folgen. Eine schöne Einkehrmöglichkeit dort ist das Fährhaus Holnis, ein alter Gutshof mit Panoramarestaurant und Cafégarten. Hier gibt es auch Gästezimmer im ehemaligen Stallgebäude der Hofanlage.

Fährhaus Holnis. Holnisser Fährstraße 21, 24960 Glücksburg, Tel. 04631/613 30, www.faehrhaus-holnis.de

vorbei an Weiden mit Schottischen Hochlandrindern, durch die Landschaft der Salzwiesen, und schließlich ist der wilde Nordstrand erreicht – ohne Strandkörbe, dafür mit eindrucksvoller Natur.

Rund 130 Vogelarten

Dieser Teil von Holnis ist als Naturschutzgebiet ausgewiesen, in dem rund 130 Vogelarten vorkommen, unter anderem Austernfischer, Sandregenpfeifer, Kiebitze und Rotschenkel. Zur Flora der Halbinsel gehören Pflanzen wie der Strand-Dreizack, das Küsten-Tausendgüldenkraut und die Bottenbinse. Am Großen Noor informiert eine NABU-Schutzhütte über die Tier- und Pflanzenwelt von Holnis.

Sich hinter dem Großen Noor rechts haltend, kann man über den Ziegeleiweg die Halbinsel durchqueren, um auf ihre östliche Seite zu gelangen. Dort säumt der Sandstrand Holnis Drei das Ufer der Außenförde mit seiner zwei Kilometer langen Promenade. Hier gibt es Strandkörbe, einen Rikscha- und Tretbootverleih, eine Surfschule, einen Campingplatz sowie Hotels und andere Ferienunterkünfte. Im nahe gelegenen Bockholm bietet der im Jahr 1972 gegründete Förde-Golf-Club e.V. Glücksburg einen 18-Loch-Golfplatz mit Meerblick.

GUT ZU WISSEN

DEN NATURSCHUTZ RESPEKTIEREN

Es macht sich besonders im Sommer bemerkbar: Naturschutz und Tourismus liegen auf Holnis nah beieinander. Gäste sollten besonders auf die Sperrzonen achten und auf den Wegen bleiben. Müll sollte selbstverständlich angemessen entsorgt oder (wo es keine Möglichkeit gibt) wieder mitgenommen werden.

Infos und Adressen

SEHENSWÜRDIGKEITEN

NABU-Schutzhütte am Großen Noor. Ziegeleiweg 13, 24960 Glücksburg, Tel. 04631/44 16 88, NABU-Schutzgebietsreferent Hans Knöll, Tel. 04631/29 73, www.schleswig-holstein.nabu.de

ESSEN UND TRINKEN

Restaurant im Hotel Lodge am Meer. Im Strandristorante San Remo nebenan abends ChillOut, italienische und deutsche Strandküche. www.lodgeammeer.de

Imbiss am Strand von Holnis Drei, dem beliebten Sandstrand an der Ostküste von Holnis.

ÜBERNACHTEN

Gästehaus Bartsch. Am Badestrand und auf Familien eingestellt mit Stockbetten, Bolzplatz, Spielwiese etc. Ziegeleiweg 3, 24960 Glücksburg, Tel. 04631/86 90

Lodge am Meer. Zimmer, Suiten und Familienzimmer, Drei 5, 24960 Glücksburg-Holnis, Tel. 04631/610 00, www.lodgeammeer.de

Strandhof Holnis. Ferienwohnungen in Holnis Drei, im zugehörigen Kati's Shettygarten können sich Kinder mit Shetland Ponys beschäftigen, Holnisser-Noor-Straße 2, 24960 Glücksburg, Tel. 04631/86 96, www.strandhof-holnis.de

Ostseecamp Holnis. Direkt in Holnis Drei beim Strand, www.ostseecamp-holnis.de

AKTIVITÄTEN

Fahrradverleih Fahrrad Station Glücksburg. Rathausstraße 11, 24960 Glücksburg, Tel. 04631/ 409 16 50, 0160/624 12 62. Auch einige Vermieter von Ferienunterkünften bieten Leihfahrräder an.

Förde-Golf-Club e.V. Glücksburg. 18 Löcher und Meerblick, Bockholm 23, 24960 Glücksburg, www.foerdegolfclub.de

INFORMATION

Tourist-Information Glücksburg. Schinderdam 5 (im Rathaus, EG), 24960 Glücksburg, Tel. 04631/45 11 00, www.gluecksburg.de

Auf Holnis sieht man auch schöne, alte Hofanlagen wie diese.

FÜNF GUTE TIPPS WIE SICH GELD SPAREN LÄSST

Perfekt für ein Picknick ist der Strandkorb – hier am Strand von Heikendorf bei Kiel.

❶ Picknick im Strandkorb

Klar: Es gibt vorzügliche Cafés und Restaurants, die frischesten Fischbrötchen und viele andere Gründe, im Urlaub an der Ostseeküste einzukehren. Nur kann dies etwa bei einer vielköpfigen Familie das Reisebudget überfordern. Kostengünstiger ist es, vorher im Supermarkt Brötchen, Räucherfisch, Käse, Obst und andere leckere Dinge einzukaufen und im Strandkorb zu picknicken – das ist auch ein Erlebnis.

❷ Minikreuzfahrt mit Fördeschiffen

Die Ostseeküste auf dem Wasser zu erleben ist ein besonderer Genuss mit einmaligen Perspektiven. Ausflugsfahrten werden, oft auch schon für kleines Geld, in den Häfen angeboten. Hier lohnt es sich, die Preise der Anbieter zu vergleichen und z.B. auf Familientickets zu achten. Noch sparen kann man in Kiel: Die regelmäßig (auch im Winter) verkehrenden Fähren der Schlepp- und Fährgesellschaft Kiel mbH (SFK) gehören zum Öffentlichen Personennahverkehr. So kann man bereits für den Preis einer Busfahrkarte eine kleine Fördekreuzfahrt unternehmen und auch direkt zu schönen Stränden gelangen.

❸ Strände ohne Kurtaxe

Die Strände an den Promenaden der Seebäder wie z.B. in Timmendorf kosten eine Gebühr, und dies wird auch kontrolliert. Wer also meint, sie nicht zahlen zu müssen, legt bei einem Bußgeld noch mehr drauf. Sparen lässt sie sich an den abgabefreien Stränden, die oft naturbelassen und landschaftlich besonders reizvoll sind. Dies ist vor allem ein Tipp für Tagestouristen, denn bei Übernachtungen ist die Kurabgabe ohnehin fällig und meist direkt an den Vermieter zu richten.

❹ Die ostseecard* nutzen

Vom Vermieter (oder auch im jeweiligen Touristbüro) bekommen Urlauber in vielen Orten die ostseecard* ausgehändigt. Damit hat man Zugang zu auch anderen abgabepflichtigen Stränden, Ermäßigung bei Freizeiteinrichtungen, mal gibt es auch einen Gratis-Drink oder ein Präsent. Derzeit beteiligen sich 19 Orte und 25 Partner daran. Sie zu nutzen lohnt sich vor allem, wenn man viel unternehmen möchte. Die Kosten sind (genauso wie bei der Kurabgabe) abhängig von der jeweiligen Gemeinde. Infos unter www.ostseecard.de

❺ Beim Parken sparen

Auch wenn es praktisch ist: Direkt am Strand zu parken kostet teils erhebliche Stunden- oder Tagessätze. Da kann gerade bei einem längeren Urlaub einiges zusammenkommen. Oft aber gibt es etwa am Ortseingang auch kostenlose Parkplätze, und die Wege sind kurz.

9 Halbinsel Angeln
Abwechslungsreiches Hinterland

Angeln nennt sich die Region zwischen der Flensburger Förde und der Schlei, westlich begrenzt durch die Linie des historischen Ochsenwegs. Ausflüge führen durch die abwechslungsreiche Obere Treenelandschaft, zu malerischen Dörfern und historischen Stätten wie dem Freilichtmuseum Unewatt oder nach Idstedt mit der Gedächtnishalle.

Eine schöne Möglichkeit, erst einmal einiges über die Region zu erfahren, bietet sich an der B199 zwischen Glücksburg und Kappeln: Das Landschaftsmuseum Angeln in Unewatt (Gemeinde Langballig) berichtet von der Geschichte und Tradition der Menschen, die hier lebten, und dies authentisch in einem Museum, das sich über ein ganzes Dorf verteilt. Dabei vereinen sich die historischen Gebäude mit den Bereichen des heutigen Landlebens.

Ein Rundwanderweg verbindet fünf Museumsinseln. Los geht es am Ortseingang mit dem Marxenhof, einer rekonstruierten Hofanlage, zu der ein Südangeliter Fachhallenhaus aus dem Jahr 1626 und eine Wandständerscheune gehören. Die Originalgebäude wurden aus Süderbarup an diesen Platz versetzt. Die anderen Gebäude des Landschaftsmuseums gehörten von Anfang an zu Unewatt. Es handelt sich dabei um die Räucherei, die Windmühle Fortuna, die von einem Wasserrad betriebene Buttermühle und die Christesen-Scheune. Der Besuch lässt sich mit einem Badeausflug verbinden, denn der Strand von Langballigau ist nur rund fünf Kilometer entfernt.

Mitte: Im Freilichtmuseum Unewatt
Unten: In Langballigau kann man wunderbar einkehren.

Wanderwege durch das Habernisser Moor

Wandern in der Treenelandschaft

Auf der großen Halbinsel zwischen Flensburg und Schleswig zeigt sich die eiszeitliche Prägung besonders deutlich, die Binnendünen, Moore, Flussläufe und Seen hervorbrachte. Eine besondere Region in der Region ist die Obere Treenelandschaft. Sie liegt ungefähr im Viereck der Ortschaften Oversee, Großsolt, Sieverstedt und Tarp und ist dank des Engagements von Ehrenamtlichen reich an informativen Eindrücken. Ziel des Naturschutzgroßprojekts ist, die artenreichen Lebensräume im Quellgebiet der Treene zu bewahren und für einen sanften Tourismus zu öffnen. So wurden zehn markierte Rundwanderwege eingerichtet und Infotafeln aufgestellt, die etwa die tümpelartigen Blänken erklären, die Geschichte des Sankelmarker Sees erzählen oder einem nahebringen, wie die Trockenheide entstand.

Dabei ist jeder der Rundwanderwege einem besonderen Thema gewidmet. So brütet am Bekassinenweg im Frühjahr die Bekassine, auf dem Hummelweg bilden sandige Bodenanrisse Lebensräume für Erdhummeln, und der Eidechsenweg führt auf

Geheimtipp

MOOR UND STRAND IN HABERNIS

Direkt an der Küste zwischen Glücksburg und Kappeln, abseits der Hauptstraßen, lädt das Habernisser Moor zu Erkundungen ein, eine vielfältige Landschaft mit Ostseestrand, Auen, Niedermoor, Bruchwäldern, Feuchtwiesen, Quellen und Bachläufen. Ein Rundweg (ca. zwei Stunden Gehzeit) führt auf Pfaden und Holzbohlenwegen hindurch, vorbei auch an dichtem Röhricht und Binsenfeldern. Auf ungefähr halber Strecke befindet sich ein Naturdenkmal: die Quelle Wolsroi, eine artesische Quelle, bei der das Wasser infolge eines Überdrucks an die Oberfläche befördert wird. Start und Ziel ist der Parkplatz am kleinen Strand von Habernis – übrigens ein schöner und verschwiegener Platz, um bei der Gelegenheit auch ein Ostseebad zu nehmen. Die NABU-Gruppe Ostangeln bietet Führungen durch die Moorlandschaft an.

Habernisser Moor. 24972 Habernis, www.nabu-ostangeln.de

73

Anlage in der Dolleruper Destille

Geheimtipp

JAZZ UND BRANNTWEIN

An der Gemeinde Dollerup an der B 199 würde man wohl sonst eher vorbeifahren: Bauernhöfe, ein Gewerbegebiet, Neubausiedlungen … Insider aber wissen: Hier gibt es gute Obstbrände und ambitionierte Livemusik. Beides zu finden in der Dolleruper Destille. Regelmäßig treffen sich die Jazzer der Region zur Jamsession (Eintritt frei), außerdem stehen regelmäßig andere Live-Konzerte oder Events wie ein Genießermarkt an. In der Mosterei können Besucher beim Schaubrennen zusehen, an einem Branntweinseminar teilnehmen oder im zugehörigen Shop regionale Obstbrände und andere Spezialitäten einkaufen. Eine Weinstube und ein Café bieten sich für die Einkehr an.

Dolleruper Destille. Neukirchener Weg 8a, 24989 Dollerup, Tel. 04636/ 97 60 30 (Mosterei + Laden) oder Tel. 04636/97 66 18 (Weinstube), www.alles-apfel.com

einer Binnendüne um einen Weiher. Auf dem Schmetterlingsweg könnte man den Zwergbläuling antreffen, einen hier vorkommenden, seltenen Schmetterling. Die Länge der Wanderwege variiert von 1,3 bis 18 Kilometer – so ist für jede Kondition etwas dabei. Etwas Besonderes sind auch die Landschaftspfleger der Oberen Treenelandschaft: Eine ganzjährig grasende Wanderschafherde ist mit Glück beim Spaziergang anzutreffen.

Spuren der Steinzeit

Auffällig in Angeln ist, dass ziemlich viele Ortsnamen auf -by oder -rup enden. Dies zeugt von der frühen Besiedlung durch die Jüten und Dänen, die im mittleren 1. Jahrhundert begann. Aus dem Dänischen übersetzt bedeuten die beiden Silben schlicht »Dorf« oder »Siedlung«. Auch Steinzeitgräber und Spuren der Wikinger prägen die Halbinsel, der Mensch hat sich also schon weitaus früher hier niedergelassen. So sind auch Stätten zu finden wie der archäologische Arnkiel-Park bei Munkwolstrup (Oeversee), wo ein Langbett, ein längliches Gräberfeld aus der Jungsteinzeit (ca.

Idylle in
Langballigau

3500 v. Chr.) zu bewundern ist. Es gilt als das größte rekonstruierte Großsteingrab Nordeuropas. In einem Feld bei Sieverstedt ist der »Poppo-Stein« zu finden, der Deckel eines Großsteingrabes, um den sich eine Legende rankt: Die 17 Mulden auf dem Stein sollen von den Fingerkuppen des Teufels stammen, der ihn voller Wut einem Priester namens Poppo entgegengeschleudert haben soll, weil der Geistliche die Dänen zum Glauben bekehren wollte.

Windmühle Antje

In Tarp wiederum ist ein neuzeitliches Schmuckstück zu besichtigen: Die Windmühle Antje, ein 1882 errichteter Galerieholländer. Sie ist nach der Ehefrau des Malermeisters Möller benannt. Sein Ladengeschäft ist in dem Gebäude untergebracht. Interessierte können während der Öffnungszeiten dort nachfragen und bei Gelegenheit die Mühle von innen besichtigen. Sie beherbergt ein kleines Heimatmuseum mit historischen Geräten und einer Ausstellung über die Vor- und Frühgeschichte. Ungefähr 15 Kilometer weiter südlich befindet sich mit Idstedt eine bedeutsame Ortschaft. Hier trug sich am 24. und 25. Juli 1850 die Schlacht bei Idstedt zu, eine der entscheidenden Schlachten im Schleswig-Holsteinisch-Dänischen Krieg. Über die Hintergründe dieser Schlacht kann man sich vor Ort in der Idtstedt-Gedächtnishalle informieren.

Oben: Auch stattliche Bullen wie diesen trifft man in Angeln an.
Unten: Die Windmühle Antje in Tarp: Sie wurde nach der Ehefrau des Malermeisters benannt.

Infos und Adressen

SEHENSWÜRDIGKEITEN

Arnkiel-Park. www.arnkiel-park.de

Landschaftsmuseum Angeln in Unewatt.
Mai–Sept Di–So 10–17, April/Okt. Fr–So
10–17 Uhr, Eintrittskarten im Marxenhaus erhältlich, Unewatter Straße 1a, 24977 Langballig,
Tel. 04636/10 21, www.museum-unewatt.de

Idstedt-Gedächtnishalle. 24879 Idstedt,
Tel. 04621/873 52

Poppo-Stein. Im Feld bei Helligbek, Gemeinde
Sieverstedt

Windmühle Antje / Malerei Möller. Stapelholmer Weg 13, 24963 Tarp, Tel. 04638/89 84 37,
info@malerei-moeller.de

ESSEN UND TRINKEN
siehe Übernachten

ÜBERNACHTEN

Historischer Krug / Kongelig privilegeret Kro.
Genießer-Hotel im historischen Reetdachhaus.
40 individuell gestaltete Zimmer im Landhausstil,
Ayurveda-Wellness-Zentrum mit Suiten. Grazer

Frische Bismarckheringe

Platz 1, 24988 Oeversee, Tel. 04630/94 00,
www.historischer-krug.de

Gasthaus Frörup. Hotel am alten Ochsenweg mit
Gasthof Salz und Pfeffer, 33 Zimmer in drei Kategorien, eines ist barrierefrei, Stapelholmer Weg 43,
24988 Oeversee/Frörup, Tel. 04638/894 50,
www.gasthaus-salzundpfeffer.de

INFORMATION

Tourist & Service-Center. Im Sommer: Mo–Fr
10–13 und 15–17, im Winter Mo–Fr 10–13 (Do
auch 15–17 Uhr), Dorfstraße 8, 24963 Tarp, Tel.
04638/89 84 04, www.gruenes-binnenland.de

**Naturschutzverein Obere Treenelandschaft
e.V.** Wanderkarte auf der Homepage unter
www.oberetreenelandschaft.de > Freizeit und
Erholung > Wanderwege

Straßenverkauf bei Habernis

10 Geltinger Birk
Naturperle nahe Kappeln

Die kleine Halbinsel ragt wie ein Zipfel in die Ostsee, am Übergang der Flensburger Außenförde zur großen Kieler Bucht. Durchzogen von reizvollen Wanderwegen, lädt ihr Naturschutzgebiet zum Durchatmen ein. Das besondere sind seine Bewohner, echte Wildpferde der Rasse Koniks. Als würdige Bauwerke garnieren die Windmühle Charlotte und der Leuchtturm Falshöft die Birk.

Auch dieses Ziel liegt gut erreichbar an der Bundesstraße B199, Parkplätze gibt es am Geltinger Noor und bei Falshöft jeweils am Ende der Zufahrtsstraße. Sobald man aber die Birk erreicht hat, sind städtische Hektik oder Straßenverkehr vergessen. Es eröffnet sich eine weite Landschaft mit saftig-grünen Wiesen und Wäldern, Wasserläufen und Seen. Die Geltinger Birk gehört zur ruhigen Gemeinde Nieby. Wer hier gleich ein paar Urlaubstage verbringen möchte, findet familienfreundliche Unterkünfte vor.

Vier markierte Touren

Mit einer Gesamtfläche von 773 Hektar ist die Geltinger Birk das größte Naturschutzgebiet des Kreises Schleswig-Flensburg. Auf vier markierten Rund-Wanderwegen können Besucher sie erkunden. Es bietet sich an, zuerst bei der NABU-Infohütte (am Nordweststrand der Lehminsel Beveroe) vorbeizuschauen, wo man einiges über die hiesige Flora und Fauna erfährt.

Mitte: Eindrucksvoll sind die Landschaften der Geltinger Birk
Unten: Der Birk-Kiosk lädt zur Rast ein.

Die mit farbigen Symbolen markierten Wanderwege heißen »Eule«, »Konik«, »Hochlandrind« und

Ein Moment, für den sich die Wanderung lohnt.

»Möwe«, ihre Länge variiert zwischen drei und 13,3 Kilometern. Dabei geht es mal durch das Hinterland, mal durch das Land und vorbei an der Küste. Die längste Route führt einmal rund um die Birk. Unterwegs könnte einem eine Herde echter Wildpferde begegnen, und mit Glück erlebt man dabei filmreife Hengste bei ihren Rangkämpfen oder Stuten mit Fohlen. Die Tiere leben hier, gemeinsam mit Schottischen Hochlandrindern, einträchtig in einem weitläufigen, offenen Weidegebiet. Sie wurden zur Landschaftspflege angesiedelt.

Wilde Stuten und Hengste

Die Wildpferde gehören der bedrohten Rasse der Koniks an. Es sind Nachkommen der Tarpane, die viele Jahrhunderte in Nord- und Osteuropa lebten. Rund 60 sind es inzwischen, hinzu kommen

Nicht verpassen

EINKEHR IM BIRK KIOSK

Vor der Mühle Charlotte lädt eine Holzhütte zur Einkehr ein, die sich in die naturgeschützte Landschaft fügt: Auf ihrem Dach gedeihen Pflanzen. Gute Gemüse und andere Zutaten wandern in das, was in ihrem Inneren liebevoll hergestellt wird: hausgemachte Suppen, frisch gebackene Kuchen und andere Leckereien. So ist der Birk Kiosk ein schon bekannt gewordener Geheimtipp und hat schon viele Wanderer gestärkt.

Birk Kiosk. Bei der Mühle Charlotte. Di–So 10–18 Uhr (witterungsabhängig).

Auch die Mühle Charlotte ist äußerst fotogen.

Geheimtipp

THINGPLATZ GULDE Von Gelting aus ungefähr acht Kilometer landeinwärts liegt dieser besondere Ort, versteckt inmitten von Äckern und Wiesen hinter einigen Bäumen auf einer Anhöhe (dem Arltberg): ein Thing-Platz, errichtet nach dem Vorbild germanischer Versammlungsstätten. Engagierte Bürger der zugehörigen Gemeinde Stoltebüll haben hier ein Stück Heimatgeschichte rekonstruiert: Ein nomadisches Jütenzelt, ein Dolmen, rekonstruiert aus den Steinen eines in der Gegend entdeckten Urnenfriedhofs und die Nachbildung eines 1820 gefundenen Runensteins mit Grabbeigaben zwischen zwei Steinreihen. Im Norden des Thingplatzes steht ein Wächterstein mit dem Leitsatz aus dem jütischen Gesetzbuch von 1200: »Wahrheit geht vor (allem) Recht«. Das idyllisch gelegene Guly-Thing ist auch ohne historische Ambitionen ein schönes Ausflugsziel. Zu finden an einer Abzweigung der L 21 in Oersberg oder ab Gulde von der Kreisstraße aus.

Thingplatz Gulde (Guly-Thing). Kirchenweg 18, 24409 Gulde/Stoltebüll. www.thingplatz-gulde.de

jährlich rund 20 Fohlen. Damit die Herde überschaubar bleibt, werden einige Jungpferde jeweils abgegeben. Ein Verein kümmert sich um die Population und bietet von Juli bis September Führungen an, bei denen die Tiere hautnah zu erleben sind. Treffpunkt ist die Mühle Charlotte, Termine siehe Homepage.

Die Mühle Charlotte

Die reetgedeckte Erdholländermühle ist das Wahrzeichen der Geltinger Birk. Sie steht am Zugang des Naturschutzgebietes beim Geltinger Noor. Im Jahr 1826 errichtet, diente sie ursprünglich der Entwässerung des Noores und dem Mahlen von Korn. Zusammen mit einer weiteren Mühle pumpte sie das Grundwasser aus den dahinterliegenden Feldern in die Ostsee. Der Rittmeister von Hobe vom Gut Gelting hatte sie errichten lassen. Benannt ist das Bauwerk nach der Oberstallmeisterin Charlotte von Plessen, einer geborenen Herzogin von Mecklenburg. Die Adelsdame verstarb 1822 auf Schloss Gelting. Heute befindet sich die zu einem Ferienhaus umgebaute Mühle in Privatbesitz.

Gut Gelting

Das Schloss von Gelting (Gut Gelting) gibt es noch heute, es gehört den Baronen von Hobe-Gelting und ist für Besucher nicht zugänglich. Doch schon

Die Geltinger Birk
ist zu jeder Jahres-
zeit ein Erlebnis.

der postkartenverdächtige Anblick lohnt sich. Das von einem Wassergraben umgebene Gut, mit 800 Jahren eines der ältesten Güter in Angeln, gab der Gemeinde ihren Namen. Der Ostflügel des Herrenhauses mit seinem runden Eckturm wurde bereits 1470 erbaut, der Westflügel kam 1680 hinzu, und der Mittelbau stammt von 1772. Letzterer trägt ein hohes doppeltes Walmdach und große holländische Schiebefenster mit reicher Sprosseneinteilung. Im Jahr 1925 wurde eine Kapelle in das Schloss Gelting eingebaut.

Leuchtturm mit Badestrand

Zur Geltinger Birk gehört auch der Leuchtturm Falshöft, der aus einem Bilderbuch stammen könnte: Rot-weiß geringelt ziert er das östliche Ende der Birk. Er wurde 1910 errichtet und misst 28 Meter.

Oben: Rot-weißer Klassiker: der Leuchtturm Falshöft
Unten: Am Strand warten auch mal äußerst lebendige Überraschungen.

Infos und Adressen

SEHENSWÜRDIGKEITEN

Leuchtturm Falshöft. Besichtigungen und Führungen nach Vereinbarung mit Siegfried Issel, Tel. 04643/18 69 90 oder über die Tourist-Info, www.leuchtturm-falshoeft.de

ÜBERNACHTEN

Strandhotel Steinberghaff. In der Geltinger Bucht Richtung Flensburg, Doppelzimmer (einige mit Meerblick) und Apartments für bis zu 4 Personen, Einzelbelegung nach Absprache, Steinberghaff 22, 24972 Steinberg, Tel. 04632/17 55, www.strandhotel-steinberghaff.de

Landhaus Ostseeblick. Nahe der Birk in Richtung Kappeln, Einzel- und Doppelzimmer sowie Apartments, Wellnessbereich mit Sauna. Pottloch 3, 24395 Kronsgaard. Tel. 04643/22 37

INFORMATION

Tourist-Information Gelting. Tel. 04643/777, www.gelting.de

NABU-Infohütte auf der Lehminsel Beveroe (auch Führungen), Tel. 04643/18 94 74

Reetdachidylle bei Falshöft

AKTIVITÄTEN
Wanderwege:

»Eule« (3 km): Start: Dorf Nieby, kleiner Rundweg durch das Hinterland.
»Konik« (6,2 km): Start: Mühle Charlotte, es geht durch das Hinterland und an der Förde entlang.
»Hochlandrind« (10,4 km): Start: Falshöft, eine Tour durch Hinterland und entlang der Küste;
»Möwe« (13,3, km): Start: Falshöft oder Mühle Charlotte, Große Rundtour um die Birk.

Wildpferde Geltinger Birk e.V. / Gisela Vierling (1. Vorsitzende), 01623/16 62 23, vierling.wittkiel@t-online.de, www.wildpferde-geltinger-birk.de
Führungen zu den Wildpferden: Jeden Do 15 Uhr (Juli–Sept. sowie je ein Termin in den Oster- und Herbstferien) ab Birk Kiosk, Dauer ca. 2–3 Std., wettergerechte Kleidung und festes Schuhwerk (ggf. Gummistiefel) mitbringen.
Die Führungen zu den Koniks sind kostenlos, Spenden erbeten.

Pause bei der Radtour

An der Schlei bezaubern
Dörfer wie Sieseby.

AN DEN UFERN DER SCHLEI

11 Kappeln
Hafenstadt der Heringe

Mit dem »Ellenberger Heringszaun« hat Kappeln ein wohl einzigartiges Denkmal des Fischfangs vorzuweisen. Ein Besuch im Schlei-Museum vor Ort bringt seine Bedeutung noch näher. Die Hafenstadt mit heute rund 10 000 Einwohnern liegt im Landesinneren an der Schlei, kurz bevor diese in die Ostsee mündet.

Die vorteilhafte Lage schätzte man schon im Mittelalter. Sie bot den Seefahrern Schutz vor Piraten, milderte Wind und Wetter. Auch war der bis Schleswig führende Meeresarm als Handelsweg schon für die Wikinger von Bedeutung (siehe auch S. 116 / Haithabu). Ihr Name leitet sich von dem Wort »Kapelle« ab und bezieht sich auf eine Schifferkapelle, dem Vorgängerbau der ab 1789 errichteten St.-Nikolai-Kirche. Immer noch prägt der Hafen das Geschehen, heute vor allem aus touristischer Sicht. Ausflugsboote liegen an der Promenade, Lokale und Buden bieten frische Fischgerichte an.

Vor und auf der Klappbrücke

Auch ein modernes Konstrukt beeindruckt im Kappelner Hafen und zwingt manche Durchreisende, dann doch einen Stopp einzulegen. Die Bundesstraße B203 Richtung Eckernförde, die in die B201 Richtung Schleswig übergeht, führt mitten durch die Ortschaft und über eine Klappbrücke. Sie verbindet beide Schlei-Ufer und damit die Halbinseln Angeln und Schwansen. Jeweils um Viertel vor jeder vollen Stunde heißt es für die Autofahrer: warten, denn es heben sich die Brückenteile, um Schiffe passieren zu lassen. Vor al-

Mitte: Die Klappbrücke ist ein Erlebnis.
Unten: Im Hafen von Kappeln

Christian Andresen, der Heringskönig von 2015

lem im Sommer kann die Autoschlange dabei lang werden. So bietet es sich an, lieber gleich im Hafen zu parken – es gibt direkt vor der Klappbrücke einen großen Parkplatz – und sich zum Beispiel ein Fischbrötchen zu genehmigen, bis der Verkehr wieder fließt bzw. die Brückenzeiten für einen Hafenbummel einzuplanen. Die Klappbrücke hatte einige Vorgänger: Bis 1867 verkehrte noch eine Fähre zwischen den Ufern. Es folgte bis zum Jahr 1927 eine Schwimmbrücke und bis 2002 die letzte in Schleswig-Holstein betriebene Drehbrücke.

Der Ellenberger Heringszaun

Auch lohnt es sich, die zugeklappte Brücke als Fußgänger zu überqueren. Es gibt dort eine kleine Aussichtsplattform mit Blick auf den Hafen und etwas, das ein Alleinstellungsmerkmal Kappelns bedeutet: Im Wasser vor der Brücke ist eine große, W-förmige Reusen-Konstruktion zu sehen. Es handelt sich dabei um den noch funktionstüchtigen »Ellenberger Heringszaun«, den letzten seiner Art. Er stand dort schon ab 1482 und blieb als einziger von insgesamt 38 Heringszäunen, die sich noch im 17. Jahrhundert zwischen Schleimünde und Arnis befanden, erhalten. So viele sind in der

Nicht verpassen

KAPPELNER HERINGSTAGE

Das Stadtfest steigt seit 1979 an jedem Himmelfahrtswochenende zur für Kappeln »fünften Jahreszeit«, in der die Heringe sich zahlreich in der Schlei tummeln. An fünf Tagen gibt es ein buntes Programm mit Livemusik, festlichen Umzügen, Kinderspaß, einem Matrosen-Essen (Labskaus) und vielem mehr. Höhepunkt ist die Heringswette, bei der der Heringszaun mal wieder zeigen darf, was er kann. Zur »Promiwette«, bei der es das Gewicht des Fangs in Pfund zu schätzen gilt, lädt der Verschönerungsverein Kappeln bekannte Persönlichkeiten aus der Region ein. Die Sieger werden für ein Jahr zum Heringskönig oder zur Heringskönigin gekrönt. Bei der »Bürgerwette« gilt es, die Stückzahl des Tagesfangs zu schätzen. Auf die Gewinner warten Präsente, die von der Kaufmannschaft gespendet wurden. Der Reinerlös kommt dem Erhalt des Heringszaunes zugute.

www.heringstage-kappeln.de

Einmalig: der »Ellenberger Heringszaun«

**FREIZEITPARK
TOLK-SCHAU**

Einfach gut!

An der B201 Kappeln–Schleswig liegt, circa 10 Kilometer nordöstlich von Schleswig, die Gemeinde Tolk. Bei einer Reise mit Kindern ist der Abstecher sozusagen ein »Muss«, denn hier wartet ein riesiger Spielplatz, ausgestattet unter anderem mit Bootsrutsche, Sommerrodelbahn, Swing-Boot; einer kleinen Achterbahn und Autoscooter. Außerdem gibt es rund 100 lebensgroße Dinosaurier-Nachbildungen, Schildkröten, Pfauen und andere Tiere. Der von Familie Petersen in dritter Generation geführte Erlebnispark wuchs aus einem 1963 eröffneten Märchenwald. Hier kann man übrigens auch zusammen grillen. Dafür stehen zu mietende Grillhütten bereit. Für Familien oft günstiger als einzukehren – und ein Extra-Spaß.

Tolk-Schau. April (meist ab Ostern) bis Okt. tgl. 10–18 (Einlass bis 16 Uhr), 24894 Tolk, Tel. 04622/20 84, www.tolk-schau.de

Dankwerthschen Schleikarte von 1648 eingetragen, die im Schlei Museum ausgestellt ist. Mit diesen Zäunen wurden Heringe abgefangen, die zum Laichen die Schlei hinaufschwammen. Der Zaun besteht aus mit Flechtwerk verbundenen Pfählen, die für die Heringe undurchdringbare Mauern bilden und trichterförmig zulaufen. Auf diese Weise werden die Fische an das schmale Ende des Zaunes geleitet, an dem sich ein Netz befindet. Der Verschönerungsverein Kappeln engagiert sich dafür, dieses wohl einzigartige Denkmal des Fischfangs zu erhalten.

Besuch im Schlei Museum

Das Schlei Museum informiert über die geschichtliche Entwicklung der Stadt und der Schlei-Region sowie der hiesigen Schifffahrt. Hier ist unter anderem eine Buddelschiffsammlung zu bewundern. Empfehlenswert ist auch ein Bummel durch den kleinen Ortskern mit historischen Häusern in der Prinzenstraße und den ältesten Straßenzügen der Stadt wie dem Dehnthof, Lusthof und Kehrwieder. Der Rathausmarkt (Bezeichnung an der Stadtseite der Kirche) indes muss heute ohne das alte, na-

Bummel durch Kappeln

Der Hafen steht auch heute noch im Mittelpunkt des Geschehens in Kappeln. Doch man sollte auch einmal um die Ecken gucken, um etwa die ältesten Straßenzüge aufzuspüren, die auch von der seemännischen Tradition der Schlei-Stadt berichten.

A **Großer Parkplatz im Hafen** – Direkt vor der Klappbrücke (aus Richtung Schleswig kommend)

B **Hafen** – Immer noch das Herzstück Kappeln mit Promenade, Ausflugsbooten und Fischlokalen

C **Klappbrücke** – verbindet die Halbinseln Angeln und Schwansen, von der Aussichtsplattform kann man den Hafen überblicken und den Heringszaun sehen.

D **Ellenberger Heringszaun** – Die historische Reusen-Konstruktion stammt von 1482.

E **St.-Nikolai-Kirche** – Hier stand vorher die Schifferkapelle, die der Stadt ihren Namen gab.

F **Historischer Ortskern** – mit den ältesten Straßenzügen der Stadt wie Dehnthof, Lusthof und Kehrwieder

G **Reeperbahn** – Der Straßenname erinnert an die handwerkliche Tradition der Reepschläger. Hier befindet sich heute das neue Rathaus.

H **Schlei Museum** – informiert über die geschichtliche Entwicklung der Stadt und der Schlei-Region sowie der hiesigen Schifffahrt.

I **Prinzenstraße** – Hier sind besonders schöne alte Häuser zu sehen.

J **Mühle Amanda mit Tourist-Information** – Die höchste Windmühle Schleswig-Holsteins bietet eine schöne Aussicht.

K **Station der Angelner Dampfeisenbahn** – Fahrten durch Angeln bis nach Süderbrarup oder Lindaunis

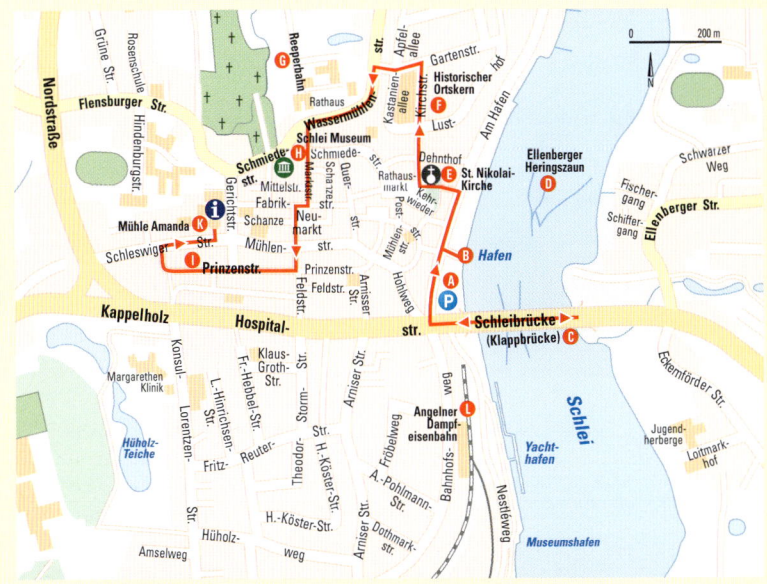

mensgebende Gebäude auskommen. Das neue Rathaus steht in der Reeperbahn. Der Straßenname entstammt, genauso wie bei der berühmten Reeperbahn in Hamburg-St. Pauli, der handwerklichen Tradition der Reepschläger, die Seil- und Tauwerk herstellten. Auf der anderen Hafenseite (südlich der Klappbrücke) startet während der Sommersaison die Angelner Dampfeisenbahn regelmäßig zu Fahrten. So lässt sich Angeln bis nach Süderbrarup oder Lindaunis auf nostalgische Weise erkunden. Auch Kombifahrten mit dem Schleiraddampfer werden angeboten, der wie andere Ausflugsboote die Schlei entlangschippert.

In der Schleswiger Straße steht die mit 32 Metern höchste Windmühle Schleswig-Holsteins: Die Mühle Amanda wurde 1888 in holländischer Bauart errichtet.

Oben: Von Ausflugsbooten aus bieten sich besonders schöne Hafenperspektiven.
Unten: Das Hotel Aurora, Drehort der »Landarztkneipe«, mit Nikolaikirche

Infos und Adressen

SEHENSWÜRDIGKEITEN

Schlei Museum. Mittelstraße 7, 24276 Kappeln,
Tel. 04642/14 28 oder 821 17,
www.schleimuseum.de

Mühle Amanda. April–Sept. Mo–Fr 10–17 Uhr,
Sa/So 10–14, Nov.–März nur Mo–Fr 10–16 Uhr.
Mittwochs, freitags und samstags kann es aufgrund von Trauungen zu vorübergehenden Beein-
trächtigungen bei der Mühlenbesichtigung kommen. Schleswiger Straße 1, 24376 Kappeln,
Tel. 04642/40 27, kappeln@ostseefjordschlei.de

Angelner Dampfeisenbahn. Bahnhofsweg,
im Hafen bei der Klappbrücke. Tel. 04631/20 95,
24376 Kappeln,
www.angelner-dampfeisenbahn.de

Ausflugsfahrten mit dem Schiff. »MS Stadt Kappeln«, Am Hafen, 24376 Kappeln, Tel. 04642/61
84, Bordtelefon 0172/450 27 96,
www.schlei-ausflugsfahrten.de

Schleiraddampfer. Am Hafen, 24376 Kappeln,
Tel. 04642/65 32, www.schleiraddampfer.de

Loktrekken – Mannschaftswettbewerb mit viel
Muskelkraft

ESSEN UND TRINKEN

Aurora. Restaurant-Steakhouse im familien-
geführten Altstadt-Hotel. Rathausmarkt 6,
24376 Kappeln, Tel. 04642/40 88,
www.aurora-kappeln.de

Stark. Erlebnisgastronomie im Hafen, internationale Küche mit saisonalem Fisch (zu wählen an
der Fischtheke). Am Hafen 19a, 24376 Kappeln,
Tel. 04642/16 16, www.restaurantstark.de

ÜBERNACHTEN

Hotel Aurora – siehe Essen und Trinken

Hotel Zur Mühle. Zimmer und Ferienwohnungen
für bis zu fünf Personen, zentrale Lage. Mühlenstraße 60, 24376 Kappeln, Tel. 04642/73 33 oder
-44 44, www.hotel-cafe-kappeln.de

Jugendherberge Kappeln (Mitgliedschaft im DJH
erforderlich). Eckernförder Str. 2, 24376 Kappeln,
Tel. 04642/85 50, kappeln@jugendherberge.de

FESTE UND EVENTS

Figurentheatertage im Frühjahr. Termine und
Programm unter www.kappeln.de

INFORMATION

Touristinformation in der Mühle Amanda. Tou-
ristikverein Kappeln/Schlei-Ostsee e.V., Jöns-Hof-
Passage 2, 24376 Kappeln, Tel. 04642/92 09 32

Im Restaurant Stark kann man was erleben.

12 Die Schlei-Mündung
Vogelschutzgebiet und Lotseninsel

Wie eine natürliche Festung liegen Sand-wälle und Nehrungshaken vor der großen Mündung des Ostseefjords. Nur ein kleiner Zugang verbindet ihn mit dem Meer. Mit dem Vogelschutzgebiet Oehe-Schleimün-de, einem Naturerlebnisraum und der von Menschenhand geschaffenen Lotseninsel ist dies eine besondere Region nahe Kap-peln. Mittendrin: die Gemeinde Maasholm als Ferienziel.

Das Mündungsgebiet der Schlei hat in den ver-gangenen Jahrhunderten laufend sein Gesicht verändert. Durch die Dynamik von Wind und Brandung entstand eine Landschaft aus Dünen und Strandwällen, aufgebaut aus Sedimenten, die durch Meeresströmungen abgetragen wurden (vor allem vom südlich gelegenen Schönhagener Kliff). Heute ist dies einer der wenigen noch intakten natürlichen Bereiche der deutschen Ostseeküste. Der nordöstliche Zipfel ist als Naturschutzgebiet ausgewiesen, zu dem die Vogelfreistätte Oehe-Schleimünde gehört. Insbesondere die Westseite ist von großer Bedeutung für die Vogelwelt mit ihren Nehrungshaken und ausgeprägten Wind-watten – durch Wind zeitweise trockenfallende Meeresbereiche. Hier brüten, rasten und überwin-tern nordische Zugvögel, unter anderem Küsten-seeschwalben und Austernfischer. In der Vogel-wärterhütte am Nordrand des Gebietes sowie im Lotsenhaus am Südrand sind Infozentren des Ver-eins Jordsand, der das Naturschutzgebiet betreut, untergebracht. Das Betreten des Gebietes selbst ist ausschließlich in Begleitung der Vogelwärter gestattet, entsprechende Führungen werden etwa

Mitte: Im Vogelschutzgebiet Oehe-Schleimüde
Unten: Die Alte Schule in Maasholm

Die Schlei-Mündung bietet eine intakte Natur.

bei Ausflugsfahrten mit Booten ab Kappeln oder Schleswig angeboten (Kontakt über Verein Jordsand).

Naturerlebniszentrum Maasholm

Nahe dem Vogelschutzgebiet informiert das Naturerlebniszentrum (NEZ) Maasholm Besucher in spannender Weise. Dazu gehören eine Erlebnisausstellung, ein Wind-Wasser-Küsten-Spielplatz und ein großes Freigelände. Hin führt ein zwei Kilometer langer Fußweg mit Lehrpfad für den am Parkplatz (im Ortsteil Exhöft) auch Leihfahrräder gegen eine Spende bereitstehen. Maasholm heißt die westlich des Naturschutzgebiets liegende Gemeinde, die auch ein beliebter Ferienort ist mit Ausflugslokalen und Unterkünften. Sie umfasst die Ortsteile Maasholm-Bad, Exhöft und das Fischerdorf Maasholm.

Besuch auf der Lotseninsel

Die heutige Lotseninsel, auch als »Schleimünde« bezeichnet, wurde vor mehr als 200 Jahren künstlich angelegt. Sie trennt die Schlei von der Ostsee beziehungsweise begrenzt eine nur knapp 100 Meter breite Schiffszufahrt von der Nordseite her

Nicht verpassen

NATUR-RALLYES UND ANDERE AKTIONEN

Das Naturerlebniszentrum (NEZ) Maasholm bietet auch Mitmach-Aktionen für Kinder und Erwachsene an, ein buntes Naturerlebnis-Programm mit Aktionen wie Strandforscher – Keschern für Kinder, Bernsteinschleifen oder einer Rallye durch den Naturerlebnisraum. Die Aktion »Steinkunde und Strandfunde« vermittelt, worum es sich bei den eiszeitlichen Geschieben und Fossilien handelt, die man hier an der Küste finden kann. Mehr Infos und Termine siehe Homepage.

Naturerlebniszentrum (NEZ). Ansprechpartner für Anfragen zu Mitmachangeboten. Dipl.-Biologin Kirsten Giese, Tel. 04354/80 95 87, kirsten_giese@web.de, Exhöft-Seeberg 1, 24404 Maasholm, www.naturerlebniszentrum.de

(südlich begrenzt die Mole des Yachthafens Olpenitz die Zufahrt). Ein Damm führt zum 14,3 Meter hohen Leuchtturm, der 1871 errichtet wurde und schon so oft »neu angemalt« wurde wie kein anderer Leuchtturm, heißt es. So war er schon gelb, grau, sogar rot und weiß gewürfelt wie ein Schachbrett, zuletzt war er schwarz-weiß und seit 2015 ist er grün-weiß geringelt.

Etwas weiter nördlich steht das Lotsenhaus. Es wurde im späten 19. Jahrhundert als Wohnhaus für die Lotsen und ihre Familien erbaut, anstelle eines älteren Lotsenhauses, das sich noch weiter nördlich befand und durch die Sturmflut von 1872 stark beschädigt worden war. 1796 wurde mit der Eröffnung der neuen Schleimündung auch das Lotsenwesen umfassend geregelt. Lotsen oder Piloten gab es auf der Schlei wegen des schwierigen Fahrwassers schon seit vielen Hundert Jahren.

Nachhaltig speisen in der Giftbude

Eine wesentliche Einnahmequelle für die Lotsen auf der Insel war schon immer die Schankwirtschaft. Schiffer, die wegen ungünstiger Wetterlagen die Schlei nicht verlassen konnten, legten an und konnten hier einkehren. Davon zeugt noch heute die »Giftbude«, inzwischen eine Ausflugsgaststätte mit Bio-Produkten und Fisch direkt vom Kutter. Der Name bezeichnete in Norddeutschland eine einfache Gaststätte und leitet sich vom althochdeutschen Wort »Gift« ab, das »Gabe« bedeutet.

Die Fläche zwischen Lotsenhaus und Giftbude wurde als Garten der Lotseninsel in den vergangenen Jahren neu gestaltet. Für Gäste entstand Platz zum Verweilen und Genießen mit Pfaden, die zu frei nutzbaren Strandkörben führen. Kinder können das Wikingerboot »Edda« entern.

Oben: Wechselte schon oft die Farben: der Leuchtturm Schleimünde
Unten: Was man an der »Giftbude« bekommt, ist äußerst bekömmlich.

Infos und Adressen

SEHENSWÜRDIGKEITEN

Naturschutzgebiet Vogelfreistätte Oehe-Schleimünde. Führungen ab Vogelwärterhütte April–Okt. tgl. außer Mo 10 und 15 Uhr. Für Kinder Führungen jeden So April–Okt. 13.30 Uhr. Infos unter Tel. 04642/61 17

Verein Jordsand. Haus der Natur Wulfsdorf. Bornkampsweg 35, 22926 Ahrensburg. Tel. 04102/326 56, www.jordsand.de

Naturerlebniszentrum (NEZ) Maasholm. Exhöft-Seeberg 1, 24404 Maasholm, Tel. 04354/80 95 87, www.naturerlebniszentrum.de

Lotseninsel. www.lotseninsel.de, Ausflugsfahrten ab Kappeln, www.schlei-ausflugsfahrten.de

ESSEN UND TRINKEN

Restaurant Schunta. Regionale Produkte, fangfrischer Fisch und Fleischgerichte, Sommerterrasse. Hauptstraße 38, 24404 Maasholm, Tel. 04642/60 42, www.restaurant-schunta.de

Das Peter-Aal-Denkmal

Eisladen im Hafen von Maasholm

Hotel-Restaurant Am Schleieck. Fischspezialitäten und mehr, Terrasse mit Schleiblick. Schmiedestraße 140, 24404 Maasholm. Tel. 04642/60 16, www.schleieck-maasholm.de

ÜBERNACHTEN

Hotel Maasholm. Neun Doppelzimmer in Hafennähe, von den Betreibern des Restaurants Schunta. Uleweg 26, 24404 Maasholm, Tel. 04642/60 42, www.restaurant-schunta.de

Hotel-Restaurant Am Schleieck. Einzelzimmer, Doppelzimmer und Komfort-Doppelzimmer. Schmiedestraße 140, 24404 Maasholm, Tel. 04642/60 16, www.schleieck-maasholm.de

FESTE UND EVENTS

Maasholmer Hafentage. Mit dem traditionellen Kuttertrekken immer wieder ein Ereignis. Jährlich im Juli, aktuelle Termine unter www.maasholm.de

INFORMATION

Gemeinde Maasholm. Rathaus, Hauptstraße 69, 24404 Maasholm, Tel. 04642/60 21, www.maasholm.de

13 Arnis
Die kleinste Stadt Deutschlands

Gemessen an der Fläche und der Einwohnerzahl ist Arnis eigentlich ein Dorf: Nur rund 300 Menschen haben hier ihren festen Wohnsitz auf insgesamt einem halben Quadratkilometer Land. Doch Arnis besitzt seit 1934 das Stadtrecht. Der alte Fischerort, auch als »Perle der Schlei« bekannt, lässt sich auf einem Rundweg erkunden.

Arnis erreicht man ab Schleswig oder Kappeln über die Bundesstraße B201, die am Nordufer der Schlei entlangführt. Es wird gebeten, auf dem Parkplatz am Ortseingang zu parken, ansonsten wäre die winzige Stadt schnell überlastet. Ohnehin sind die Wege hier kurz. Dass es sich tatsächlich formal um kein Dorf handelt, stellt schon das Ortsschild klar: »Stadt Arnis« ist darauf zu lesen. Möglich wurde dies durch eine Gebietsreform, bei der einige Ortschaften, die zuvor als »Flecken« mit eingeschränktem Stadtrecht bezeichnet worden waren, zur Stadt erhoben wurden – und durch das Engagement des damaligen Bürgermeisters Peter Holstein, der sich diesbezüglich für Arnis einsetzte.

Rein äußerlich aber ist Arnis ein Fischerdorf, und zwar ein besonders schönes, auf einer Halbinsel liegend, mit schmuck hergerichteten Häusern und bunten Gärten direkt am Wasser. Ein öffentlich zugänglicher Weg beginnt nahe dem Parkplatz. Er führt einmal rundherum vorbei an Bootsstegen und kleinen Werften. Fischernetze und andere maritime Details sind dabei zu entdecken. Der Pfad leitet auch zum Ortszentrum mit der Langen Straße, die sehenswerte alte Wohnhäuser säumen,

Mitte: Die Schlei-Fähre schafft auch einzelne Pkw.
Unten: Die Häuser sind wunderschön herausgeputzt.

Arnis

Ein Blick für das Kleine wird belohnt.

viele davon mit Fachwerk. Mal verbirgt sich auch eine Galerie darin, mal eine Töpferei oder ein Geschäft mit Kunsthandwerk.

Schifferkirche mit Kapitäns-friedhof

Etwas Besonderes ist die Schifferkirche aus dem Jahr 1673 mit dem historischen Friedhof, an der auch die Grabplatte einer Kapitänsfamilie zu sehen ist. Im Altarraum hängen Votivschiffe aus dem 18. und 19. Jahrhundert. Votivschiffe sind Dankesgaben von beispielsweise Kapitänen, deren Schiffe aus Seenot gerettet wurden. Auch einen kleinen Badestrand und einige Gaststätten gibt es in Arnis.

Eine kleine Schlei-Fähre verbindet Arnis mit dem gegenüberliegenden Sundsacker. Sie verkehrt während der Sommersaison, nimmt Personen, Radfahrer und auch einzelne Autos mit. Bei beiden Fährstationen laden Biergärten dazu ein, sich die Wartezeit auf angenehme Weise zu vertreiben. Sundsacker besteht nur aus wenigen Häusern, im Wesentlichen einem Camp der Globetrotter-Jugendabteilung Event Nature, zu dem auch ein Event-Tipi gehört. Hier ist für Kinder wie für Erwachsene einiges geboten, etwa Segel- und Kajakkurse und andere Ferien-Aktionen.

Infos und Adressen

SEHENSWÜRDIGKEITEN
Schifferkirche mit Kapitäns-friedhof.

ESSEN UND TRINKEN
Biergarten Schleiwelle. Mühlenberg 4, 24398 Sundsacker, Tel. 04644/973 71 70, www.biergarten-schlei.de. Betreiberin ist die Globetrotter-Akademie Betriebs GmbH (www.event-nature.de).

ÜBERNACHTEN
Ferienwohnungen an der Schockeiche. Lange Straße 34–35, Elke und Hans-Joachim Schock, Tel. 04642/925 277, www.arnis-schlei.de

Efeuhaus Arnis. Ferienwohnungen für 2–4 Personen. Parkstr. 110, 24399 Arnis, mobil 0175/903 58 71 (Sven Petersen), www.efeuhaus-arnis.de

weitere Ferienwohnungen unter www.arnis.de – Globetrotter-Jugendabteilung Event Nature. Zelten und (unbeheizte) Blockhütten, Buchung meist verbunden mit Aktionen, Feriencamps etc., auch für Erwachsene und ganze Familien. Mühlenberg 4, 24398 Sundsacker, Tel. 04644/973 71 70, www.event-nature.de

INFORMATION
Tourismus-Service Schleswig. Plessenstraße 7, 24837 Schleswig, Tel. 04621/85 00 56, www.ostseefjordschlei.de

Fahrzeiten Schlei-Fähre (Änderungen möglich): März-Nov. tgl. 7–19 (im Sommer bis 22 Uhr).

14 Die Schleidörfer
Malerische by-Welten

Entlang der beiden Schleiufer ist die aus dem Dänischen stammende Endung, die so viel wie Siedlung bedeutet, besonders häufig in Ortsnamen zu finden. Unweigerlich denkt man dabei auch an Astrid Lindgrens Bullerbü, das auf Schwedisch Bullerbyn heißt – und ähnlich idyllisch geht es hier in den Dörfern zu, die auch mit lauschigen Cafés, Gourmetküche und anderen Überraschungen locken.

Am nördlichen Schleiufer, das zur Halbinsel Angeln gehört, reihen sich die Dörfchen von Grödersby bei Kappeln bis Schaalby kurz vor Schleswig aneinander, teils an der nach ihnen benannten Schleidörferstraße. Ein Schmuckstück ist hier auch Brodersby, das namentlich auch noch mal südlich der Schlei, also auf der Halbinsel Schwansen, zu finden ist (nicht zu verwechseln).

Versteckte Museen und Eseltouren

Bei einer Rundfahrt sind neben den auffälligeren Sehenswürdigkeiten wie schönen Dorfkirchen oder Heimatmuseen (etwa in Brodersby/Angeln) auch Unikate zu entdecken, hinter denen Leidenschaften stehen. So betreiben die Geschwister Maike und Thomas Jessen in Grödersby auf ihrem Ferienhof ein privates Hofmuseum mit Exponaten aus dem Landleben der letzten 200 Jahre und einer wohl einzigartigen Tischbesen-Sammlung. Es ist nach Absprache zu besichtigen.

Das angeliter Brodersby liegt an einer großen Schleibucht und hat sogar einen Badestrand. Be-

Mitte: Besonders eindrucksvoll ist die Schlei-Landschaft zur Rapsblüte.
Unten: Frühsommer in Sieseby

Die Schleidörfer entdecken

An beiden Ufern reihen sich idyllische Dörfer. Nutzt man die Fähre in Missunde im Süden und die Klappbrücke in Kappeln ganz im Norden, bietet sich auch eine Rundfahrt an. Man verwechsele dabei nicht die beiden Brodersbys – jedes ist ein schönes Ziel, das eine an der Schlei, das andere mit nahem Ostseestrand.

Ⓐ Grödersby – zwischen Kappeln und Arnis. Siedlung bei Wiesen bedeutet der Name aus dem Dänischen übersetzt. Im Ferienhof Moos versteckt sich ein privates Hofmuseum.

Ⓑ Kiesby – Der Ort liegt sehr schön in einem an Wald und Wiesen reichen Talkessel.

Ⓒ Ulsnis – Auch einige Schleidörfer ohne »by« sind sehenswert, beweist die Gemeinde mit der romanischen Willhadikirche (ab 1150).

Ⓓ Schaalby – Zur Gemeinde, die kurz vor Schleswig liegt, gehören zwei Kirchen und eine denkmalgeschützte Wassermühle von 1842 (Mühlenstraße 4).

Ⓔ Schleidörferstraße – verbindet Schleswig und das angeliter Brodersby, die schönsten Dörfer aber liegen weiter nördlich (Brodersby eingeschlossen).

Ⓕ Brodersby – mit Kirche und Dorfmuseum, der Eselkoppel, Badestrand und schönen Wanderwegen entlang der Schleiufer

Ⓖ Missunde – Mit der Fähre schnell zu erreichen.

Ⓗ Kosel-Weseby – Am Ortseingang verlockt der »Naschi-König« längst nicht nur Kinder.

Ⓘ Rieseby – Im historischen Dorfkrug traf man sich schon im 19. Jahrhundert. Heute bietet der Rieseby-Krog Spitzenküche im authentischen Ambiente.

Ⓙ Thumby – Gemeinde mit mehreren »by«-Dörfern und dem Ortsteil Sieseby

LÜTTKAFFEESTUV

Geheimtipp

LÜTTKAFFEESTUV

Unscheinbar wirkt der reetgedeckte Dorfgasthof in Geel am Schlei-Ufer (bei Brodersby/Angeln) von außen. Hier kommt man sonst eher zufällig vorbei. Doch so köstliche, selbst gebackene Torten bekommt man kaum irgendwo sonst. Dazu gibt es »Kaffee satt«, die Kanne steht zum Nachschenken auf dem Tisch. Inhaberin Irmgard Heidenreich erklärt ihre Torten anhand von Fotos persönlich und spült das Geschirr lieber von Hand, um die guten, alten Goldrandtassen zu schonen. Zu dem Café gehören eine gemütliche Gaststube, eine Gartenterrasse und ein Pavillon. Grandios für eine Einkehr beim Wandern. Im Gasthof werden auch Fremdenzimmer vermietet.

LüttKaffeestuv im GeelerKroog.
Dorfgasthof, Pension und Café.
Geeler Weg 4, 24864 Geel,
Tel. 04622/12 16

Die kleine Kirche in Sieseby stammt aus dem 12. Jahrhundert.

sondere Ausflüge ermöglicht hier Barbara Becker von der Eselkoppel: Die Hauswirtschafterin und Pädagogin bietet geführte Eselwanderungen entlang der Schlei an. Auch den Esel-Führerschein kann man bei ihr machen. Auf der Koppel organisiert sie verschiedene Aktionen für Kinder und auch mal eine Kürbis-Weltmeisterschaft. Mit der Fähre, die im nahe gelegenen (ca. 1,5 Kilometer) Missunde ablegt, ist auch das andere Schleiufer schnell erreicht. Eine Institution in Kosel-Weseby ist der »Naschi-König« Peter Viergutz, der mit seiner Frau Hannelore einen Kiosk mit Imbiss am Schleiufer betreibt. Er ist bekannt für eine unglaubliche Menge an Süßigkeiten.

Flächendenkmal Sieseby

Auf der Schwansener Seite der Schlei reihen sich die Dörfer und Gemeinden Brodersby (hier mit dem Ostseebad Schönhagen), Karby, Thumby, Gunneby, Grödersby, Krieseby, Rieseby und Güby aneinander. Eine besondere Stellung kommt Sieseby zu, ein Ortsteil der Gemeinde Thumby, der im Jahr 2000 zum ersten Flächendenkmal in Schleswig-Holstein ausgewiesen wurde mit reetgedeckten, restaurierten Arbeiterhäusern. Das älteste Gebäude ist die romanische Kirche, wohl mit Ursprung im 12. Jahrhundert.

In Rieseby wiederum gibt es mit dem Riesby-Krog eine gastronomische Perle. Aus dem historischen Dorfkrug (ab 1850) machte die Inhaberin Maria von Randow ein im Guide Michelin empfohlenes Restaurant mit »feinheimischer« Küche. Sie hauchte den Gemäuern neues Leben ein, schuf einen heimeligen Ort mit Kamin, Tanzsaal, antiken Tischen und Silberbesteck und kocht mit Zutaten aus der Region. Der historische Dorfkrug war bereits seit 1850 das gesellschaftliche Zentrum von Rieseby.

Infos und Adressen

SEHENSWÜRDIGKEITEN

Dorfmuseum Brodersby. Ein Anfass-Museum zur regionalen Geschichte und Tradition. Missunder Fährstraße 4, 24864 Brodersby. Heike Borchert, Tel. 04622/21 89, www.brodersby.de

Flächendenkmal Sieseby. 24351 Sieseby

Hofmuseum im Ferienhof Moos. Mit Tischbesensammlung und Exponaten aus 200 Jahren Landleben. Besichtigung nach Absprache, Kontakt siehe Übernachten.

ESSEN UND TRINKEN

Riesby Krog. Erstklassige regionale Küche im Ambiente des alten Dorfkrugs, Dorfstraße 37, 24354 Rieseby, Tel. 04355/18 17 87, www.riesbykrog.de

Schlie Krog. Gourmet-Restaurant und Apartments. Dorfstraße 19, 24351 Sieseby, Tel. 04352/25 31, www.schliekrog.de

Naschi-König. Mehr als 300 Sorten Süßigkeiten, Bockwurst, Berliner Weiße und andere Sünden. April–Sept. Mo–Fr 15–18, Sa/So 8–18, in den Schleswig-Holsteiner Sommerferien tgl. 11–18 Uhr, Tannenweg 24354 Kosel-Weseby (am Ortseingang).

Die Schleilandschaft ist ein Paradies für Radwanderer.

ÜBERNACHTEN

Ferienhof Moos. Ferienwohnungen auf dem Gehöft mit Ponys, Heidschnucken, Kaninchen und anderen Tieren. Maike und Thomas Jessen, Mooser Weg 1, 24376 Grödersby, Tel. 04642/22 10, www.ferienhof-moos.de

Schlie Krog. Wie im Restaurant legt man auch hier Wert auf Stil. (siehe Essen und Trinken)

EINKAUFEN

Riesby-Krog. Feinkost auch zum Mitnehmen, z. B. »Landschaf im Rosmarinduft« oder »Bolognese vom Angler Sattelschwein« im Glas. www.riesbykrog.de

AKTIVITÄTEN

Eselkoppel. Strandweg (die Eselkoppel ist ausgeschildert), 24864 Brodersby, Tel. 04622/15 87, eselkoppel@t-online.de, www.eselkoppel.de

INFORMATION

Tourismus-Service Schleswig. Plessenstraße 7, 24837 Schleswig, Tel. 04621/85 00 56, www.ostseefjordschlei.de www.amt-schlei-ostsee.de www.naturparkschlei.de

Schlemmen im Schlie Krog

15 Rund um Lindaunis
Die Landarzt-Region

Unter den Schleidörfern befindet sich eines, das durch die ZDF-Serie »Der Landarzt« berühmt wurde. Es heißt Deekelsen, und in Wahrheit gibt es dieses Dorf nicht – die Drehorte in der romantischen Gegend aber schon. Zentrum ist Lindaunis, denn hier befand sich die Praxis des Fernsehdoktors Dr. Jan Bergmann. In die Räume zog ein Café ein, und auch die Umgebung lohnt sich.

Eine passendere Gegend hätte man für die Schmacht-Serie kaum finden können: Dörfer, in denen die Welt noch in Ordnung ist mit gepflegten Reetdachhäusern und blühenden Bauerngärten inmitten von sanft-hügeligen Wiesen, Wäldern und Getreidefeldern, zwischen denen das stille Blau der Schlei hervorblitzt. »Hach«, entfährt es so auch manchen Touristen, die die Region nun umso zahlreicher ansteuern. Und es ist kein Klischee, dass Landfrauen hier selbst gebackene Torten und Kuchen mit heimischem Obst servieren, sondern setzt dem Ganzen noch wörtlich das Sahnehäubchen auf.

Romantik an der Schlei

Hier küssten sich also »Der Landarzt« Dr. Jan Bergmann und Gasthofbetreiberin Maren Jantzen. Das fiktive Dorf Deekelsen setzt sich aus mehreren Orten an der Schlei zusammen mit Drehorten wie etwa der St.-Marien-Kirche in Boren und dem Friedhof, auf dem der erste »Landarzt« Dr. Matthiesen begraben wurde oder dem Café Krog in Ulsnis, das an Ruhetagen von Maren Jantzen geführt wurde. Das tatsächlich existierende Lokal

Mitte: Das Hofcafé Krog war Drehort für »Maren Jantzens Gasthof«.
Unten: Kaffee trinken in der ehemaligen »Arztpraxis«: der Lindauhof

Romantik pur findet man hier auch im wirklichen Leben.

wurde im Oktober 2015 geschlossen, weiterhin aber gibt es das zugehörige Hotel im Obergeschoss. Baulicher Hauptdarsteller der Serie ist der Lindauhof, ein malerisches Anwesen aus dem 16. Jahrhundert. Er diente als Kulisse für die Arztpraxis. Das Gut gehört Familie Karberg und war lange nicht öffentlich zugänglich. Nachdem die letzten Dreharbeiten abgeschlossen waren, eröffnete Sonja Karberg 2013 das Café Lindauhof in den Räumen mit idyllischer Gartenterrasse, hausgemachten Kuchen und einem Hofladen.

Eine widerspenstige Klappbrücke

In Lindaunis führt ein auffälliges Konstrukt über die Schlei: die 1927 gebaute Lindaunisbrücke oder auch die letzte Rollklappbrücke Schleswig-Holsteins. Abwechselnd passieren sie die Regionalbahn (Bahnstrecke Kiel–Flensburg) und der Straßenverkehr. Zudem klappt sie bis zu einmal stündlich auf, um Schiffe durchzulassen – wenn es klappt. Denn immer mal wieder verzieht sich die Metallkonstruktion bei sommerlicher Hitze, und dann geht gar nichts mehr. Weil dadurch schon einige Segler im Schleirevier gefangen waren, gibt es Pläne, etwas weiter östlich eine neue Klappbrücke zu bauen. Die alte wird gern auch mal spöttisch als Schlecht-Wetter-Brücke bezeichnet.

Infos und Adressen

SEHENSWÜRDIGKEITEN
siehe Seite 98 Schleidörfer

ESSEN UND TRINKEN
Landarzthaus Café Lindauhof.
März–Okt. Mo–Fr 12–19, Sa/So/
Feiertage 9–19, Nov.–Feb. Sa/So/
Feiertage 9–19 Uhr, Lindauhof 4,
24392 Boren. Tel. 04641/37 10,
www.cafelindauhof.de

St.-Marien-Kirche in Boren.

ÜBERNACHTEN
Hotel im Café Krog. Das aus der
TV-Serie bekannte Café wurde zum
31. Okt. 2015 geschlossen, weil die
Inhaberin Hedda Krog die Räume
als Alterssitz umgestalten möchte.
Weiterhin aber gibt es das Hotel im
Obergeschoss mit für Allergiker geeigneten Einzel- und Doppelzimmern. Kirchenholz 13, 24897 Ulsnis,
Tel. 04641/989 00, www.cafe-krog.de,
weitere Unterkünfte s. S. 101

INFORMATION
Tourismus-Service Schleswig.
Plessenstraße 7, 24837 Schleswig,
Tel. 04621/85 00 56,
www.ostseefjordschlei.de

LANDARZT-TÖRN
Radtour zu den Drehorten

Die Route führt auch durch Natur pur.

Die 39 Kilometer lange Rundtour führt an vielen anderen Drehorten der Serie vorbei. Grünblaue Schilder mit einem Symbol aus Regieklappe, Landarzthaus und Fahrrad weisen den Weg. Wer ihn komplett gefahren ist, hat sozusagen fast das ganze Film-Dorf Deekelsen gesehen.

Die Radtour ist nicht nur etwas für Fans der Fernsehserie, sondern auch eine gute Gelegenheit, einfach ein besonders schönes Stück der Schlei-Region per Drahtesel zu erkunden. Es geht durch die leicht hügelige Angelner Landschaft und einige sehenswerte Dörfer.

Kräuterdoktor Hinnerksen

Start und Zielpunkt ist der Parkplatz an der Touristinformation in Süderbrarup.Von dort führt die Tour zunächst über Boren mit der St.-Marien-Kirche nach Lindaunis mit dem Landarzt-Café und durch weitere Schleidörfer nach Grödersby. Dabei ist auch ein Schlenker (1,3 Kilometer ab der Route) nach Arnis möglich, die kleinste Stadt Deutschlands (siehe S. 96). Nach dem nächsten Etappenziel Kappeln geht es über Rabenkirchen nach Scheggerott. Hier bietet sich ein weiterer Abstecher nach Wagersrott (1,8 Kilometer) an, denn dort wohnt in der Serie der Kräuterdoktor Hinnerksen auf dem Holländerhof. In Wirklichkeit beherbergt das denkmalgeschützte Reetdachhaus ein Heimatmuseum. Über Saustrup geht es schließlich wieder zurück nach Süderbrarup, wo man noch die St.-Jacobi-Kirche besichtigen könnte.

Der Landarzt-Törn führt mit nur minimalen Höhenunterschieden überwiegend über an Straßen begleitende Radwege

oder asphaltierte Nebenstrecken. Der Schwierigkeitsgrad ist als leicht einzustufen. Einkehrmöglichkeiten gibt es in Süderbrarup, Boren, Lindaunis, Grödersby, Arnis und Kappeln. Auch Fahrradverleihstationen und Reparaturservices sind in nahezu allen größeren Orten entlang der Route zu finden. Einige vermieten auch die leuchtendgelben Schlei-Fahrräder, die eigens entwickelt wurden und als besonders stabil und pannensicher gelten.

Tourismus-Service Schleswig. Plessenstraße 7, 24837 Schleswig, Tel. 04621/ 85 00 56, www.ostseefjordschlei.de

Karte der Route zum Download unter www.sh-tourismus.de/de/landarzttoern

Mitte: Von der Altstadt aus zeigt
sich der St.-Petri-Dom in schönen
Perspektiven.
Unten: Die Fischersiedlung auf
dem Holm ist ein besonders malerischer Teil von Schleswig.

16 Schleswig
Besuch in der Wikingerstadt

**Mit rund 24 000 Einwohnern ist Schleswig
überschaubar, und doch wirkt es viel grö-
ßer angesichts der monumentalen Bedeutung von St.-Petri-Dom, Schloss Gottorf
und der Wikingersiedlung Haithabu als
Keimzelle. Schmuckstücke sind die Altstadt und besonders die Fischersiedlung
auf dem Holm. Das sich auf mehrere
Standorte verteilende Stadtmuseum
bringt eine bewegte Geschichte näher.**

Schleswig prägten 1200 Jahre Kulturgeschichte,
die bekannte Sehenswürdigkeiten wie Schloss
Gottorf und Haithabu hervorbrachte (siehe S. 112
und 116). Die Stadt ist auch von verwaltungspoli-
tischer Bedeutung als Kreisstadt von Schleswig-
Flensburg, ehemalige Hauptstadt des Herzogtums
Schleswig und Sitz des Oberlandesgerichts von
Schleswig-Holstein. Der mächtige Ziegelbau ist
auch als »Roter Elefant« bekannt. Vor den Toren
der Stadt beginnt das Danewerk, das größte archäologische Denkmal Nordeuropas. Mit Wall-
und Sperranlagen, die noch auf einer Strecke von
rund 15 Kilometern zu erkennen sind, bildete es
die militärische Grenze Altdänemarks.

Der Sankt-Petri-Dom

Der schlanke Turm des mittelalterlichen Sankt-
Petri-Doms (12. Jh.) ist schon von Weitem sichtbar und krönt die Altstadtkulisse mit der Schlei im
Vordergrund. Mit fast 112 Metern ist es der dritt-
höchste Kirchturm in Schleswig-Holstein. Toppen
können dies nur noch der Dom von Lübeck und
die Marienkirche mit fast 115 Metern beziehungsweise fast rund 125 Metern. Der Aufstieg lohnt

Interessant: das Museum für Outsiderkunst

sich aufgrund der Aussicht, die sich von der Plattform bietet, auch wenn diese sich »nur« in 65 Metern Höhe befindet. Zu allen Seiten kann man durch Fensterscheiben über die zu Füßen liegende Stadt blicken, in Richtung Süden noch weit über die Schlei.

Mehrere Epochen spiegeln sich in der Architektur des Doms und seinen Kunstwerken wider. Über die Jahrhunderte verwandelte sich das 1100 begonnene romanische Bauwerk in die heutige gotische Hallenkirche mit den charakteristischen Spitzbogenfenstern. Bekanntestes Stück im Innenraum ist der Bordesholmer Altar, den der Bildschnitzer Hans Brüggemann ab 1514 fertigte. Beachtenswert sind auch der Kreuzgang »Schwahl« mit seinen restaurierten Fresken aus der Erbauungszeit und die Bronzetaufe von 1480.

Ab der Säkularisierung des Bistums Schleswig im Jahr 1658 stand der Dom auch für weltliche Macht. Daran erinnern die Fürstengruft der Herzöge von Gottorf und andere Grabmäler und Grüfte der Hofbeamten und Offiziere. Hinter dem Dom befindet sich die Löwengrube mit wilden Raubtierszenen, Löwen mit bleckenden Zähnen und ihrer Beute, Kälbern oder Stieren. Die Bildquader stammen noch vom mittelalterlichen Vorgängerbau des Doms. Als der Turm im 13. Jahr-

Geheimtipp

MUSEUM FÜR OUTSIDERKUNST

Kunst von Menschen, die einem Bereich angehören, der lange Zeit an den Rand der Gesellschaft verdrängt wurde: Diesem besonderen Thema widmet sich eine Dependance des Stadtmuseums mit mindestens drei Sonderausstellungen jährlich und weiteren kulturellen Aktionen sowie einer Artothek (Verkauf oder Verleih der gerahmten Kunstwerke gegen Gebühr). Das Museum ist im Präsidentenkloster untergebracht, das 1656 vom Gottorfer Kanzler und späteren Regierungspräsidenten Joh. Adolf Kielmann von Kielmannseck als Armenstift errichtet wurde. Die Stadt Schleswig kooperiert dabei mit dem HELIOS Klinikum und der Hesterberg&Stadtfeld gGmbH, einem Gemeinschaftsunternehmen in Trägerschaft der Evangelischen Stiftung Alsterdorf und der Stiftung Diakoniewerk Kropp.

Museum für Outsiderkunst. Mi/Do 14.30–17.30, Sa 11–14 Uhr, Stadtweg 57, 24837 Schleswig, Tel. 04621/85 08 39, www.stadtmuseum-schleswig.de

Besonders idyllisch ist es auf dem Holm.

KULTUREVENTS IN SCHLESWIG

Der Schleswiger Dom ist schon seit Jahren auch eine Spielstätte des Schleswig-Holstein Musik Festivals, einem der herausragenden Kulturereignisse im Land. Auch Schloss Gottorf und andere Plätze der Stadt werden dann zu Bühnen großer Klassik. Regelmäßig gibt es in Schleswig auch besondere Kulturveranstaltungen wie die Wikingertage, die Swinging City im Zentrum, weitere Konzerte am Dom und den Weihnachtsmarkt im Kreuzgang des Gotteshauses.

www.shmf.de
www.schleswig.de
> Veranstaltungen
www.wikingertage.de

Einfach gut!

hundert errichtet wurde, fanden sie im Fundament ihren neuen Platz.

Altstadt und Holm

Die den Dom umgebende Altstadt gefällt mit ihrem sanierten Marktplatz und einladenden Cafés. Ab dem Rathausmarkt führt die Fischbrückstraße direkt in das für viele malerischste Quartier Schleswigs – die auf einer Halbinsel liegende Fischersiedlung Holm. Kreisförmig gruppieren sich die historischen Zunfthäuser um den alten Fischerfriedhof mit Kapelle. Auch wenn inzwischen Künstler und andere Zugezogene das stilvolle Viertel für sich entdeckt haben (was an einigen Ateliers und Läden zu erkennen ist), begegnet man hier auch immer noch Fischern. In einigen Gärten an der Wasserseite liegen Boote.

Früher befand sich die Fischersiedlung komplett auf einer Insel, als der Fischbrückbach das Holmer

Sehenswertes in Schleswig

Ⓐ Sankt-Petri-Dom – Schleswigs Wahrzeichen ist besonders für den Bordesholmer Altar von Hans Brüggemann bekannt.

Ⓑ Altstadt – Die den Dom umgebende Altstadt lädt zum Bummeln und Kaffeetrinken ein.

Ⓒ Fischersiedlung Holm – Die Halbinsel mit den historischen Zunfthäusern rund um den alten Fischerfriedhof ist etwas Besonderes.

Ⓓ Holm-Museum – Mit der Fotodokumentation »Der Holm in Vergangenheit und Gegenwart« als Dauerausstellung wird die Geschichte der Fischersiedlung noch greifbarer.

Ⓔ Günderothscher Hof – Historisches Hauptgebäude des Stadtmuseums in der Friedrichsstraße

Ⓕ Museum für Outsiderkunst – Auch dieses besondere Museum wird von der Stadt betrieben.

Ⓖ Teddy Bär Haus – In der Dependance des Stadtmuseums geht es um das traditionsreiche Kuscheltier und sein Vorbild, den Braunbären.

Ⓗ Roter Elefant – Das wuchtige Gebäude des Oberlandesgerichts von Schleswig-Holstein steht nahe des Schlosses Gottorf.

Ⓘ Schloss Gottorf – In dem ehrwürdigen Bau sind das Archäologischen Landesmuseum sowie die Sammlungen der Kunst und Kulturgeschichte Schleswig-Holsteins untergebracht.

Ⓙ Haithabu – Aus der Wikinger-Siedlung, deren Geschichte in einem Freilichtmuseum zu erleben ist, ging später die Stadt Schleswig hervor.

Ⓚ Danewerk – Das größte archäologische Denkmal Nordeuropas mit 17 Kilometern Wall- und Sperranlagen beginnt vor den Toren der Stadt.

Noor mit der Schlei verband. Seit jedoch der Bach in den 1930er-Jahren zugeschüttet wurde, gehört der Holm zum Festland. Wer mehr über den Wandel durch die Zeiten erfahren möchte, sollte das kleine Holm-Museum in der Süderholmstraße Nr. 2 besuchen. Dort präsentiert die Fotodokumentation »Der Holm in Vergangenheit und Gegenwart« als Dauerausstellung Werke des Fotokünstlers Ulrich Mack mit Ansichten des Holms und seiner Bewohner, auch historische Bilder aus dem Archiv des Stadtmuseums sind zu sehen.

Reise in die Stadtgeschichte

Historisches Hauptgebäude des Stadtmuseums ist der rot gestrichene Günderothsche Hof Friedrichsstraße, errichtet 1634 durch den Gottorfer Herzog Friedrich III. Hier und in den neueren Nebengebäuden geht es unter anderem um Schleswigs mittelalterliche Vorgängersiedlung Haithabu, die Blüteperiode der Stadt in der Zeit der Gottorfer Herzöge, den deutsch-dänischen Konflikt im 19. Jahrhundert.

Weitere Teile der Ausstellung beschäftigen sich mit der Rolle Schleswigs als preußische Landeshauptstadt, der Entwicklung der Fischersiedlung auf dem Holm sowie der Zeit des Nationalsozialismus. Zum Stadtmuseum gehören außerdem das »Teddy Bär Haus« und das Museum für Outsiderkunst (siehe Geheimtipp).

Oben: Auf dem Holm gehen immer noch einige Fischer ihrem Handwerk nach.
Mitte: An den Häusern sind viele schöne Details zu entdecken.
Unten: Einladend: das Schleswiger Stadtmuseum

Infos und Adressen

SEHENSWÜRDIGKEITEN

Sankt-Petri-Dom. Norderdomstraße, 24837 Schleswig, www.schleswiger-dom.de

Holm-Museum. Süderholmstraße 2, 24837 Schleswig, tgl. 10–18 Uhr, barrierefrei, Tel. 04621/93 68 20, www.stadtmuseum-schleswig.de

Stadtmuseum. Di–So 10–17 Uhr. Am 24., 25. und 31. Dezember und am 1. Januar geschlossen. Mo nur an Feiertagen geöffnet. Friedrichstraße 9–11, 24837 Schleswig, Tel. 04621/93 68 20, www.stadtmuseum-schleswig.de

Teddy Bär Haus. Kleinberg 2, 24837 Schleswig, Tel. 04621/93 68 20, www.stadtmuseum-schleswig.de

Am Schleswiger Rathausmarkt

ESSEN UND TRINKEN

Restaurant Café im Wikingturm. Speisen mit Weitblick über die Schlei in der 26. Etage in fast 100 Metern Höhe: Das achteckige Wohnhochhaus nahe dem Schloss Gottorf (Stadtteil Friedrichsberg) ist **Schleswigs zweites Wahrzeichen**. Bodenständige Küche, Kaffee und Kuchen. Wikingeck 5, 24837 Schleswig, Tel. 04621/330 40, www.wikingturm-restaurant.de

ÜBERNACHTEN

AKZENT Hotel Strandhalle. 3-Sterne-Superior-Hotel am Yachthafen nahe dem Stadtzentrum, Zimmer zur Land- und Wasserseite. Strandweg 2, 24837 Schleswig, Tel. 04621/90 90, www.hotel-strandhalle.de

Hotel Hahn. Boutiquehotel nahe Dom und Altstadt mit Small-Basic, Klassik und Superior-Zimmern. Lutherstr. 8, 24837 Schleswig, Tel. 04621/99 53 52, www.hotelhahn.de

INFORMATION

Tourismus-Service Schleswig. Plessenstraße 7, 24837 Schleswig, Tel. 04621/85 00 56, www.ostseefjordschlei.de, www.schleswig.de

Im »Teddy Bär Haus« wird das Kuscheltier (fast) lebendig.

17 Schloss Gottorf
Ein herzoglicher Museumsbesuch

Der weiße, auf einer Burginsel am Ende der Schlei gelegene Prachtbau mit der barocken Gartenanlage ist schon von außen eindrucksvoll anzusehen. In den Innenräumen können Besucher tief in die schleswig-holsteinische Geschichte eintauchen. Zwei Landesmuseen sind hier untergebracht, die Archäologie ist u. a. für ihre Moorleichen bekannt.

Schloss Gottorf gilt als eines der bedeutendsten profanen Bauwerke Schleswig-Holsteins. In acht Jahrhunderten wandelte es mehrfach seine Gestalt. Aus der ursprünglichen mittelalterlichen Burg (erstmals erwähnt 1161) wurde eine Renaissancefestung und schließlich das barocke Schloss als herzogliches Haus Schleswig-Holstein-Gottorf. Es brachte unter anderem vier schwedische Könige und einige russische Zaren hervor. Seit 1945 wird es als Museum genutzt.

Kunst und Kulturgeschichte

Im Erdgeschoss und ersten Obergeschoss befinden sich die Sammlungen der Kunst und Kulturgeschichte Schleswig-Holsteins. Der Rundgang beginnt in der original erhaltenen gotischen Halle mit der sakralen Kunst des Mittelalters und führt schließlich bis zur Klassischen Moderne und der Kunst der Gegenwart. Zugleich erfährt man in den verschiedenen Räumen einiges über die Epochen, die das Schloss und seine Umgebung prägten, etwa im Hirschsaal von 1591 mit seiner prachtvollen Deckenbemalung oder der zweigeschossigen Renaissancekapelle.

Mitte: Schon von außen ist Schloss Gottorf sehenswert.
Unten: Das berühmteste Exponat sind die Moorleichen.

Einmalig ist der Globus zum »Verreisen«.

Sensationsfunde aus der Eisenzeit

Das Archäologische Landesmuseum ab dem zweiten Obergeschoss führt zurück bis zu den Spuren mittelalterlicher Stadtgründungen im Norden. Ausgestellt sind u. a. auch Ausrüstungsteile germanischer Krieger. Wohl bekanntestes Objekt sind die Moorleichen in der Eisenzeitausstellung (drittes Obergeschoss). Die Funde von »konservierten« menschlichen Überresten aus den Mooren verraten einiges über die Kulturen vor mehr als 1800 Jahren, genauso wie zahlreiche ausgestellte Grabfunde. Der international bedeutendste Fund ist das 1952 entdeckte »Kind von Windeby«. Es wurde den Forschungen zufolge 15 bis 16 Jahre alt und ist vermutlich an einer schweren Zahnerkrankung gestorben.

Ein Sensationsfund aus der Eisenzeit ist auch das Nydamboot, ein rund 1700 Jahre altes, hochseetaugliches Ruderboot aus Eichenholz, das nahezu perfekt erhalten ist. Es wird der Spätantike (320 n. Chr.) zugeordnet, ist also kein Wikingerboot, lebte das Seefahrervolk doch erst im Mittelalter. Benannt wurde der Fund nach dem dänischen Mooropferplatz Nydam.

Geheimtipp

REISE IM GOTTORFER GLOBUS

Im Barockgarten, der zur Blütezeit des Schlosses unter Herzog Friedrich III. entstand, können Besucher von April bis September etwas Besonderes erleben: Den Gottorfer Globus, die Rekonstruktion einer sich drehenden, drei Meter großen historischen Himmelskugel, in die man einsteigen kann. Das damals von Kerzen erhellte Sternentheater war eine kosmologische Sensation. Es zeigt außen die Kartografie und von innen das Firmament des 17. Jahrhunderts. Das Globushaus mit der Weltkugel war einst das Lusthaus der herrschaftlichen Gartenanlage, die ohnehin einen Spaziergang wert ist. Nach einem Ideenwettbewerb, dessen Sieger 2015 bekannt gegeben wurde, bereichern ihn auch Skulpturen des Hamburger Landschaftskünstlers Joachim Jacob.

Barockgarten Schloss Gottorf.
April–Okt. Mo–Fr 10–17, Sa/So 10–18 Uhr, Schlossinsel 1, 24837 Schleswig, Tel. 04621/81 32 22, www.schloss-gottorf.de

Als Familie in Schloss Gottorf

Auch für ganz junge Besucher ist Schloss Gottorf spannend. Für Kinder bis zwölf Jahre gibt es spezielle Audioguides, mit denen die »Schlosseule Kunigunde« und der »Hund Allard« zunächst das Schloss der Gottorfer Herzöge erklären. Mit der »Ratte Ratto« und »Maulwurf Mona« geht es anschließend auf die archäologische Reise durch die oberen Etagen. Die Audioguides sind an der Kasse gegen Gebühr erhältlich, in den Sprachen Deutsch, Dänisch oder Englisch.

Oben: Der barocke Garten mit dem Herkulesteich
Unten: Seit Neuestem bereichern Skulpturen die herzogliche Anlage.

Zur Stiftung Schleswig-Holsteinische Landesmuseen Schloss Gottorf gehören auch das Wikinger Museum Haithabu und das Landesmuseum für Volkskunde in Molfsee bei Kiel (siehe S. 116 und 190).

Infos und Adressen

SEHENSWÜRDIGKEITEN
Schloss Gottorf. Nov.–März Di–Fr 10–16, Sa/So
10–17, April–Okt. Mo–Fr 10–17 Uhr, Sa/So
10–18 Uhr (Barockgarten nur April-Okt.), gebüh-
renfreier Parkplatz auf der Schlossinsel. Schlossinsel 1, 24837 Schleswig, Tel. 04621/81 32 22,
kasse@schloss-gottorf.de,
www.schloss-gottorf.de

ESSEN UND TRINKEN
Restaurant / Café Schlosskeller. Umfangreiche
Speisekarte, täglich wechselnder Mittagstisch

ÜBERNACHTEN
Unterkünfte z. B. in Schleswig (siehe S. 111)

INFORMATION
Tourismus-Service Schleswig. Plessenstraße 7,
24837 Schleswig, Tel. 04621/85 00 56,
www.ostseefjordschlei.de, www.schleswig.de

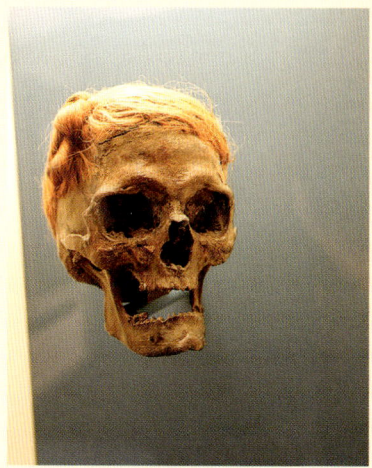

Schädel im Volkskundemuseum

Das Volkskundemuseum zeigt auch verschiedene Einrichtungsstile.

18 Haithabu und Danewerk
Das Erbe der Wikinger

Vorgänger der Stadt Schleswig war die südlichste Wikingersiedlung des Mittelalters. Von ihrer Blütezeit und der Kultur des Seefahrervolkes berichtet das Wikinger Museum Haithabu, zu dem auch ein historisches Freigelände gehört. Bei einem Besuch erhält man auch einen Eindruck von der mächtigen Festungsanlage des Danewerks, die hier beginnt.

Am Haddebyer Noor bei Schleswig entdeckten Archäologen das Gelände einer ehemaligen Hafensiedlung und Gräberfelder aus der Wikingerzeit mit zahlreichen bedeutsamen Fundstücken. Nahe diesem historischen Platz wurde in authentischer Umgebung das Wikinger Museum eingerichtet, zu dem ein multimedial gestaltetes Museumsgebäude mit Ausstellungen sowie Nachbauten von Wikingerhäusern gehören.

Frühmittelalterliches Hafenleben

Anhand von ausgestellten Originalfunden und rekonstruierten Modellen erwachen die Siedlungsgeschichte Haithabus und der damalige Alltag der Bewohner zu neuem Leben. So können Besucher in der Schiffshalle sich auf eine Zeitreise in das frühmittelalterliche Hafenleben begeben, auf der Landebrücke echten Wikingern begegnen und sich das Wrack eines wikingerzeitlichen Kriegsschiffs ansehen. Im historischen Freigelände mit sieben Wikingerhäusern wurde hier ein kleiner Siedlungsbereich der ehemaligen Handelsstadt originalgetreu errichtet, das anschaulich über das damalige Leben berichtet.

Mitte: Eine Art Paddelturm mit Glocke steht am Eingang zum Wikingermuseum.
Unten: Tongefäß aus der Ausstellung

Das rekonstruierte Modell zeigt, wie Schiffe gerudert wurden.

Altnordische Runensteine

Zum Museum gehört auch ein archäologischer Wanderweg. Startpunkt ist die Hochburg, eine bewaldete Anhöhe, die die Wikinger als Beobachtungsposten nutzten, von dem aus die innere Schlei gut zu überblicken war. Der Pfad führt dann zu weiteren Stationen wie maßstabsgetreuen Nachbildungen altnordischer Runensteine: Sie markieren die Plätze, an denen der »Erik-Stein« und der »Große Sigtrygg-Stein« gefunden wurden. Die Originale stehen im Wikinger Museum.

Verbindung zum Danewerk

Neben der Hochburg ist ein mächtiger Halbkreiswall erkennbar, der die Wikingersiedlung im späten 10. Jahrhundert schützend umgab. Dieser wiederum ist in westlicher Richtung mit dem Danewerk verbunden, dem größten archäologischen Denkmal Nordeuropas: Mit gestaffelten Wall- und Sperranlagen von insgesamt 30 Kilometern Länge bildete es die militärische Grenze Altdänemarks. Davon sind immer noch fast 15 Kilometer zu erkennen und lassen sich bei Wanderungen erkunden. Auch um das Haddebyer Noor führt ein schöner Spaziergang (bis zum Übergang in das Selker Noor, dort über die Brücke und über die Wallanlagen von Haithabu und die B76 wieder zurück. Dauer ca. 1,5 Stunden).

Infos und Adressen

SEHENSWÜRDIGKEITEN
Wikinger Museum Haithabu. April–Okt. tgl. 9–17, Nov.–März Di–So 10–16 Uhr (Wikinger-Häuser dann geschlossen). Am Haddebyer Noor 5, 24866 Busdorf, Tel. 04621/81 32 22, kasse@schloss-gottorf.de, www.schloss-gottorf.de/haithabu, www.danevirkemuseum.de

ESSEN UND TRINKEN
Haithabu Café. Kuchen, Eis und regionaler Bistro-Küche. 10–17 Uhr, Tel. 04621/81 32 22, www.schloss-gottorf.de

ÜBERNACHTEN
Wikinger Campingplatz Haithabu. Zelten mit Wikingern als Nachbarn und Schleiblick. www.campingplatz-haithabu.de

Weitere Unterkünfte z. B. in Schleswig (siehe S. 111)

INFORMATION
Tourismus-Service Schleswig. Plessenstraße 7, 24837 Schleswig, Tel. 04621/85 00 56, www.ostseefjordschlei.de, www.schleswig.de

DAS LEGENDÄRE
Seefahrervolk

Der Drachenkopf war das unverkennbare Zeichen eines Wikingerkampfschiffs.

… heißt es häufig. Genau genommen handelte es sich um Menschen aus mehreren Völkergruppen: Zu den Wikingern gehörten kriegerische Seefahrer aus meist nordischen, teils auch baltischen Völkern des Nord- und Ostseeraumes. Sie waren im frühen Mittelalter (8. bis 11. Jh.) auf den Meeren unterwegs. Mit Haithabu betrieben sie eines der bedeutendsten Handelszentren Nordeuropas.

Ursprünglich waren es wohl friesische Kaufleute, die im 8. Jahrhundert die Siedlung am innersten Zipfel der Schlei gegründet hatten. Unter dänischer Krone entwickelte sie sich zu einem großen Handelshafen mit einer Besiedlung, die als eine der ersten Städte im Norden gilt. Als »sehr große Stadt am äußersten Ende des Weltmeeres« soll sie ein arabischer Reisender namens Ibrahim ibn Ahmed At-Tartûschi im Jahr 965 beschrieben haben. Die Siedlung, die in ihrer Blütezeit rund 1500 Einwohner zählte, lag im Schnittpunkt aller bedeutenden Handelswege Nordeuropas, mit Handelsbeziehungen bis in den Orient. Der nahe Ochsenweg verband das Fränkische Reich im Süden mit Skandinavien.

Zugleich nahm Haithabu eine Schlüsselrolle als Warenumschlagsplatz zwischen den Meeren ein: Über die schiffbare Schlei war es mit dem gesamten Ostseeraum verbunden und über einen nur kurzen Landweg sowie (ab Hollingstedt) die Flüsse Treene und Eider mit der Nordsee. So wurde Handelsgut auch rege zwischen Nord- und Ostsee ausgetauscht.

Wikingersiedlungen an der Küste

Die Strandwalllandschaft der Schleimündung befand sich damals noch etwas weiter nördlich als heute. Als zweiter Mündungsarm der Schlei bildete das Wormshöfter Noor eine weitere schiffbare Verbindung zur Ostsee. An den hiesigen Ufern gründeten die Wikinger zahlreiche Siedlungen als Wach- und Verteidigungsanlagen wie etwa Brodersby, Pommerby oder Gundelsby. Nahe der heutigen Lotseninsel (siehe S. 92) an der nördlichen Schleimündung soll noch Mynnaesby existiert haben – eine Siedlung, die wohl mit dem Ende der Wikingerzeit und dem Untergang Haithabus aufgegeben wurde. Ihre genaue Lage ist nicht sicher bekannt.

Die Wikinger bauten für unterschiedliche Zwecke und Gewässer verschiedene Schiffstypen: Für kriegerische Zwecke eingesetzte, schnelle Langboote und die besonders kräftige und robuste »Knorr« als Handelsschiff.

Im Museum in Haithabu kann man anhand von Originalfunden und rekonstruierten Modellen die Schiffe der Wikinger anschauen.

Die Heikendorf fährt auf der Fördefährlinie.

KIELER BUCHT

19 Halbinsel Schwansen
Strandspaß und Landleben

Von Schlei und Eckernförder Bucht gerahmt, bietet die große Halbinsel vielfältige Landschaften: das Fördeufer mit seinen langen Sandstränden, Campingplätzen und bei Fossiliensammlern beliebten Winkeln, im Binnenland verträumte Dörfer zwischen im Frühjahr leuchtend-gelben Rapsfeldern und Wiesen.

An der Ostküste Schwansens beginnt die große Kieler Bucht. Sich bis Fehmarn erstreckend, macht sie mehr als die Hälfte der schleswig-holsteinischen Ostseeküste aus. Sie schließt die Eckernförder Bucht mit ein, die aus geomorphologischer Sicht auch eine Förde ist, und wohl nur so benannt wurde, weil Eckernförder Förde seltsam klingen würde. So wurde der bis Eckernförde reichende Meeresarm also genauso wie die anderen schmalen Küsteneinschnitte bei Flensburg und Kiel während der letzten Eiszeit durch eine Gletscherzunge gebildet. Bei der Schlei wiederum verhält es sich anders: Sie entstand auch während der Eiszeit, jedoch wohl durch Schmelzwasserrinne.

Um das Jahr 750 begannen Dänen und Jüten, Schwansen zu besiedeln, was genauso wie auf der Halbinsel Angeln daran erkennbar ist, dass viele Ortsnamen auf -by enden. Während die Schleidörfer und die Schleimündung bei Kappeln einen Teil der Landschaft prägen (siehe S. 86 und 92), hat die Halbinsel zur Eckernförder Bucht hin auch noch ganz andere Reize, die besonders Strandurlaubern gefallen. Zu erreichen sind die verschiedenen Strände über die B 203 (Schwansenstraße) und davon abzweigende Nebenstraßen.

Mitte: Am Ostseestrand bei Karlsminde in Schwansen
Unten: Katamaran vor dem Strand von Schuby

Halbinsel Schwansen

Sandstrände (fast) ohne Ende

Einfach gut !

An der Schwansener Seite der Eckernförder Bucht reihen sich lange Sandstrände und Campingplätze aneinander, gesäumt von Wanderwegen und ausgeschilderten Nordic-Walking-Strecken, die im Rahmen des Projekts ostsee*laufküste geschaffen wurden.

Im Nordosten, direkt unterhalb der Schleimündung, liegt das Ostseeresort Olpenitz, eine moderne Erlebniswelt mit exklusiven Ferienhäusern und Yachthafen, das sich auf dem Areal eines ehemaligen Marinestützpunkts befindet. Auch schwimmende Ferienhäuser sind geplant. Die Vermietung erfolgt über die Homepage des Resorts direkt ab Eigentümer. Nicht weit ist der Weg zum Sandstrand von Weidefeld, Kurtaxe-frei und ausgestattet mit Kinderspielplatz, Surfstation, Imbiss sowie dem Restaurant Lobster (fangfrischer Fisch). Von hier aus verläuft der feinsandige Badestrand auf einer Länge von insgesamt zehn Kilometern in Richtung Süden mit verschiedenen Badeorten.

Es folgen dabei nach rund drei Kilometern zunächst das Ostseebad Schönhagen, ein familienfreundlicher Ferienort, dann Schuby mit Campingplatz und schließlich das Ostseebad Damp – jeweils flach abfallend und mit DLRG-Überwachung, teils auch Bereichen für FKK und Hundestränden, Strandkorbvermietungen, Wassersportangebot und Gastronomie. Die Kurstrände sind gebührenpflichtig. Begleitend führt ein Spazierweg über die Steilküste von Schönhagen, das auch am Ostseeküstenradweg liegt. Für Ausflüge bieten sich außerdem die Schleimündung mit der Lotseninsel und das Naturschutzgebiet Schwansener See (siehe Autorentipp) an, sodass kein Mangel an Abwechslung besteht.

VÖGEL AM SCHWANSENER SEE BEOBACHTEN

Der abgeschlossene Binnensee zwischen Schuby und Schönberger Strand liegt nur wenige Schritte vom Meer entfernt. Er bildete sich bis vor rund 100 Jahren aus Sand und Geröll, abgetragen von der nahen Steilküste, indem sich das Material anhäufte und die vorherige Lagune schließlich vom Meer trennte. Umgeben von Salzwiesen und sandigen Ufern und von Wanderwegen gesäumt, lädt er zu Ausflügen ein. Zahlreiche Vogelarten sind dabei zu hören und beobachten, insgesamt sind es rund 160 im Laufe eines Jahres – unter anderem Feldlerchen, Rauchschwalben, Sandregenpfeifer, Austernfischer und Säbelschnäbler. Im Mai und Juni werben männliche Kreuzkröten lautstark um die Gunst der Weibchen. Eine NABU-Schutzhütte informiert über Flora und Fauna.

Naturschutzgebiet Schwansener See. Wanderwege ab Damp und Schönhagen, 0152/52722 866, (NABU-Schutzgebietsreferentin Angela Gries), Schwansener.See@NABU-SH.de

Agnes Flügel von der Honigmanufaktur Flügelchen

Nicht verpassen

HONIGMANUFAK-
TUR FLÜGELCHEN

In Waabs lebt auch die »Honigfrau«, die man besuchen kann, um etwas über Bienen zu erfahren: Imkerin Agnes Flügel von der Honigmanufaktur Flügelchen bietet auch Kurse an wie »Flügelchens kleine Bienenkunde«, zweieinhalb informative Stunden bei Bienenstich (dem Kuchen) und Kaffee. Oder das Kurz-Seminar »Flügelchen Schön«. Zusätzlich zum Wissen aus der Bienenkunde zeigt dabei eine Kosmetikerin, wie sich Honig und Bienenwachs zu kleinen Schönmachern wie Lippenbalsam oder Handcreme verarbeiten lassen. Auch sind die von Frau Flügel selbst hergestellten Aroma-Honige (z. B. mit handverlesenen Rosenblüten angereichert) und andere Naturprodukte vor Ort erhältlich.

Honigmanufaktur Flügelchen.
Kurstermine siehe Homepage und auf Anfrage (Anmeldung erforderlich!). Seestraße, Immenhorst 2, 24369 Waabs, Tel. 04352/94 89 87, www.fluegelchen-honig.de

Kunst und Promenade

Das Ostseebad Schönhagen gilt auch als Geheimtipp für Künstler und Kunstinteressierte. Bei Kunst- und Kreativangeboten regionaler Schaffender und Ateliers können Gäste inspiriert von der lichtvollen Küstenlandschaft herausfinden, was in ihnen steckt. Auf der jährlichen Kunstroute geht es gemeinsam mit Künstlern auf Entdeckungsreise durch die Ortschaft.

Direkt am Schwansener See liegt das unscheinbarere Schubystrand zwischen den beiden Ostseebädern Schönhagen und Damp. Hier kann man endlos durch den Sand laufen oder dem Spazierweg folgen, den Hagebuttensträucher säumen, und jeder findet sein Plätzchen. Der direkt am Strand liegende Campingplatz sorgt im Sommer für Trubel.

Im südlich folgenden Ostseebad Damp wiederum dominiert moderne Architektur. Hier ist alles reichlich eckig und besonders ordentlich, entsprechend perfekt ist die Infrastruktur mit Ostsee-Resort, Promenade, Restaurants und Cafés, Spielplatz, Minigolf und vielem mehr. Damp ist auch ein Medizinstandort mit Reha-Klinik, Dialyse und Kongressen direkt am Meer.

Campingplätze für jeden Geschmack

Folgt man der Küste noch weiter in Richtung Eckernförde, ändert sich das Bild zunächst: Steilküsten und naturbelassene Strände prägen zunehmend das Bild. Der Kurstrand von Damp geht im weiteren Verlauf in den Fischlegerstrand über, einem wilderen, teils auch steinigeren Abschnitt von rund zwei Kilometern Länge. Doch auch hier gibt es zwei Campingplätze mit Restaurant, Spielplatz und allem Drum und Dran. Es schließt sich der noch weitgehend feinsandige Strand von Waabs-Booknis an. Er gehört zum Ostsee-Freizeitpark Booknis, einem großen Campingplatz mit eigenem Freizeitprogramm, Animation und Mehrzweckhalle, ist aber auch frei zugänglich. Ländliches Zentrum ist hier das idyllische Dorf Waabs – so heißt auch die Gemeinde – in dem sich auch eine Touristinformation befindet.

Dann folgen bei Waabs noch zwei weitere Campingplätze. Zunächst das ruhigere Camping Hökholz auf einer kleinen Steilküste am Naturstrand liegend, ein Platz für Individualisten, und kurz danach der von Familie Heide betriebene Ostsee-Campingplatz. Letzterer wurde 2015 vom ADAC mit fünf Sternen bewertet und zählt damit – gemessen an den Kriterien – zu den 16 besten Plätzen in Deutschland. Wo es einem persönlich am besten gefällt, ist letztlich Geschmackssache, zumal die anderen Campingplätze auch gut ausgestattet sind.

Rund um Waabs

Wohl am ursprünglichsten in dieser Region ist der noch etwas weiter südlich beginnende Strand von Klein-Waabs. Er besteht aus zahlreichen bunten Steinen anstelle von Sand. Das zieht viele Fossi-

Oben: Der Campingplatz von Schubystrand
Mitte: Strandbar im Ostsee Resort Damp
Unten: Damp hat auch eine eigene Marina zu bieten.

STRANDKIOSK WAABS

Auch am fast unberührten Naturstrand von Klein-Waabs ist man während der Saison gut versorgt. In einem roten Backsteinhäuschen (bei der DLRG-Wasserrettungsstation) erwartet der Strandkiosk »Meer & mehr« seine Gäste. Davor stehen Holztische und ein Ruderboot, das als Sandkiste für Kinder dient. Am Kiosk gibt es frisch zubereitete Leckereien wie Fischbrötchen, heiße Würstchen und selbst gebackenen Kuchen, außerdem Tagesgerichte wie Gemüsepfanne oder Kartoffelsuppe.

Strandkiosk Meer & mehr am DLRG-Strand. Mai–Sept: Mi–So, Juni/Juli/August tgl., Okt. Do–So, jeweils 10–18 Uhr, 24369 Waabs, www.kiosk-kleinwaabs.de

Geheimtipp

liensucher an, vor allem, wenn die Küste nach einem Sturm wieder einige Überraschungen freigegeben hat. Hier liegen Gesteine, die vor Urzeiten von den Eismassen der Gletscher herantransportiert wurden, sogenannte eiszeitliche Geschiebe, in allen Farbtönen. Mit viel Glück kann man an Stränden wie diesem auch einen Bernstein entdecken. Vor allem aber findet man versteinerte Seeigel und Donnerkeile, die fossilen Schalen urzeitlicher Tintenfische, und den »Hühnergott«, also Feuersteine mit Loch. Der Überlieferung nach hat man traditionell solche Steine an einer Schnur aufgereiht in den Hühnerstall gehängt, wo sie im Wind klimperten, um den Fuchs zu vertreiben. Noch immer sind solche Windspiele an einigen Bauernhäusern an der Ostseeküste zu sehen. Heute werden sie jedoch eher als Schmuck aufgehängt.

Kult-Camping in Langholz

Weiter in Richtung Eckernförde, geht es über die B 203 (oder die küstennahe Nebenstrecke) zu den Stränden von Karlsminde und Lehmberg, die noch zur Gemeinde Waabs gehören. Zur Ortschaft Langholz gehört ein besonderer Campingplatz mit Kultfaktor. Auch kann man hier zum Beispiel in einem ehemaligen Zirkuswagen übernachten. Weniger reglementiert, etwas abseits vom Mainstream und so nah wie möglich an der Natur, lautet das Motto der Betreiber, die Camping vor allem mit Freiheit gleichsetzen. Zum Platz gehören unter anderem auch eine separate Zeltwiese und ein Abenteuerspielplatz.

Daneben liegt der Campingplatz Lehmberg zwischen Ostsee, Wald, Feldern und einem Binnensee (für Angler geeignet). Ein schönes Ziel für Ausflüge und zum Übernachten ist die nahe gelegene Heu-Herberge Gut Sophienhof, wo man auch als

Tagesgast Swin Golf und Fußballgolf spielen kann. Auch das benachbarte Ludwigsburg am Aassee hat einen Campingplatz am schönen Sandstrand, der teils mit Steinen durchsetzt ist. Hier ist zu beachten, dass Kinder, die sich noch nicht freigeschwommen haben, ohne Beaufsichtigung nicht ins Wasser dürfen. Zwar fällt der Grund nicht steil ab, er ist jedoch auch nicht seicht. Der Ludwigsburger Strand ist auch beliebt bei Surfern, Kite-Surfern und Tauchern. Ähnliches gilt für den nächsten Platz in Gut Karlsminde, der sich zwischen Ostseestrand und einigen Strandseen erstreckt. Hier werden auch Ferienhäuser vermietet. Kurz vor Eckernförde ist der küstennahe Hemmelmarker See ein Anglerrevier. Am westlichen Ende des Sees befindet sich Gut Hemmelmark mit dem ab 1903 errichteten Herrenhaus. Noch bis 1928 war der Gutsbezirk Hemmelmark eine eigenständige Gemeinde.

Oben: Abseits der Bebauung ist es idyllisch am Strand von Damp.
Unten: Hier kann man wirklich zur Ruhe kommen.

Infos und Adressen

Ostseelachs, besonders fantasievoll angerichtet

AKTIVITÄTEN

Kunst- und Kreativangebote in Schönhagen:

Rosa Art. Am Brekenbarg 3a, 24398 Brodersby/Schönhagen, 0160/333 82 99, farbenreisen@rosaart.de

Kleines Kreativ-Atelier. Ingrid Batelt, Nordhagener Str. 34c, 24398 Brodersby/Schönhagen, 0152/03 74 17 79

ESSEN UND TRINKEN

Strandrestaurant Lobster. Speisen direkt am Strand von Weidefeld. Weidefelder Strand 0, 24376 Kappeln, Tel. 04642/84 44, www.lobster-kappeln.de

ÜBERNACHTEN

Ostseeresort Olpenitz nahe Kappeln an der Schleimündung. Ferienhäuser und Strandvillen am Yachthafen. Vermietung ab Eigentümer (Kein Reiseveranstalter). NBC Touristik Olpenitz, Am Yachthafen 56d, 24376 Olpenitz, Tel. 04926/789 40 60, www.ostsee-olpenitz.org

ostsee resort damp. Seeuferweg 10, 24351 Ostseebad Damp, Tel. 04352/806 66, www.ostsee-resort-damp.de

Heu-Herberge Gut Sophienhof. Übernachten im Heu oder in Blockhütten. Gut Sophienhof 1, 24369 Waabs, Tel. 04358/10 25, www.gutsophienhof.de

Campingplatz Koralle. Rolf Schüttpelz, 24351 Damp, Fischlegerstrand, Tel. 04352/51 09, mobil 0173/208 57 56, www.campingplatz-koralle.de

Ostsee-Freizeitpark Booknis. Seestraße, 24369 Groß Waabs, Tel. 04352/23 11, www.camping-booknis.de

Ostsee-Campingplatz Familie Heide. Strandweg 31, 24369 Klein Waabs, Tel. 04352/25 30, www.waabs.de

Camping Hökholz. Ulf Matzen. Ritenrade 4, 24369 Waabs, Tel. 04352/911 70 31, www.camping-eckernfoerde.de

Camping Langholz. Christof Albrecht. Fischer-
straße 9,24369 Waabs, Tel. 04352/91 14 84,
camp-langholz@gmx.de, www.camp-langholz.de

Ostsee Campingplatz Lehmberg. Lehm-
berger Straße, 24369 Waabs, Tel. 04358/225,
campingplatz-lehmberg@web.de,
www.camping-lehmberg.de

Ostsee-Campingplatz Gut Ludwigsburg.
Paul-Werner Carl. Ludwigsburg 4,
24369 Waabs, Tel. 04358/370,
www.ostseecamping-Ludwigsburg.de

Ostseecamping-Gut Karlsminde. 24369 Gut
Karlsminde, Tel. 04358/344 oder privat 10 14,
www.karlsminde.de

INFORMATION

Touristinformation Schwansen. Mühlenstraße 1, 24369 Waabs, Tel. 04352/12 44,
schwansen@ostseefjordschlei.de,
www.ostseefjordschlei.de

Tourist-Information Schönhagen. Strandstraße 13, 24398 Schönhagen, Tel. 04644/95 11,
info@schoenhagen-ostsee.de,
www.schoenhagen-ostsee.de

In Damp gibt es auch Alternativen für kühles Wetter.

20 Eckernförde
Fischertradition und Eichhörnchen

Das Nagetier des Waldes zog in das Wappen ein, denn es ist eng mit der Stadtgeschichte von Eckernförde verbunden. Im Vordergrund aber stehen bei einem Besuch ganz klar der Hafen, der die Bezeichnung »malerisch« verdient, sowie die von Fischertradition geprägte Altstadt und der weitläufige Stadtstrand.

Im Mittelalter erstreckten sich mächtige Laubwälder vom heutigen Eckernförder Stadtgebiet bis nach Kiel – so dicht, heißt es, dass ein Eichhörnchen von Baum zu Baum springend von einer Förde an die andere gelangen konnte. Der Name der Stadt könnte sich eventuell von den Bucheckern ableiten. So erklärt sich, dass das Wappen einen Burgturm mit einem darüberspringenden Eichhörnchen zeigt.

Vom Fischerviertel zum Binnenhafen

In ein anderes Stück Stadtgeschichte entführt Eckernförde seine Besucher zwischen Südstrand und der modernen Fußgängerzone. Verwinkelte Gassen und Kopfsteinpflaster, schmucke Fischerhäuschen und andere historische Fassaden mit viel Fachwerk erinnern an die seemännische Tradition der Hafenstadt. Der eine oder andere Schornstein erinnert daran, dass viele der Fischer, die hier noch im 19. Jahrhundert lebten, eigene Räucherhäuser in ihren Höfen betrieben, mit den dafür typischen Altonaer Öfen. Damals dampfte es hier an allen Ecken: Im Jahr 1890 zählte Eckernförde 29 Fischräuchereien und 360 Fischer.

Mitte: Im Hafen von Eckernförde
Unten: Die Kieler – pardon: Eckernförder Sprotte

Einfach gut!

Mehr über die 700-jährige Stadtge-schichte verraten das Museum Eckern-förde im Alten Rathaus und die St.-Nico-lai-Kirche mit ihren Ursprüngen im frühen 13. Jahrhundert. Aus der zunächst einschiffigen romanischen Kirche ohne Turm entwickelte sich im Laufe der Jahrhunderte eine dreischiffige spät-gotische Kirche mit einem Dachreiter. Auch die gemütliche Fußgängerzone lädt zum Bummel ein, besonders, wenn gerade Wochenmarkt auf dem Rathausmarkt und Kirchplatz ist (mittwochs und samstags). Auch in der Frau-Clara-Straße 22 sollte man vorbeischauen: Die Bonbonkocherei von Fa-milie Hinrichs mit Schauküche und Spezialitäten-geschäft. Vor den Augen der Besucher entstehen Qualitätsbonbons in alter Handwerkskunst, wobei u. a. zahlreiche Bonbonwalzen genutzt werden.

Über die Holzklappbrücke nach Borby

Von der Altstadt geleiten kurze Wege zum sie nördlich flankierenden Binnenhafen, der genauso ein Schmuckstück ist mit seinen roten Werfthäu-sern, traditionellen Segelbooten und Kuttern. Ent-lang der Schiffsbrücke liegen Boote vertäut, auf denen man frischen Fisch essen kann; auch sind einige Fischimbisse am Platz zu finden. An jedem ersten Sonntag im Monat beim Fischmarkt wird hier Fangfrisches verkauft (auch direkt ab Kutter).

Eine Holzklappbrücke führt auf die andere Hafen-seite zum östlichen Ortsteil Borby. Dort ist die denkmalgeschützte Feldsteinkirche (wohl ab 1150) etwas Besonderes. Schon von Weitem sichtbar er-hebt sie sich auf dem Petersberg. Das Gelände ge-hörte einst zu einer Fluchtburg, die vor Baubeginn der Kirche aufgegeben worden war. Reste der Burganlage, Ringwälle und der eingefasste Fried-hof sind noch erhalten.

SPROTTENSPUREN UND MUSEUMS-RÄUCHEREI

Die golden geräucherte Kieler Sprotte hat auch in Eckernförde Tradition. Noch vor rund 100 Jahren war das Städtchen einer der be-deutendsten Fischerei- und Fisch-räuchereistandorte an der Ostsee. Ein informativer und unterhaltsamer Rundgang führt zu 13 historischen Schauplätzen, die damit zu tun hat-ten. An einem davon entstand ab 2015 eine neue Sehenswürdigkeit: Die ehemalige Räucherei Hopp in der Gudewerdtstraße 71 hat sich 2015 in eine Museumsräucherei verwandelt. In den restaurierten Gebäuden wird nun zu Schauzwecken wieder geräu-chert. Auch Veranstaltungen wie Flohmärkte finden hier statt, und der Sprottenchor trifft sich zum gemein-samen Singen (Termine siehe Home-page). Das die Tour begleitende Falt-blatt »Auf den Spuren der Sprotte« gibt es gratis in der Touristinforma-tion an der Strandpromenade und im Tourist-Point Kieler Straße.

Alte Fischräucherei Eckernförde e.V. Gudewerdtstraße 71 24340 Eckernförde, Tel. 04351/71 22 22, www.alte-fischraeucherei.de; www.ostseebad-eckernfoerde.de

GREEN SCREEN
Internationales Naturfilmfestival

shz Publikumspreis 2014
JOACHIM HINZ

Naturfilmemacher im »Walk of Fame« verewigt

Nicht verpassen

GREENSCREEN NA-
TURFILMFESTIVAL

Das 2007 ins Leben geru-
fene Festival sorgt jährlich im
September für internationales Treiben in der Ostseestadt. Zahlreiche
Premieren sind an den fünf Festival-
tagen an verschiedenen Spielstätten
in der ganzen Stadt zu sehen, begleitet von einer Eröffnungsgala, einem
spannenden Rahmenprogramm und
einer glamourösen Preisverleihung.
Filmemacher und Produzenten fie-
bern gemeinsam mit dem Publikum
vor der Entscheidung der Jury, die
den Preis in zahlreichen Wettbe-
werbskategorien verleiht. Ein lohnendes Event auch für Stadtbesucher!

**Green Screen Internationales
Naturfilmfestival.** Festival-Büro.
Di/Do 9–16 Uhr, Frau-Clara-
Straße 18, 24340 Eckernförde,
Tel. 04351/47 00 43,
www.greenscreen-festival.de

Die Brücke erinnert an eine der seltenen Sturmfluten der Ostseeküste, die
sich in der Nacht zum 13. November
1872 zur Katastrophe entwickelte. Hinterher
stand Eckernförde fast komplett unter Wasser,
und die vorherige Landverbindung nach Borby
war zerstört. Um den Weg über den Binnenhafen
wiederherzustellen, wurde die heutige Klappbrücke geschaffen. Sie ist noch in fast ursprünglicher
Gestalt erhalten und einmalig in Schleswig-Holstein. Regelmäßig öffnet sie sich für querende
Boote (meistens zwischen 7.30 und 10.30 sowie
um 16 und 18 Uhr).

Eine Promenade für Entdecker

An der Einfahrt in den Binnenhafen liegt auf der
Südseite der geschützte Yachthafen. Hier beginnt
auch der Kurstrand mit der Promenade. Die Flaniermeile ist im ersten Abschnitt auch der »Walk
of Fame« von Eckernförde: Nach dem berühmten
Vorbild Hollywoods wurden Tafeln in den Gehweg
eingelassen. Sie tragen die Namen von Filmemachern, die Preise beim Green Screen-Naturfilmfestival gewannen (siehe Autorentipp).

Eckernförde entdecken

Das charmante Städtchen hat auf kleinem Raum viel zu bieten. Oft sind es nur wenige Schritte von der Altstadt bis zum Kurstrand, vom Binnenhafen in die Fußgängerzone oder zum Windebyer Noor.

Ⓐ Altstadt mit Fischerviertel – Verwinkelte Gassen und Kopfsteinpflaster, schmucke Fischerhäuschen entführen in die Vergangenheit.

Ⓑ Museum Eckernförde – Mehr als 700 Jahre Stadtgeschichte im Alten Rathaus.

Ⓒ St.-Nicolai-Kirche – Ihre Ursprünge liegen im Mittelalter.

Ⓓ Fußgängerzone – Modern und doch gemütlich gibt sich Eckernfördes Einkaufsmeile.

Ⓔ Bonbonkocherei – Familie Hinrichs betreibt Schauküche und Spezialitätengeschäft.

Ⓕ Binnenhafen – Ein Schmuckstück mit seinen roten Werfthäusern, traditionellen Segelbooten und Fischkuttern, von denen Fangfrisches verkauft wird.

Ⓖ Schiffsbrücke: Schiffe, auf denen man frischen Fisch essen kann, und auch einige Fischimbisse gibt es rund um den Platz.

Ⓗ Holzklappbrücke – Führt auf die andere Hafenseite zum östlichen Ortsteil Borby.

Ⓘ Borbyer Kirchee – Die denkmalgeschützte Feldsteinkirche wurde ab 1150 errichtet.

Ⓚ Yachthafen – Hier beginnt der Kurstrand mit der Promenade.

Ⓚ »Walk of Fame« – Die Tafeln im Gehweg tragen die Namen von Filmemachern, die Preise beim Green Screen-Naturfilmfestival gewannen.

Ⓛ Ostsee Info-Center (OIC) – eine Ausstellung mit »Ostsee zum Anfassen«.

Ⓜ Kurstrand – Von der Promenade begleitet, an der auch Strandcafés und Restaurants, Ferienunterkünfte und Hotels zu finden sind.

Ⓝ Meerwasser-Wellenbad – Nicht nur bei »Schietwetter« eine Alternative direkt am Strand.

Ⓞ Tourist-Information – Zentral an der mittleren Promenade können Besucher sich informieren.

Ⓟ Südstrand – begleitet von einer Parkanlage, naturbelassener, mit Hundezone und FKK-Bereich.

Ⓠ Windebyer Noor – Der 389 Hektar große Binnensee war ursprünglich mit der Förde verbunden und ist von einem Wanderweg umgeben.

Ⓡ Noorfischerei mit Direktverkauf.

Ⓢ UmweltInfoZentrum (UIZ) – In der Eichhörnchen-Schutzstation begegnet man nun dem Wappentier Eckernfördes.

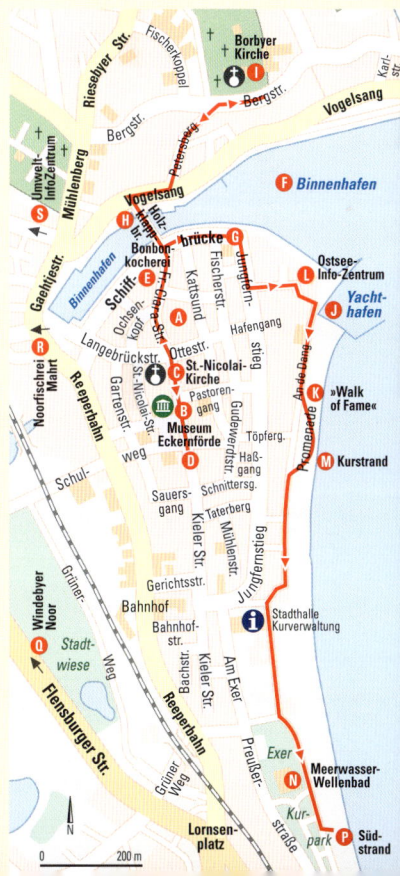

HOCHSEILGARTEN ALTENHOF

Von der B76 aus Richtung Kiel zweigt kurz vor Eckernförde links eine Straße nach Altenhof ab. Hier verbirgt sich im Waldesgrün ein äußerst abwechslungsreich gestalteter Hochseilgarten. Insgesamt 12 Parcours mit unterschiedlichen Schwierigkeitsstufen und Höhen (bis 25 m) können erobert werden, von »leicht« (ab Körpergröße 110 Zentimeter) bis »sehr schwer« (140 Zentimeter und mindestens 13 Jahre alt). An einigen Terminen im Jahr können sich besonders Wagemutige außerdem zum Vollmondklettern anmelden, mit Stirnlampe ausgerüstet geht es bis auf 20 Meter Höhe in die Baumkronen. In dem von Laternen und Fackeln beleuchteten Wald werden die Elemente dann erst direkt vor dem Einstieg erkennbar, und die Höhe lässt sich manchmal nur erahnen, Seilbahnfahrten führen ins Ungewisse …

Hochseilgarten Altenhof.
Am Bahnhof 14, 24340 Altenhof,
Tel. 04351/66 73 33,
www.hochseilgarten-
eckernfoerde.de

Einfach gut !

Das etwas pragmatisch wirkende Gebäude am Beginn von Strand und Promenade lohnt einen Besuch: Hier ist das Ostsee Info-Center (OIC) untergebracht, eine Ausstellung, in der Kinder wie auch Erwachsene mit allen Sinnen den Lebensraum Ostsee mit seinen Bewohnern, Besonderheiten und Geheimnissen erkunden können. So lassen sich bei einem physikalischen Experiment Wellen erzeugen, und anhand eines riesigen Modells aus Plastik ist ein Seestern von innen zu betrachten. In einem verdunkelten Raum mit erleuchteten Aquarien offenbart sich das filigrane Wesen der Quallen. Auch Lebensräume wie die Steilküste sind dargestellt. Im hinteren Bereich steht ein offenes Becken mit Tieren aus der Eckernförder Bucht, die man vorsichtig anfassen darf, etwa Plattfische und Krabben. Unterhaltsam für die ganze Familie sind Spiele wie ein echtes »Muschel-Memory« oder der begehbare Steuerstand eines Bootes. Über ernstere Themen informieren Stationen wie »Müllkippe Ostsee«. Im zugehörigen Shop gibt es Ostsee-Souvenirs und allerlei Lehrreiches wie Fischbestimmungstafeln zu kaufen.

Kurstrand und Südstrand

Vor der Tür des OCI (oder auch aus dem zugehörigen Terrassencafé) lässt sich der Strand überblicken. Genau genommen sind es zwei ineinander übergehende Strände mit einer Gesamtlänge von gut drei Kilometern: der Kurstrand sowie der direkt angrenzende Südstrand. Sie werden fast bis zum Ende von der Promenade begleitet, an der auch Strandcafés und Restaurants, Ferienunterkünfte und Hotels zu finden sind. Hier gibt es auch einen Strandkorb-Verleih, Wassersport, Beachvolleyball und einen Spielplatz. Richtung Südstrand befindet sich ein Meerwasser-Wellenbad mit 75-Meter-Rutsche und Sauna.

Zentral (neben dem Stadthotel) ist die Touristinformation untergebracht. Den ungefähr hier beginnenden Südstrand begleitet zunächst eine im
Frühjahr aufblühende Parkanlage. Der Strandbereich ist etwas naturbelassener als der Kurstrand,
und teils mit Gräsern oder kleinen Büschen be-
wachsen. Noch weiter südlich (in Richtung der
Marinestation WTD 71) gibt es auch eine Hundezone und einen FKK-Bereich.

Am Windebyer Noor

Landeinwärts und am besten vom Binnenhafen
aus über einen Fußweg (ausgeschildert) zu erreichen, hat Eckernförde noch ein anderes Gewässer:
Das Windebyer Noor, einen 389 Hektar großen
Binnensee. Er war ursprünglich mit der Förde verbunden. Namensgeber ist die Gemeinde Windeby
am südwestlichen Rand des Noors. Dieser Begriff
wiederum leitet sich vom dänischen Wort »Nor«
ab und bedeutet so viel wie Haff. Es handelt sich
dabei um einen von einem Küstengewässer ganz
oder fast abgetrennten Brackwasserbereich. Um
das Windebyer Noor führt ein Wanderweg. Am
Zugang bei Eckernförde befinden sich die Noorfischerei mit Direktverkauf und das UmweltInfo-
Zentrum (UIZ).

Spätestens im UmweltInfo-Zentrum begegnet
man nun tatsächlich dem Wappentier Eckernfördes: Hier wurde eine Schutzstation eingerichtet,
in der verletzte Eichhörnchen und »Findelkinder«
gepflegt und wieder ausgewildert werden oder
dauerhaft ein Zuhause finden. Sie steht auch Besuchern offen und bietet vielfältige Einblicke in
Vorgänge der Natur, unter anderem im Teich und
Tümpel, Kloster-, Stein- und Färbergarten, einem
Garten für Fledermäuse, einem Bienenstand und
auf einer Streuobstwiese. Regelmäßig gibt es auch
zum Thema passende Veranstaltungen und Kurse.

Oben: Auf dem Markt gibt es auch
frischen Fisch.
Mitte: Eckernfördes Wahrzeichen:
die Meerjungfrau am Kurstrand
Unten: Das Ostsee Info-Center befindet sich direkt beim Strand.

Infos und Adressen

In der Bonbonkocherei sind Besucher willkommen.

SEHENSWÜRDIGKEITEN

Bonbonkocherei Hermann Hinrichs. Mo–Fr 11–18, Sa (im Sommer auch So) 10–18 Uhr, Schaukochen tgl. außer Mo, Frau-Clara-Straße 22, 24340 Eckernförde, Tel. 04351/88 99 86, www.bonbonkocherei.de

Museum Eckernförde. Rathausmarkt 8, 24340 Eckernförde, Tel. 04351/71 25 47, www.museum-eckernfoerde.de

Ostsee Info-Center (OIC). April–Okt. tgl. 10–18, Nov.–März Di–So 11–17 Uhr, Jungfernstieg 110, 24340 Eckernförde, Tel. 04351/72 62 66, www.ostseeinfocenter.de

UmweltInfoZentrum (UIZ). Di–So 10–16 Uhr, Eintritt frei, Futter- oder Geldspenden erbeten. Am Noorwanderweg (Verlängerung des Hans-Christian-Andersen-Weges), 24340 Eckernförde, Tel. 04351/72 02 55, www.eichhoernchen-eck.de

ESSEN UND TRINKEN

Fischkutter und Imbisse im Hafen (frischer Fisch), Schiffbrücke

Luzifer. Zu der Restaurantkette mit dem Konzept »teuflisch gut schlemmen« zählen mehrere Stand-orte in Schleswig-Holstein. Hier punktet die Lage direkt am Hafen mit Außenplätzen für einen »Sun-downer«. Internationale Küche. Frau-Clara-Straße 19, 24340 Eckernförde, Tel. 04351/47 06 61, www.luzifer-sylt.de

Restaurant Treibgut im Kiekut. Fisch, Fleisch, Vegetarisches und Pasta in heller, maritimer Atmosphäre, Kiekut 1, 24340 Altenhof, Tel. 04351/889 56 13, www.restaurant-treibgut.de

Siegfried-Werft. Schank- und Speisewirtschaft im historischen Werftgebäude direkt am Binnenhafen mit Hotel. Vogelsang 12, 24340 Eckernförde, Tel. 04351/757 70, www.hotel-siegfried-werft.de

Diqurannte Eiscafé. Die Speisen sind einfach. Es gibt Eis und der Kaffee schmeckt; das Sahne-häubchen ist die Lage in erster Reihe direkt an der Strandpromenade mit Strandkörben auf der Terrasse. Jungfernstieg 22, 24340 Eckernförde, 0176/63 32 82 71

ÜBERNACHTEN

Heldts Hotel. Das zum Café Heldts gehörende jung eingerichtete Hotel in Eckernförde versorgt seine Gäste mit Backwerk aus eigener Herstel-lung. Berliner Straße 10, Tel. 04351/88 94 13, www.heldts-hotel.de

Hotel Seelust. Familiengeführtes Dreisterne-hotel direkt am Südstrand von Eckernförde mit herrlicher Frühstücksterrasse am Strand. Preußer-straße 3, Tel. 04351/727 90, www.seelust-hotel.de

Jugendherberge Eckernförde. Sehestedter Str. 27, 24340 Eckernförde, Tel. 04351/21 54, www.jugendherberge.de

Hotel Siegfried-Werft. Zimmer mit Blick auf die herrliche Altstadt oder den Hafen, auch Apart-ments. Vogelsang 12, 24340 Eckernförde, Tel. 04351/757 70, www.hotel-siegfried-werft.de

Stadthotel Eckernförde. Viersternehotel Garni in zentraler Strand- und Promenadenlage. Am

Exer 3, 24340 Eckernförde, Tel. 04351/727 80,
www.stadthotel-eckernfoerde.de

EINKAUFEN

Fischmarkt. Jeden 1. So/Monat 9–18 Uhr,
Seebrücke

Wochenmarkt. Mi/Sa 7–13 Uhr, Rathausmarkt
und Kirchplatz, 24340 Eckernförde

Noorfischerei Mahrt. Aal, Barsch, Brassen, Karp-
fen, Zander und andere Fische aus dem Windebyer
Noor, Flensburger Straße 14, 24340 Eckernförde,
www.noorfischerei.de

Spieker. Geschäft und Lokal im fünfstöckigen
Speichergebäude im Binnenhafen. Künstlerwaren,
Bio-Tees und andere Spezialitäten, z. B. auch original französische Leckereien wie Croissants,
Brioches und Baguettes, die täglich frisch geba-
cken werden. Abends Konzerte, Lesungen und andere Kulturveranstaltungen in Wohnzimmeratmo-
sphäre. Öffnungszeiten Geschäft: Mo–Fr 9.30–18,
Sa bis 14, 1. So/Monat 11–17 Uhr, Veranstaltungen siehe Homepage, Langebrückstraße 34,
24340 Eckernförde, Tel. 04351/883 99 66 sowie
0178/666 66 51, www.spieker-eckernfoerde.de

Ein ganzes Regal voller Gaumenfreuden

Das Restaurant Treibgut im Kiekut

AKTIVITÄTEN

Meerwasser-Wellenbad. Direkt am Kurstrand gelegen, auch eine Alternative zum Baden bei zu
kühlem Wetter. Mit Saunabereich. Preußerstraße 1,
24340 Eckernförde, Tel. 04351/90 54 00,
www.meerwasser-wellenbad.de

Nordwind Wassersport. Segeln, Kitesurfen,
Stand-up-Paddling, Kleinboote (auch führer-
scheinfreie Motorboote). Drei weitere Spots in der
Eckernförder Bucht und Kieler Förde. Am Kurstrand (Parkplatz Preußerstraße), 24340 Eckernförde, Tel. 04346/59 55 (Zentrale),
www.nordwind-wassersport.de

FESTE UND EVENTS

Sprottentage. Die Kieler Sprotten sollen eigentlich
aus Eckernförde kommen, und das wird jedes Jahr
mit einem großen Hafenfest gefeiert. Im Stadtteil-
wettkampf geht es um die »goldene Sprotte«.
www.ostseebad-eckernfoerde.de

INFORMATION

**Tourist-Information (Eckernförde Touristik
und Marketing GmbH).** Am Exer 1,
24340 Eckernförde, Tel. 04351/717 90,
www.ostseebad-eckernfoerde.de

21 Halbinsel Dänischer Wohld
Versteckte Strände, belebte Badeorte

Auf den ersten Blick dient die Halbinsel zwischen Kieler Förde und Eckernförder Bucht vor allem als Verkehrsverbindung der beiden namensgebenden Städte. Dies ändert sich, sobald man die »Bäderstraße« L285 verlässt: Hier liegt ein schöner Strand neben dem anderen, und jeder hat einen eigenen Charakter. Landseitig führen Wanderwege durch hübsche Dörfer und an Gutshöfen vorbei.

Auch dieser Teil Schleswig-Holsteins gehörte einmal zu Dänemark. Damals war die Halbinsel nahezu vollständig mit Wald bedeckt, woher sich der aus dem Niederdeutschen stammende Name Wohld (»Wald«) erklärt. Heute ist das Binnenland vor allem durch den Anbau von Mais und Raps geprägt und auch durch den Verkehr zwischen Kiel und Eckernförde. Die Küste aber überrascht mit einer vielfältigen und teils auch noch waldreichen Landschaft.

Von Aschau bis Surendorf

Wer schnell von Eckernförde nach Kiel möchte (oder andersherum), nimmt die breit ausgebaute B76 und bekommt nichts von alledem mit. Anders sieht es schon aus, wenn man die im großen Bogen parallel dazu verlaufende »Bäderstraße« nimmt. So hieß hier die Landstraße 285, die kurz vor Kiel in die Bundesstraße 503 übergeht. Die nahe Küste ist landschaftlich schon zu erahnen, und fast jede Abzweigung führt an einen anderen Strand.

Mitte: Am Strand von Surendorf
Unten: Blick über die Kieler Förde

Wildblumenwiese in Schwedeneck

Schon kurz nach Eckernförde geht es los mit einigen schönen, fast wild anmutenden Naturstränden, die keine Kurtaxe kosten. Der erste gehört zur Ortschaft Aschau und geriet zeitweise als »Ferkelstrand« in Verruf, weil einige Besucher die Freikörperkultur auf eine Weise auslebten, die dann doch etwas zu weit ging. Inzwischen wurde ein striktes FKK-Verbot in Aschau erlassen, und es wird regelmäßig kontrolliert. Der Strand mit hellem Sand und viel Natur im Rücken jedenfalls ist einen Besuch wert. Das Wasser wird hier allerdings recht schnell tief, sodass für Nichtschwimmer Vorsicht geboten ist, zumal es keine offizielle Badewacht gibt. An der künstlich geschaffenen Lagune Aschau, die als Binnenhafen dient, befindet sich auch ein Campingplatz.

Auf der östlichen Seite der Lagune versteckt sich der Strand von Noer hinter einem Wäldchen. Er gehört zur gleichnamigen Gemeinde und zieht sich über eine Länge von 1,6 Kilometern bis zum Campingplatz von Grönwohld hin. Zum Strand gehört auch ein besonderes Naturschutzgebiet: Die bewaldete Düne bei Noer zeigt sämtliche Stadien der Dünenentwicklung auf engstem Raum

Nicht verpassen

TAUCHEN UND BEACHBAR IN SURENDORF

Den Ostseegrund erkunden, auf dem sich hier eine bewachsene Betonschute und das Surendorf-Riff verbergen, das geht mit der Tauchschule direkt am Strand von Schwedeneck, die auch einen Standort in Neumünster hat. Unterrichtet wird nach den Richtlinien des Verbandes SSI. Bereits ausgebildete Taucher aller Verbände können sich zu Touren anmelden, und wer einmal hineinschnuppern möchte, kann an einem Erlebnistauchgang »Try Scuba« (ab 12 Jahren) teilnehmen. Anschließend bietet sich für den »Apres-Dive« die benachbarte Strandoase an (siehe Infos & Adressen).

Tauchparadies Schwedeneck. Zum Kurstrand 3, 24229 Surendorf, Tel. 04308/12 23, mobil 0176/ 16 04 22 24, www.scubalu.de

Einfach gut!

FISCHKIOSK SEIDENTOFF IN STRANDE

Am Fischersteg von Strande, an dem Fangfrisches ab Kutter erhältlich ist (täglich von 8–12 Uhr), kommt in einem hellgrauen Häuschen vieles direkt aus der Ostsee auf die Teller, etwa Strander Butt oder Meerforelle. Grandios sind auch die Fischbrötchen und selbst gemachten Fischfrikadellen. Die Stranden Fischer haben am Kiosk ihre Fischerecke, wo sie sich bei einem Pott Kaffee und »Klönschnack« treffen.Und wer genau wissen möchte, was gerade Saison hat (oder sich selbst Fisch zubereiten möchte), kann sich über die Homepage der Initiative »Fisch vom Kutter« über die Anlandungen informieren.

Fischkiosk Seidentoff. Hafen Strande, Strandstraße 44, 24229 Strande, Tel. 04349/91 92 81, www.fischkiosk-seidentoff.de

Fisch vom Kutter. www.fischvomkutter.de

und beherbergt eine artenreiche Vogelwelt. Man kann sie von der Strandseite aus bewundern (das Naturschutzgebiet darf nicht betreten werden).

Touristisch deutlich geprägter ist der nächste Strand in Richtung Osten in Surendorf bei der Ortschaft Schwedeneck. Weitläufig und feinsandig, mit Strandkörben, Tauchbasis, Surf- und Kiteschule, Bootsverleih und einer trendigen Beachbar, FKK-Zone und Hundebereich. Auch ein eigener Campingplatz fehlt nicht. Ruhiger geht es im westlich gelegenen Krusendorf zu, das auch zu Schwedeneck gehört. Von dem kleinen Dorf mit teils reetgedeckten Häusern führt ein Weg durch die Felder hinunter zum Meer. Hier säumt ein schmalerer Streifen Strand das an dieser Stelle recht flache Steilufer.

Dänisch Nienhof und Strande

Es folgt Richtung Kiel der Kurstrand Dänisch Nienhof, auch ausgestattet mit Strandkörben und Beach-Restaurant, und dennoch eher wild anmutend mit seinem teils steinigen Grund und einer dicht bewaldeten Steilküste. Kurz vor dem Hauptstrand bettet sich Gut Hohenhain in den Laubwald ein, durch den ein Weg bis zur Küste führt. Im Gutshaus bietet Familie von Langendorff Ferienwohnungen und regelmäßig Veranstaltungen an. Über die Steilküste führt ein Abschnitt des Europäischen Wanderwegs, der streckenweise auch mit dem Rad befahrbar ist.

Bei dem Steilufer von Dänisch Nienhof handelt es sich um ein inaktives Kliff, was bedeutet, dass der Baumbestand ihm Stabilität verleiht und es sich daher nicht verändert wie von Erosion geprägte Steilküsten. So eine befindet sich weiter südöstlich nahe dem Dörfchen Stohl. Hier ist der Natur-

Wachsame Augen
am Strand von
Dänisch Nienhof

Oben: Der Leuchtturm von Strande mit Pavillon
Unten: Im Fischerhafen herrscht reges Treiben.

strand wieder gebührenfrei und auch der Vierbeiner darf sich austoben. Bis hier gehören die Strände noch zur Eckernförder Bucht.

Fünf Kilometer weiter liegt das Seebad Strande an der Kieler Außenförde. Die Strandstraße führt zunächst direkt zum Yacht- und Fischerhafen mit einigen Hotels und Parkmöglichkeiten. Auch die Tourist-Information ist hier zu finden. Von dort leitet eine Promenade vorbei am Kurstrand mit Strandkorbverleih und Surfschule. Nach einigen Hundert Metern lichtet sich die Bebauung, und es folgt ein Naturstrand mit einer kleinen Strandbar. Nördlich von Strande markiert der schwarz-weiß-geringelte Leuchtturm Bülk (erbaut 1862–65) die Einfahrt in den Meeresarm, mit Aussichtsplattform und dem Lokal Leuchtturm-Pavillon, in dem auch Kulturveranstaltungen stattfinden.

Infos und Adressen

SEHENSWÜRDIGKEITEN

Leuchtfeuer Bülk. Ganzjährig geöffnet Di–Fr ab 10 Uhr, Sa/So/Feiertage ab 9 Uhr, Mo für Gesellschaften auf Anfrage, Termine Veranstaltungen siehe Homepage, 24229 Strande, www.leuchtturm-pavillon.de

Tierpark Gettorf. An der B76 Kiel–Eckernförde liegt auf halber Strecke Gettorf als Hauptort des Dänischen Wohld. In dem Tierpark sind rund 850 Tiere (150 Arten) zu sehen. Süderstr. 33, 24214 Gettorf, Tel. 04346/416 00, www.tierparkgettorf.de

ESSEN UND TRINKEN

StrandHaus Schwedeneck. Restaurant direkt am Strand zu Füßen der dicht bewaldeten Steilküste, sonntags »Brunch und Meer«, Strandstraße 24, 24229 Dänisch-Nienhof, Tel. 04308/212, www.strandhaus-schwedeneck.de

Strandoase. Nette Beachbar mit Bereichen zum Chillen, Sand-Wintergarten, Feuerkorb an den Abenden und Vollmondpartys. Am Kurstrand 16, 24229 Surendorf, Tel. 04308/18 99 05, 0171/862 25 80, www.strandoase-surendorf.eu

ÜBERNACHTEN

Camping Aschauer Lagune. Brücke Rendsburg-Eckernförde e.V., Aschauhof 9, 24340 Altenhof, Tel. 04351/71 66 21, campingplatz.aschau@bruecke.org

Beliebte Beachbar: die Strandoase Surendorf

Campingplatz Grönwohld. Bei Noer. Kronshörn, 24229 Schwedeneck, Tel. 04308/18 99 72, www.groenwohld-camping.de

Campingplatz Surendorf. Zum Kurstrand 5, 24229 Schwedeneck, Tel. 04308/331, www.campingplatz-surendorf.de

AKTIVITÄTEN

Nordwind Wassersport. Am Standort Surendorf vertreten mit eigenem Clubhaus samt Mensa, Umkleide- und Sanitärräumen sowie Sauna und Ausrüstungsshop. Tel. 04308/18 31 11, 0173/62 0 43 05, www.nordwind-wassersport.de

Wassersport Schwedeneck. Surfen, Kiten, Stand-up-Paddling in Grönwohld, www.wassersport-schwedeneck.de

INFORMATION

www.amt-daenischer-wohld.de,
www.daenischer-wohld.de,
www.ostseebad-strande.de,
www.ostseebad-schwedeneck.de,
www.nordwind-wassersport.de,
www.wassersport-schwedeneck.de

Es geht auch exotisch: im Tierpark Gettorf

22 Landeshauptstadt Kiel
Hier wird nah am Wasser regiert

Rund 244 000 Einwohner, Sitz des Schleswig-Holsteinischen Landtags, geschäftiges Treiben im Kreuzfahrthafen: Kiel ist mehr Großstadt als Ferienziel. Es sei denn, es ist gerade wieder Kieler Woche: Die berühmte Segelsportregatta zieht jährlich Hunderttausende von Besuchern an. Und doch ist die Ostsee allgegenwärtig. Bei einem Stadtbummel zeigt sich das Maritime in unterschiedlichsten Facetten.

Von der Fußgängerzone aus zum Traumschiff sind es nur wenige Schritte: Mitten in der City legen Fähren und Kreuzfahrtschiffe an großen Terminals an und ab. Mehr als 1,5 Millionen Passagiere jährlich starten ab Kiel eine Seereise. Ab dem Schwedenkai geht es nach Göteborg, rund 500 Meter weiter nördlich befindet sich das schicke Cruise Terminal Ostseekai für Reisen in alle Welt. Gegenüber am östlichen Fördeufer bildet der Norwegenkai das Tor nach Oslo.

Von der Marine geprägt

An anderen Plätzen der Stadt zeigt sich wiederum, welche Bedeutung Kiel traditionell als Marinestützpunkt hat, und das bereits seit 1865, als die preußische Marine von Danzig an die Förde verlegt wurde. Nachdem Kiel im Jahr 1871 mit der Gründung des Deutschen Reichs unter Wilhelm I. zum Reichskriegshafen der Ostseeküste erklärt worden war, begannen sich zahlreiche Marineeinrichtungen rund um die Förde anzusiedeln. Die

Mitte: Der Schleswig-Holsteinische Landtag
Unten: Auf dem Europäischen Markt bei der Kieler Woche wird auch Spaß geboten.

Der Kreuzfahrer Deutschland in der Kieler Förde

Werftindustrie, damals vorwiegend für die Rüstung tätig, wuchs rasant. Daran erinnern noch die Werften am Ostufer der Förde und der Stadtteil Gaarden, der sich damals zum Arbeiterviertel entwickelte. Weiter stadtauswärts ist das Marine-Ehrenmal von Laboe (eingeweiht 1936) heute eine Gedenkstätte für die auf See Gebliebenen und ein Mahnmal für eine friedliche Seefahrt auf freien Meeren. Als Aussichtsturm bietet es weite Blicke über die Kieler Förde und das Umland (siehe S. 160). Im Stadtteil Wik am westlichen Fördeufer befindet sich nach wie vor der Kieler Marinestützpunkt mit dem Tirpitzhafen. Er ist auch der Heimathafen des weltbekannten Segelschulschiffs »Gorch Fock«.

Kieler Woche und Ozean-forschung

Dem Segeln hat Kiel sich als selbst ernannte Sailing City verschrieben, mit der Kieler Woche als alljährlichem Höhepunkt und Projekten, die den Wassersport fördern. Auch in der maritimen Wissenschaft hat die Stadt sich auf internationaler Ebene einen Namen gemacht: Sie ist Standort des GEOMAR Helmholtz-Zentrum für Ozeanforschung, einer der europaweit führenden Einrichtungen auf diesem Gebiet. All diesen Facetten der Stadt begegnet man bei einem Spaziergang entlang der Kiellinie (siehe S. 154).

Infos und Adressen

SEHENSWÜRDIGKEITEN
Kieler Schloss. Der moderne Nachfolgebau der ehemaligen Burgfestung ist heute ein Veranstaltungszentrum mit Konzertsaal, Brasserie und Restaurant. Dänische Str. 44, 24103 Kiel, Tel. 0431/99 07 10, www.kielerschloss.de

Kieler Kloster. Der Kreuzgang des ehemaligen Franziskanerklosters ist noch erhalten. Falckstraße 9, Tel. 0431/58 08 80, www.kielerkloster.de

Schleswig-Holsteinischer Landtag. Die Kiellinie führt direkt an den Gebäuden vorbei. Düsternbrooker Weg 70, 24105 Kiel, Tel. 0431/98 80, www.landtag.ltsh.de

ESSEN UND TRINKEN
siehe S. 153 und 157

ÜBERNACHTEN
siehe S. 153 und 157

INFORMATION
Tourist Information. Mo–Fr 9.30–18, Sa 10–14 Uhr, Andreas-Gayk-Str. 31 (im Neuen Rathaus), 24103 Kiel, Tel. 0431/67 91 00, www.kiel-sailing-city.de

EINE NEU
gewachsene Stadt

Das Rathaus liegt idyllisch am Kleinen Kiel.

Die Tatsache, dass Kiel im Zweiten Weltkrieg als Reichsmarinehafen von strategischer Bedeutung war, forderte ihren Tribut. Bei unzähligen Luftangriffen wurde die Stadt schwer getroffen, ihre historische Substanz größtenteils zerstört. Dies erklärt ihr heutiges Gesicht mit dominierenden, eher nüchtern wirkenden Backsteinbauten. Dennoch haben die Fassaden eine Menge zu erzählen …

Unter fünf Millionen Kubikmetern Trümmerschutt lag Kiel nach der Kapitulation der Wehrmacht im Mai 1945. Drei Viertel der Bebauung waren dem Erdboden gleich oder beschädigt. So blieb nicht viel vom Erbe der mittelalterlichen Holstenstadt tom Kyle, die der schauenburgische Graf Adolf IV. um 1233 hatte anlegen lassen, umgeben von einer Burgfestung auf einer nicht mehr vorhandenen Halbinsel.

Historisches im Backstein-Kleid

Im Zuge des Wiederaufbaus der 1950er-Jahre begann Kiel, sich neu zu erfinden – wie es damals üblich und modern war, mit einer von Rotklinker dominierten Architektur. Es ging so weit, dass geschichtsträchtige Bauten wie das im Mittelalter erstmals errichtete Kieler Schloss oder das ehemalige Franziskanerkloster (1227) neue Fassaden aus Backstein erhielten anstatt originalgetreu restauriert zu werden. So präsentiert sich die City weitgehend pragmatisch, und doch: Spuren sind geblieben, wie etwa der Kreuzgang des Klosters, Elemente des historischen Stadtzentrums und alte Häuser wie der Warlenberger Hof aus dem 17. Jahrhundert.

Die einstige Insellage

Auch die Form und Lage der einstigen Halbinsel ist noch zu erahnen. Ein Blick auf den Stadtplan zeigt es durch die Anordnung der noch vorhandenen Gewässer in der City: Der Kleine Kiel war noch bis 1846 mit dem heutigen Bootshafen und der Kieler Förde verbunden. Sie bildeten einen Seitenarm der Förde, der um die Altstadt führte. Auf der Halbinsel befand sich die Burgfestung des noch heute vorhandenen (und stark veränderten) Kieler Schlosses. Ab dem späten 19. Jahrhundert wurde der Fördearm nach und nach durch Verschmälerungen, Brückenbau und Aufschüttungen unterteilt und schließlich fast komplett zugeschüttet. Trotz alledem hat Kiel viele Sehenswürdigkeiten. So lohnt es sich, die Stadt zu entdecken.

Vom Rathausturm aus bietet sich ein Weitblick bis über die Förde.

23 Die Kieler Innenstadt
Einkaufstrubel und Historisches

Da und dort sieht man die Förde mit der Schifffahrt zwischen den Kaufhäusern hervorblitzen: Auch in der parallel zum Hafen verlaufenden Fußgängerzone ist Kiels Nähe zur See spürbar. Die moderne Einkaufsmeile leitet direkt in das historische Herz der Stadt am Alten Markt. Ein Schlenker vorbei am Kleinen Kiel führt zum Rathaus mit seinem ungewöhnlichen Glockenturm.

Wenn auf dem Exerzierplatz nicht gerade Wochenmarkt ist (mittwochs und samstags), bietet es sich an, hier zu parken (gebührenpflichtig): Auf dem Exer, wie die Kieler ihn nennen, ist reichlich Platz; City, Hafen und Altstadt sind schnell erreicht. Mit Bus oder Bahn Anreisende gelangen ab dem Hauptbahnhof (nach ca. 200 Metern) direkt in die Fußgängerzone.

Shoppen in der Holstenstraße

Die autofreie Holstenstraße verbindet den Holstenplatz und den Alten Markt miteinander, das historische Zentrum Kiels, und lädt die Besucher geradezu zum Shoppen ein. Entstanden in den frühen 1950er-Jahren, prägte die Holstenstraße schon als eine der ersten Fußgängerzonen Deutschlands die Innenstadt. Bis zur Altstadt überwiegen die heute üblichen Filialen großer Handels- und Gastronomieketten. Ab dem Alten Markt geht es in der Dänischen Straße beschaulicher und mit kleineren Geschäften weiter. Zum autofreien Bereich der City gehört außerdem die direkt zum Kieler Schloss führende Schlossstraße.

Mitte: In der City sind auch Perlen zu entdecken wie diese Kaffeerösterei, die auch Tee anbietet.
Unten: Der Alte Markt lädt zum Bummeln ein.

Ein beliebter Treffpunkt: der zentrale Bootshafen

Wer gleich zum Alten Markt möchte, kann sich auch vom Exer aus in Richtung Rathaus und Kleiner Kiel halten. Das Binnengewässer inmitten der Stadt, unterteilt vom Martensdamm mit der Emil-Lueken-Brücke, ist nett für einen Spaziergang. Im es flankierenden Hiroshimapark und Ratsdienergarten geht es durch das Grüne, auch sind einige Gebäude aus der Gründerzeit zu sehen. Dazu gehört das Rathaus mit seinem schönen Vorplatz. Es wurde ab 1907 errichtet, als der Vorgängerbau, der sich noch am Alten Markt befand, für die wachsende Marine- und Werftenstadt zu klein geworden war. Dieser wiederum wurde im Zweiten Weltkrieg wie vieles der alten Bebauung nahezu vollständig zerstört.

Rundblick vom Rathaus

Besonders stolz ist man in Kiel auf den Turm des Rathauses mit seinem viertelstündlich erklingenden Glockenspiel. Er ähnelt architektonisch dem Markusturm von Venedig (Campanile di San Marco). Mit einer Höhe von 106 Metern überragt er das italienische Original um fast acht Meter. Trep-

Nicht verpassen

BOOTSHAFEN-SOMMER

Zwischen Kleiner Kiel und Förde liegt der dreieckige Bootshafen. Zuvor als Warenumschlagsplatz für Handelsschiffe dienend, wurde er ab 1846 zunächst durch einen Damm mit Brücke und schließlich ganz von der Förde getrennt. Heute ist es ein zentraler Treffpunkt, umgeben von einem teils stufenartig angelegten Platz, auf dem man gern in der Sonne sitzt. Besonders lohnt es sich zu kommen, wenn der alljährliche Kieler Bootshafensommer für kostenlose Livemusik (auch auf einer schwimmenden Bühne), Schnuppersegeln, Kulinarisches und mehr sorgt – an insgesamt sechs Wochenenden in Juli und August.

Bootshafen. Wall / Kaistraße. Infos zum Bootshafensommer unter www.kiel-sailing-city.de

Geheimtipp

HÖRNBRÜCKE UND MUSEUMSHAFEN

Wer beim Stadtbummel auch einmal das östliche Fördeufer ansehen möchte, braucht nicht umständlich um die Fördespitze herumzufahren. Beide Fördeufer sind im Zentrum über die Hörnbrücke verbunden, einer nur für Fußgänger zugänglichen Faltbrücke. Regelmäßig klappt sie auf, um Schiffe passieren zu lassen, was auch ein sehenswertes Schauspiel ist. Das östliche Ende der Brücke führt direkt zum modernen Germaniahafen mit dem Kieler Museumshafen. Hier ist oft einiges los: Ein Verein sorgt dafür, dass alte Schiffe aufgepeppt werden, organisiert auch Ausstellungen und maritime Workshops.

www.museumshafen-kiel.de

pen oder ein Fahrstuhl führen hinaus zur Aussichtsplattform in 67 Metern Höhe. Hier lässt sich die Stadt gut überblicken. Der Turm ist bei Führungen zu besichtigen. Auf dem Rathausplatz wird alljährlich die Kieler Woche feierlich eröffnet. Direkt neben dem Rathaus befindet sich das Opernhaus des Kieler Theaters.

Aus Platzgründen sind einige Ämter der Kieler Stadtverwaltung sowie die Touristinformation heute im Neuen Rathaus (Andreas-Gayk-Straße) untergebracht, die hafenseitig parallel zur Fußgängerzone verläuft. Von dort – oder auch über Seitenstraßen vom Kleinen Kiel aus – geht es unmittelbar in die Altstadt, also den Bereich, der im Mittelalter noch auf einer Halbinsel lag und die Holstenstadttom Kyle.

Etwas eingekeilt zwischen der Bebauung moderner Häuser und Cafés behauptet sich am Alten Markt die Kirche St. Nikolai seit dem Mittelalter – beziehungsweise der Nachfolgebau. Die ursprüngliche Kirche stand hier bereits gegen Mitte des 13. Jahrhunderts und wurde wie vieles in der Nachbarschaft im Zweiten Weltkrieg nahezu vollständig dem Erdboden gleichgemacht. Das Denkmal vor dem Hauptportal ist wohl so zu verstehen, dass sich die Geschichte nicht wiederholen sollte: Die 1954 aufgestellte Großplastik »Geistkämpfer« von Ernst Barlach versinnbildlicht den Sieg des Geistes über die dunklen Kräfte. Nur wenige Meter sind es von hier aus auch zum Kieler Kloster und zum Schloss mit seinem prachtvollen Park.

Versteckte »Zeitmaschinen«

Die vom Alten Markt abzweigende Dänische Straße verströmt eine Idee von Altstadtflair mit histo-

Stadtbummel in Kiel

A **Exerzierplatz –** Ein großer Parkplatz nahe der Einkaufsmeile, mittwochs und samstags Wochenmarkt (8–13 Uhr)

B **Hauptbahnhof**

C **Holstenstraße –** Der längste Abschnitt der Fußgängerzone verläuft parallel zum Hafen zwischen Holstenplatz und dem Alten Markt.

D **Alter Markt –** das historische Zentrum Kiels

E **Dänische Straße –** Hier ist auch noch etwas vom alten Kiel zu entdecken.

F **Warleberger Hof –** Das im 17. Jahrhundert errichtete Gebäude beherbergt das Stadtmuseum.

G **Kandelaber –** Ein letzter Zeuge der ehemaligen Kieler Gasbeleuchtung aus dem Jahr 1856

H **Kilia-Figur –** Die Bronzeskulptur verkörpert die Stadtgöttin.

I **Schlossstraße –** Diese autofreie Straße leitet direkt zum Kieler Schloss

J **Kleiner Kiel –** Dieser Teil des einstigen Fördearms ist noch geblieben.

K **Hiroshimapark und Ratsdienergarten –** Parkanlagen mit Gebäuden aus der Gründerzeit.

L **Rathaus –** Der Turm mit Glockenspiel ist besonders beachtenswert.

M **Opernhaus des Kieler Theaters**

N **Kirche St. Nikolai –** Ihr Vorgängerbau stammte aus dem Mittelalter. Vor dem Hauptportal steht die Skulptur »Geistkämpfer« von Ernst Barlach.

O **Kieler Kloster –** Es wurde seinerzeit von Franziskanern betrieben.

P **Kieler Schloss –** Mit dem historischen Vorgängerbau hat eswenig gemeinsam, doch der prachtvolle Park lässt seine Geschichte erahnen.

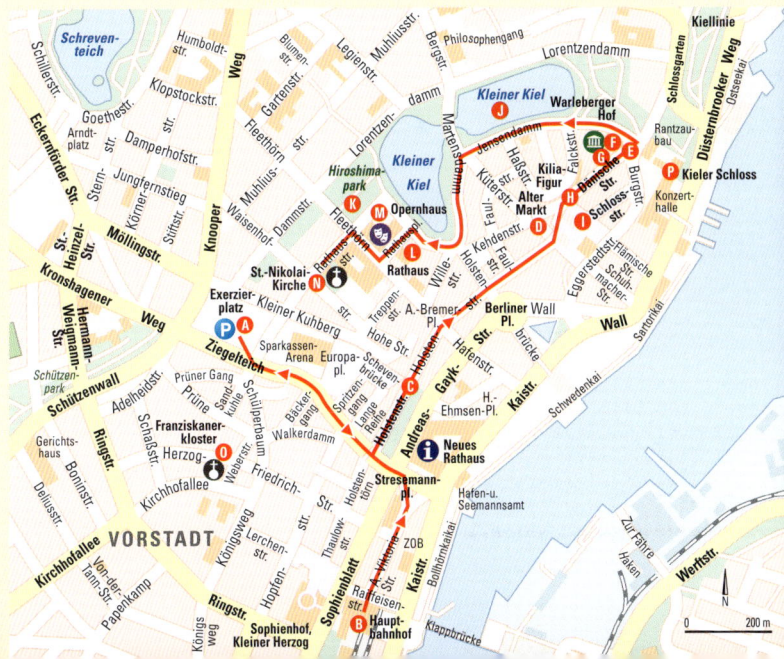

rischen Fassaden wie dem denkmalgeschützten Warleberger Hof. Das im 17. Jahrhundert errichtete Gebäude ist das älteste Adelshaus Kiels, sein Sandsteinportal (der Zugang zum Stadtmuseum) kam 1765 hinzu. Noch erhalten sind die Kellergewölbe samt Herdanlage und Zisterne, historischer Stuck, die Tapeten und Wandgemälde.

An alte Zeiten erinnert in der Straße (Richtung Marktseite) auch ein gusseiserner Kandelaber als das letzte erhaltene Zeugnis der ehemaligen Kieler Gasbeleuchtung. Er stammt aus dem Jahr 1856 und wird mittlerweile elektrisch betrieben. In der anderen Richtung ist eine Statue zu entdecken. Die Bronzefigur verkörpert die Stadtgöttin Kilia. Sie krönte im späten 19. Jahrhundert einen Brunnen im Kieler Schloss und wurde später an diesen Standort versetzt.

Oben: Ehrwürdiges Ensemble: das Kieler Rathaus und das Opernhaus
Unten: Im Museumshafen liegen schmuck restaurierte Boote.

Infos und Adressen

SEHENSWÜRDIGKEITEN

Rathaus mit Glockenturm. Turmfahrt: Mai–Sept. (außer Kieler Woche) Mi 12.30, Sa 11/11.45/ 12.30 Uhr. Fleethörn 18–24, 24103 Kiel, Buchung und Information Tel. 0431/67 91 00, 0431/90 10, info@kiel-sailing-city.de

Warleberger Hof mit Stadtmuseum. Ideal, um in die Stadtgeschichte einzusteigen. Dänische Straße 19, Tel. 0431/901 34 25, 16. April–14. Okt. tgl. 10–18 / 15. Okt.–15. April Di–So 10–17

KULTUR

Die Pumpe. Das Kultur- und Kommunikationszentrum gibt es seit 1979. www.diepumpe.de

Kieler Schauspielhaus. Klassische Werke und zeitgenössische Stücke. Holtenauer Straße 103, 24105 Kiel, Tel. 0431/901 39 10, www.theater-kiel.de

Niederdeutsche Bühne Kiel e.V. Inszenierungen in plattdeutscher Sprache. Wilhelmplatz 2, 24103 Kiel, Tel. 0431/177 04, www.nbkiel.de

Opernhaus. Auf dem Spielplan stehen auch Operetten, Musicals und Ballett der hauseigenen Kompanie. Vorverkauf über die Theaterkassen im Opern- und Schauspielhaus, Tel. 0431/90 19 01, Di–Fr 10–19, Sa 10–13 Uhr, Mo Opernhauskasse 10–19 Uhr, Rathausplatz 4, 24103 Kiel, Tel. 0431/901 28 80, www.theater-kiel.de

Sparkassen Arena. Konzerte, Sportveranstaltungen, Fernseh-Shows, Messen und Ausstellungen, Europaplatz 1, 24103 Kiel, Tel. 0431/98 21 00, www.sparkassen-arena-kiel.de

Theater Die Komödianten. Zeitgenössische Stücke, im Sommer Freilichttheater im Innenhof des Rathauses, Wilhelminenstr. 43, 24103 Kiel, Tel. 0431/55 34 01, theater@komoediantentheater.de, www.komoediantentheater.de

ESSEN UND TRINKEN

Kieler Brauerei. Hausgebrautes Bier und regiona-

Kiel kann auch zünftig: Im Restaurant der Brauerei gibt es hausgebrautes Bier.

le Küche, Alter Markt 9, 24103 Kiel, Tel. 0431/90 62 90, www.kieler-brauerei.de

Fischer's Fritz. Fangfrischer Fisch und andere regionale Speisen im Stadtteil Mettenhof (im Ring-Hotel Birke). Martenshofweg 2–8, 24109 Kiel, Tel. 0431/533 10, www.hotel-birke.de

barfuss – Cocktaillounge. Bar-Beachclub zwischen Universität und Schrevenpark. Ahlmannstraße 24, 24118 Kiel, Tel. 0431/21 90 44 02

BAR59. Café und abends Cocktailbar mit Außenplätzen, Holtenauerstraße 59, 0176/80 38 42 40

ÜBERNACHTEN

Atlantic-Hotel. Das Viersternehotel liegt zentral, Suiten mit Fördeblick, Raiffeisenstraße 2, 24103 Kiel, Tel. 0431/37 49 90, www.atlantic-hotels.de

Hotel Am Schrevenpark. Hotel Garni in Parklage nahe der Innenstadt, Goethestraße 7, 24116 Kiel, Tel. 0431/ 915 57, www.am-schrevenpark.de

INFORMATION

Tourist Information. Mo–Fr 9.30–18, Sa 10–14 Uhr, Andreas-Gayk-Str. 31, 24103 Kiel, Tel. 0431/67 91 00, www.kiel-sailing-city.de

24 Die Kiellinie
Eine maritime Flaniermeile

Die Promenade am westlichen Fördeufer ist zur Kieler Woche ein zentraler Ort des Geschehens – mit zahlreichen Buden und Logenblick auf die weltberühmte Segelregatta. Zu anderen Zeiten hat man hier reichlich Platz für einen herrlichen Spaziergang entlang der Waterkant. Zu erleben gibt es dabei auch einiges, von Seehunden über ein Segelcamp bis hin zum Fördefreibad und Kultur im grünen Hintergrund.

Auf einer Strecke von gut drei Kilometern führt die Kiellinie von der Innenstadt bis zum Stadtteil Kiel-Wik am Nord-Ostseekanal. Offiziell und laut Stadtplan beginnt sie auf der Höhe der Kunsthalle beim Düsternbrooker Weg. Viele Kieler aber finden, dass sie schon beim noch etwas weiter südlich gelegenen Schifffahrtsmuseum anfängt. Es macht Sinn, kann man sich doch hier mit Hafengeschichte einstimmen.

Seefahrtsgeschichte in der Fischhalle

Das im April 2014 – nach aufwendiger Sanierung – neu eröffnete Museum informiert nun multimedial über die maritime Geschichte Kiels, der Seefahrt und Fischerei. Die Dauerausstellung umfasst auch Themen wie den Nord-Ostsee-Kanal und die Marinemalerei. Kinder ab fünf Jahren können in einer eigens für sie konzipierten Ausstellung auf Entdeckungsreise gehen. Im Außenbereich sind an der Museumsbrücke in der warmen Jahreszeit historische Schiffe zu besichtigen. Das Museum ist in der denkmalgeschützten Fischhalle (ab 1909) un-

Mitte: Das Schifffahrtsmuseum wurde 2014 neu eröffnet.
Unten: Die Seehunde vom Geomar grüßen an der Kiellinie.

tergebracht und schon von außen ist das Gebäude sehenswert.

Kultur am Fördeufer

Anschließend geht es noch ein Stück an der Straße entlang, bis die offizielle Kiellinie beginnt. Sie zweigt, nun als Uferpromenade, bei der Kunsthalle ab. Letztere ist auch einen Besuch wert. Gemälde, Skulpturen, Objektkunst, Foto- und Videoarbeiten aus dem 19. Jahrhundert sind dort in Ausstellungen zu sehen, unter anderem auch internationale Kunst seit 1945 und ein Skulpturengarten. Die Kunsthalle gehört zur Christian-Albrechts-Universität, genauso wie das Zoologische Museum in der benachbarten Hegewischstraße, eines der ältesten Naturkundemuseen Deutschlands. Etwa 250 Meter nördlich der beiden Museen lädt der Alte Botanische Garten zu einem Schlenker durchs Grüne ein, mit gewundenen Wegen, Teichen und uralten Bäumen. Am höchsten Punkt bietet ein Pavillon (1891) einen schönen Ausblick auf die Kieler Förde. Im ehemaligen Wohnhaus des Garteninspektors am Schwanenweg ist heute das Literaturhaus Schleswig-Holstein zu finden.

Seehunde und Landtagsgebäude

Neben dem an Kultur reichen Quartier liegt wasserseitig das Aquarium des GEOMAR Helmholtz-Zentrum für Ozeanforschung Kiel direkt an der Promenade, mit Forschungsschiffen vor der Tür. Im Außenbecken des Aquariums grüßen die Kieler Seehunde am Spazierweg. Passanten können auch bei der Fütterung der Seehunde zuschauen. Im Innenbereich sind gegen Eintritt weitere Bewohner der hiesigen Meere und Seen anzutreffen und zu beobachten, vor allem sind Kinder begeisterte Zuschauer. Andere Bereiche des Aquariums widmen sich unter anderem der tropischen Korallenwelt.

Geheimtipp

FORSTGESCHICHTE BEI BAYERISCHEM BIER

Der älteste Park der Stadt liegt nordwestlich des Düsternbrooker Gehölzes. Hier befand sich die Königlich dänische Forstlehranstalt Kiel, die der dänische Staatsminister Graf Reventlow 1785 ins Leben gerufen hatte. Angelegt wurde sie drei Jahre später. Auf dem Gelände wurden Angehörige des Jägerkorps zu Förstern ausgebildet. Aus der Zeit stammen noch seltene Bäume aus dem In- und Ausland, unter anderem ein Mammutbaum. Im zugehörigen Biergarten sitzt man unter lauschigen Kastanienbäumen bei Bier und Brezeln – Bayerisches Biergartenambiente meets Ostseebrise und eine Alternative, falls es mal kein Fischbrötchen sein soll. Das Restaurant bietet ganzjährig Deftiges.

Gaststätte und Biergarten Forstbaumschule. Düvelsbeker Weg 46, 24105 Kiel, Tel. 0431/33 34 96, www.forstbaumschule.de

Kieler Bucht

Nun kann man die Kiellinie noch weiter entlang-schlendern, den Fördeblick genießen, sich ein Fischbrötchen an einer Bude genehmigen oder in einem Terrassenlokal einkehren. Nach ungefähr einem Kilometer geht es unmittelbar an den Gebäuden des Schleswig-Holsteinischen Landtags vorbei (siehe auch S. 144): Aus Richtung Innenstadt kommend, gehören dazu das 1938 errichtete Gebäude des Finanzministeriums und das Hauptgebäude des Landtags (Landeshaus). Es ist von weiteren Regierungsgebäuden umgeben, etwa dem Ministerium für Ernährung, Landwirtschaft und Forsten.

Segeln für jedermann

Beim Landtag befindet sich auch der Anleger Reventlouv der Kieler Fördefährlinie SFK. So kann man von hier aus von Frühjahr bis Herbst auch zu anderen Plätzen an beiden Ufern schippern, etwa nach Friedrichsort oder Laboe. Auch befinden sich einige Sportboothäfen an der Kiellinie und mit dem Camp 24/7 ein besonderes, nichtkommerzielles Segelprojekt.

Im Stadtteil Düsternbrook liegen schöne Parks und der Stadtwald oberhalb der Kiellinie, mittendrin die Freilichtbühne Krusenkoppel für Open-Air-Kulturgenuss. Zwischen dem Anleger Bellevue und dem Stadtteil Wik kann man in der Förde schwimmen gehen. Möglich macht es die trendige Seebadeanstalt Düsternbrook mit Bastschirmen und Sonnenliegen, 60-Meter-Bahn und Sprungbrett, Stand-up-Paddling und Seebar. Weiter nördlich folgt der Stadtteil Wik mit dem Marine-Stützpunkt Tirpitzhafen und den Schleusen am Nord-Ostsee-Kanal mit Aussichtsplattform. Auf der anderen Kanalseite lohnt sich ein Ausflug nach Kiel-Holtenau mit historischen Packhäusern und Leuchtturm aus Kaisers Zeiten.

Oben: Trendiges Fördefreibad: das Seebad Düsternbrook mit Bar auf dem Wasser
Unten: Im Sportboothafen von Wik

Infos und Adressen

SEHENSWÜRDIGKEITEN

Aquarium GEOMAR. Tgl. 9–18 (Museumsnacht bis 0 Uhr), auch an Feiertagen außer Heiligabend und Silvester, Fütterung der Seehunde Mo–Sa 10/14.30 Uhr, Düsternbrooker Weg 20, 24105 Kiel, www.aquarium-kiel.de, www.geomar.de

Kunsthalle mit Skulpturengarten. Di–So 10–18 (Mi bis 20 Uhr), Düsternbrooker Weg 1, 24105 Kiel, Tel. 0431/880 57 56, www.kunsthalle-kiel.de

Schifffahrtsmuseum mit Museumsbrücke. Die Eintrittskarte gilt auch für den Besuch des Stadtmuseums (Warleberger Hof) und umgekehrt. Wall 65, 24103 Kiel, Tel. 0431/901 34 28, www.kiel.de, tgl. 10–18 Uhr (15. Okt.–14. April nur Di–So 10–17 Uhr)

Zoologisches Museum. Di–Sa 10–17 Uhr, So und Feiertage 10–13 Uhr, Hegewischstraße 3, 24105 Kiel, Tel. 0431/880 51 70, www.zoologisches-museum.uni-kiel.de

AKTIVITÄTEN

Camp 24/7. Das Segelprojekt richtet sich mit Trainings- und Schnupperkursen vor allem an Kinder, Jugendliche und Familien (Mai bis September). Kiellinie, 24105 Kiel, Tel. 0431/901 25 73, www.camp24-7.de

KULTUR

Freilichtbühne Krusenkoppel. Düsternbrooker Weg 81, 24105 Kiel, Tel. 0431/24 01 40 99, www.freilichtbuehne-kiel.de

Ein Segelprojekt liegt zentral an der Flaniermeile.

Den Beginn der Kiellinie markiert die Kunsthalle.

ESSEN UND TRINKEN

Seebad und Seebar Düsternbrook. ca. April–Okt. tgl. 10–23 Badebetrieb ca. Mitte Juni–Mitte Sept. tgl. 10–19, Kassenschluss 18 Uhr. Für Clubmitglieder ganzjährig. Kiellinie 130, 24105 Kiel, Tel. 0431/341 85, www.seebad-duesternbrook.com

Deichperle. Mit Fördeblick auf dem Deich in Kiel-Falckenstein, www.deichperle-kiel.de

Hafenwirtschaft. Speisen im Kanalpackhaus Holtenau. Kanalstraße 65, 24159 Kiel, Tel. 0431/90 89 67 15, www.hafenwirtschaft-holtenau.de

ÜBERNACHTEN

Romantik Hotel Kieler Kaufmann. Vier-Sterne-Superior-Hotel im Düsternbrooker Gehölz, Niemannsweg 102, 24105 Kiel, Tel. 0431/881 10, www.kieler-kaufmann.de

INFORMATION

Tourist-Info / Kiel Sailing City (im Neuen Rathaus). Mo–Fr 9.30–18, Sa 10–14 Uhr, Andreas-Gayk-Str. 31, 24103 Kiel, Tel. 0431/67 91 00, www.kiel-sailing-city.de, Infos zur Kieler Woche unter www.kieler-woche.de

25 Kulturinsel Dietrichsdorf
Computergeschichte und mehr Mediales

Während sich das touristische Stadtleben weitgehend am westlichen Fördeufer abspielt, liegt gegenüber im Ortsteil Dietrichsdorf ein Hotspot für Medien- und Kulturfreunde. Auf dem Gelände der Fachhochschule Kiel sind unter anderem ein Computermuseum, eine Sternwarte und intermediale Rauminstallationen zu entdecken.

Die Kulturinsel, auch »Kulturinsel-D« genannt, liegt direkt hinter der Schwentinebrücke und ist ausgeschildert. Es geht nun auf den Campus der Fachhochschule mit den kulturellen Einrichtungen, die für die Öffentlichkeit zugänglich sind.

Galaktische Erlebnisse im Mediendom

Zunächst bietet gleich auf der linken Seite das Gießereimuseum Industriegeschichte zum Anfassen, während schräg gegenüber der »Mediendom« mit seiner Projektionskuppel ein 360°-Kino möglich macht. Dabei können Besucher etwa auf dem Saturn Achterbahn fahren, eine Orchideenblüte von innen erkunden oder die galaktische Erfahrung einer Zeitreise ab dem Urknall erleben.

Der Straße in Richtung Förde weiter folgend, zeigt sich links ein wuchtiges graues Gebäude. Hier fand einer der Bunker, die in Kiel noch aus Kriegszeiten blieben, eine friedliche Bestimmung: Es zog ein Computermuseum ein, das auf drei Stockwer-

Auf dem Gelände der Kulturinsel befindet sich auch das Gießereimuseum.

Die Rechenanlage Electrologica X1 im Computermuseum

ken mit einer Ausstellung zur Geschichte der Hard- und Software beeindruckt. Sie ist auch aus ästhetischer Sicht so ansprechend gestaltet, dass der Rundgang genauso Besuchern gefällt, die mit IT sonst eher wenig anfangen können, zumal man ins Staunen gerät angesichts der dargestellten Ursprünge. So ist ein Modell der wohl weltweit ersten Rechenmaschine aus Holz zu sehen, die bereits anno 1623 erfunden wurde, und die noch per Kurbel betriebene »Brunsviga 13 RK« aus Stahl. Auch Bereiche mit Computern, groß wie Kühlschränke, und mit Lochkarten als Datenträger verdeutlichen, welch eine Entwicklung sich vollzogen hat. An Audiostationen sind Computer-Pioniere wie Konrad Zuse zu hören. Tafeln zum Aufklappen erklären anschaulich, wie etwa das duale System oder ein Relais funktioniert.

Bunker Kino und Blick in den Kosmos

Gegenüber des Computermuseums entstand in einem weiteren Bunker ein Kultur- und Kommunikationszentrum mit Galerie, Bunker-Kino und verschiedenen Veranstaltungen. Außerdem gibt es im »Bunker D« ein Café – mit Speisen und Getränken zu »Studipreisen«. Von hier wiederum führt der Weg nach rechts zum Fachbereich Wirtschaft der FH. Dort ist, auf dem Dach des WiSo-Gebäudes, die Kieler Sternwarte untergebracht.

Infos und Adressen

SEHENSWÜRDIGKEITEN
Kulturinsel Dietrichsdorf. c/o Fachhochschule Kiel, Sokratesplatz 6, 24149 Kiel. Parkplätze auf dem Gelände der Kulturinsel.

ESSEN UND TRINKEN
Café im Bunker D auf der Kulturinsel Dietrichstorf

Luna Café. Hausgemachte Torten und Sommerterrasse. An der Schwentinebrücke in Wellingsdorf, Tel. 0431/21 07 06 65, Schönberger Straße 6, 24148 Kiel, www.lunacafe.de

ÜBERNACHTEN
Dietrichsdorfer Hof. Dreisternehotel direkt am Zugang zur Kulturinsel. Heikendorfer Weg 54, 24149 Kiel, Tel. 0431/600 54 80, www.dietrichsdorfer-hof.de

INFORMATION
Infos zu den Kultureinrichtungen. Alle Öffnungszeiten und Termine von Veranstaltungen unter www.fh-kiel.de/kulturinsel-d sowie unter Tel. 0431/210 17 41 (Di–Fr 9–11 sowie Di 15–17 Uhr). Eintrittspreise variieren je nach Kultureinrichtung und Veranstaltung.

26 Am Ostufer der Kieler Förde
Von Mönkeberg bis Kalifornien

Dieser Bereich der Kieler Außenförde ist ein Ferienparadies. Seebäder und kleinere Badeorte reihen sich dicht an dicht auf. Für Abwechslung sorgen kulturelle Überraschungen wie das Künstlermuseum in Heikendorf und bekanntere Sehenswürdigkeiten wie das Marine-Ehrenmal von Laboe. Zentrum des touristischen Treibens ist das Ostseebad Schönberg: Hier sind die Sandstrände besonders lang.

Den Anfang macht die Gemeinde Mönkeberg kurz hinter der Stadtgrenze. Entsprechend schnell erreichbar, ist sie bei Kielern als Naherholungsziel beliebt. An dem von einer Buhne, einem künstlichen Damm, geschützten Strand führt eine Treppe ins Wasser. Es ist also ein netter Platz für eine Erfrischung, allerdings weniger ideal für Familien oder Menschen mit Handikap. Zum Mönkeberg gehört auch die Marina mit dem rot-weißen »Juliusturm«, in dem sich das Büro des Hafenmeisters befindet. An der Ortschaft führen der Ostseeküstenradweg und der Fördewanderweg vorbei, denen man Richtung Kiel oder Laboe folgen kann. Vom nahen Ölberg mit Aussichtsplattform und der Germaniawiese oberhalb des Hafens bietet sich eine schöne Sicht über Förde und Hinterland.

Naturstrand in Kitzeberg

Knapp einen Kilometer weiter nördlich befindet sich ein weiterer kleiner Strand in Kitzeberg, einem Ortsteil der Nachbargemeinde Heikendorf.

Mitte: Beschaulicher Strandort nahe Kiel: Mönkeberg
Unten: Am Strand von Heikendorf

Fördeschiffe fahren auch Strände ab.

Auch dieser ist gebührenfrei, ein Naturstrand mit angrenzender Liegewiese, sanitären Anlagen und ganzjähriger Hundezone im südlichen Abschnitt. Angler und Badende nutzen auch einen stillgelegten Fähranleger. Im nahen Waldgebiet hat der 1902 gegründete Golfclub Kitzeberg sein Areal und bietet einen 18-Loch-Platz, teils mit historischen Spielbahnen aus der Gründerzeit. In der zugehörigen Golf-Akademie wird ausgebildet.

Ostseebad Heikendorf

Der aus dieser Richtung gesehen erste Kurstrand (abgabepflichtig) gehört ebenfalls zu Heikendorf und liegt im Ortsteil Möltenort. Hier gibt es erwartungsgemäß eine Promenade und einen Strandkorbverleih, einen Kiosk, ein Restaurant und einen nahen Campingplatz. Im Sommer wird das Badeleben von der DLRG überwacht. Ein weiterer schmaler Sandstrand befindet sich beim Anleger von Möltenort nördlich des Fischerei- und Yachthafens. Er wird »Schröderstrand« genannt, verfügt über eine Liegewiese und ist gebührenfrei. Von hier aus kann man gut den auf der Förde vorbeiziehenden »Pötten« zusehen. In Heikendorf

Geheimtipp

MINIKREUZFAHRT ANS OSTUFER

Geheim sind die Schiffe der Schlepp- und Fährgesellschaft (SFK) Kiel zwar nicht, doch vielen Urlaubern ist nicht bewusst, dass man damit auch zum Baden an die Fördestrände fahren kann (oder andersherum). Die Fähren legen an der Bahnhofsbrücke im Stadtzentrum ab und nehmen dann Kurs auf die Anlegestellen Seegarten, Blücherbrücke/Reventlouv, Bellevue, Mönkeberg, Möltenort, Friedrichsort und Laboe, außerdem nach Falckenstein, Schilksee und Strände am westlichen Fördeufer (abhängig von der Jahreszeit). So kann das Auto stehen bleiben, und es ist preiswert. Die Schiffe zählen zum Öffentlichen Personennahverkehr. Auch eine »Minikreuzfahrt« durch die Kieler Förde lässt sich auf diese Weise unternehmen.

Fahrpläne und weitere Infos unter www.sfk-kiel.de

lädt außerdem eine 1927 errichtete Seebadean-stalt zum Baden im nostalgischen Ambiente ein (beim Stinnes-Park nahe dem Kurstrand). Nördlich davon wurde auf der »Möltenorter Schanze«, einer kleinen Landspitze, ein U-Boot-Ehrenmal errichtet – in Gedenken an alle U-Bootfahrer der Deut-schen Marine, die ihr Leben auf See ließen. Es handelt sich um ein reines Denkmal und ist nicht zu verwechseln mit dem Aussichtspunkt Marine-Ehrenmal und dem U-Boot-Museum U 995 im nahe gelegenen Laboe (siehe unten).

Besuch im Künstlermuseum

Etwas kulturell Besonderes ist das Künstlermu-seum in Heikendorf, untergebracht im ehemaligen Wohnhaus und Prachtgarten von Heinrich Blunck (1891–1963). Um den gebürtigen Kieler bildete sich im 19. Jahrhundert eine Künstlergruppe, in-spiriert vom Meer mit seinen Licht- und Farbspie-len und der ländlichen Umgebung der Ostseeküste mit ihren Katendörfern. An ihren Werken lässt sich die Geschichte der Malerei vom norddeut-schen Impressionismus bis zum späten Expressio-nismus nachvollziehen. So versteht sich das im Jahr 2000 eröffnete Museum als Plattform für re-gionale Kunst im Kontext mit Wechselausstellun-gen internationaler Malerei. Außerdem bietet es jährlich vier bis fünf Sonderausstellungen. Im Garten des Künstlerhauses, für Blunck eine Quelle der Inspiration, sind zwischen mehr als 200 Pflan-zenarten Bronzeskulpturen und Reliefs von Karin Hertz ausgestellt.

Ostseebad Laboe

Auf Heikendorf folgt das Ostseebad Laboe mit zwei Kilometern Kurstrand zwischen dem Sport-boothafen und dem Marine-Ehrenmal. Letzteres ist heute auch so etwas wie ein Wahrzeichen der

Oben: Das Marine-Ehrenmal von Laboe hat auch eine Aussichts-plattform.
Mitte: Im Künstlermuseum Heikendorf
Unten: Am Strand von Laboe kann man wunderbar spazieren gehen.

Skulptur bei der Seebrücke von Schönberg

Kieler Förde. Schon von Weitem sichtbar ragt es an der Einmündung auf. Der
L-förmige Turm aus rotem Backstein ist
85 Meter hoch. Von der Aussichtsplattform
eröffnet sich ein Rundum-Panorama über die
Ostsee, die Förde und das Binnenland.

Ursprünglich wurde das Marine-Ehrenmal in Gedenken an die im Ersten Weltkrieg gefallenen Angehörigen der Kaiserlichen Marine errichtet. Seit
es der Deutsche Marinebund 1954 übernommen
hat, ist es eine Gedenkstätte für die auf See Gebliebenen aller Nationen und mahnt zugleich an
eine friedliche Seefahrt auf freien Meeren. Zur
Anlage gehören auch eine unterirdische Gedenk-
halle, die Historische Halle mit zahlreichen
Schiffsmodellen sowie weiteren marine- und
schifffahrtsgeschichtlichen Exponaten und eine
7000 Quadratmeter große Freifläche. Am Strand
vor dem Marine-Ehrenmal ist das »U-Boot 995«
mit technischem Museum eine weitere marinehis-
torische Sehenswürdigkeit. In Richtung Norden
kommen nach dem Kurstrand ein weiterer Strand
(hier gebührenfrei) und ein Campingplatz. Außerdem gibt es ein Meerwasser-Schwimmbad.

Einfach gut!

SEEBRÜCKENFEST AM SCHÖNBERGER STRAND

Es ist der Höhepunkt jeder
Saison: Alljährlich im Juli steigt die
Party auf dem Vorplatz der Schönberger Seebrücke. Drei Tage mit vol-
lem Programm, kulinarischen Ge-
nüssen und zum Abschluss ein von
Musik untermaltes Feuerwerk über
dem Meer. Es wird von Schwimm-
pontons und dem Seebrückenkopf
abgefeuert.

**Termine und das aktuelle
Programm** unter
www.schoenbergerstrand.com

Weitläufige Strände: Kieler Außenförde.

Von Heidkate bis Schönberg

Östlich von Laboe liegen noch zwei dörfliche Ferienorte, und zwar Stein, sich selbst als »Die Lagune des Nordens« bezeichnend, und die Gemeinde Wendtorf. In den beiden Ferienorten geht es ruhiger zu als in den bekannten Seebädern, obwohl es auch hier an Unterkünften und Freizeitangeboten nicht mangelt.

Die nächste kleine Ortschaft – Heidkate – liegt bereits zur offenen Ostsee hingewandt. Sie gehört zur Gemeinde Wisch. Hier beginnt eine Urlaubsregion mit langen, hellen Sandstränden, vor allem bekannt durch das noch weiter östlich liegende Seebad Schönberg. In Heidkate indes macht sich der Rummel noch nicht so sehr bemerkbar, und der Strand ist hier noch Kurtaxe-frei. Die Buhnen in der Brandungszone markieren Abschnitte mit Hundestrand, Surfen, im Sommer überwachtem Badebereich, einer Zone für Lenkdrachen sowie einer weiteren für Bootsliegeplätze.

In Wischs Nachbargemeinde Schönberg setzen sich die weitläufigen Sandstrände vor dem Landesschutzdeich bis zum gleichnamigen Ostseebad fort, dem touristischen Hauptort der Region. An der Strandpromenade gibt es alles vom Strandkorb über Wassersport bis hin zu leckeren Fischbrötchen und anderen Lokalen. Auf der Seebrücke, an der im Sommer auch Ausflugsboote ablegen, kann man 250 Meter weit über die Ostsee spazieren. Am Schönberger Strand verkehren auch Museumsbahnen mit Dampf- und Diessellokomotiven sowie alten Straßenbahnen. Zur Gemeinde Schönberg gehören außerdem die Ortsteile Kalifornien und Brasilien mit weiteren Strandbereichen. Die offiziellen, gelben Ortsschilder haben schon viele fotografiert und als Urlaubsgruß versendet.

Oben: Die Seebrücke ist das Herzstück von Schönberg und wird jährlich gefeiert.
Mitte: Mit dem Fahrrad sind die dicht beieinanderliegenden Strände gut erreichbar.
Unten: Museumsstraßenbahn in Schönberg

Infos und Adressen

SEHENSWÜRDIGKEITEN

Künstlermuseum Heikendorf-Kieler Förde.
Di–Sa 14–17, So 11–17 Uhr, Teichtor 9,
24226 Heikendorf, Tel. 0431/24 80 93,
www.kuenstlermuseumheikendorf.eu

Marine-Ehrenmal. Strandstraße 92,
24235 Laboe, Tel. 04343/49 48 49 62,
www.deutscher-marinebund.de

Museumsbahnhof Schönberger Strand. Am
Schierbek 1, 24217 Schönberg, Tel. 04344/23 23
(an Betriebstagen), www.vvm-museumsbahn.de

Probstei Museum Schönberg. Ostseestraße
8–10, 24217 Schönberg, Tel. 04344/31 74, Termine für Radtouren unter www.probstei-museum.de

U-Boot Ehrenmal Möltenort.
www.ubootehrenmal.de

AKTIVITÄTEN

Golfclub Kitzeberg. Wildgarten 1, 24226 Heikendorf, Tel. 0431/23 23 24, www.golf-kiel.de
Seebadeanstalt Heikendorf. Strandweg, 24226
Heikendorf, 0172/439 72 57 (während der Öffnungszeiten), www.seebadeanstalt.de

Meerwasser-Schwimmbad Laboe. Strandstraße
25, 24235 Laboe, Tel. 04343/12 49, www.laboe.de

ESSEN UND TRINKEN

Zahlreiche Strandlokale und Imbisse entlang
der Promenaden

ÜBERNACHTEN

Strandhotel Laboe. Das Drei-Sterne-Apartotel
liegt direkt an der Promenade. Strandstraße 5,
24235 Laboe, Tel. 04343/4250,
www.strandhotel-laboe.de

Ruser's Hotel. In alter Familientradition geführtes
Dreisternehotel im Ortszentrum von Schönberg.
Albert-Koch-Straße 2,
Tel. 04344/20 13,
www.rusershotel.de

An der Promenade gibt es viele Einkehrmöglichkeiten wie hier das Café Seeblick.

Camping-Ferienpark California. Große Heide 26,
24217 Schönberg, Tel. 04344/95 91,
www.camping-california.de

Campingplatz Möltenort. Uferweg 24 (Ziel
für das Navi: Kolonnenweg Nord), 24226 Heikendorf, Tel. 0431/2394529,
www.campingplatz-möltenort.de

Naturfreundehaus Kalifornien. Deichweg 1,
24217 Kalifornien, Tel. 04344/13 42,
info@naturfreundehaus-kalifornien.de

Jugendhof Schönberg. Linauweg 1–2,
24217 Schönberg, Tel. 04344/413 88 88,
info@jugendhof-schoenberg.de

INFORMATION

Touristinformation Heikendorf. Strandweg 2,
24226 Heikendorf, Tel. 0431/24 11 20,
www.ostseebad-heikendorf.de

Tourist-Service Ostseebad Schönberg. Käptn's
Gang 1, 24217 Schönberg, Tel. 04344/414 10,
www.schoenbergerstrand.com,
www.moenkeberg.de, www.stein-ostseebad.de,
www.wendtorf.com, www.wisch-heidkate.de

Mitte: Das Probstei Museum in Schönberg
Unten: Strohpuppen-Wettbewerb am Passader See

27 Das Hinterland der Probstei
Kulturlandschaft der freien Bauerndörfer

Die Region von Laboe bis Schönberg, landseitig bis zur Linie des Selenter Sees, markiert ungefähr das Gebiet der Probstei. Es hat einen besonderen kulturgeschichtlichen Hintergrund, der sich vor allem abseits der Strände, in den Dörfern und ihrer Umgebung bemerkbar macht. Dazu gehören auch kulturelle Perlen wie die Museen von Schönberg sowie historische Bauwerke.

Benannt ist die Region, die von 1226 bis 1542 dem Preetzer Kloster angehörte, nach den damaligen Probsten (auch: Propsten), also den Klostervorstehern. Unter ihrer Herrschaft entwickelte sich hier ein geschlossener Kulturraum mit eigener Tradition, der über Jahrhunderte eine Sonderstellung in Schleswig-Holstein innehatte. Ganz genau genommen umfasst die Probstei das Gebiet der freien Bauerndörfer zwischen Hagenerau und Mühlenau. Seine Grenzen bilden im Norden die Ostsee, im Osten die Güter Schmoel und Neuhaus, im Süden die Güter Salzau und Dobersdorf und im Westen das Gut Hagen sowie die Vororte der Stadt Kiel. Es handelte sich um den westlichen Teil von Wagrien, der Halbinsel zwischen Kieler Förde und Lübecker Bucht.

Fachhallenhäuser und eigene Trachten

Im Jahr 1226 hatte der Landesherr Adolf IV., Graf von Schauenburg und Holstein, dem Benediktine-

Hinterland der Probstei

rinnenkloster Ländereien vermacht, damit sie besiedelt und christianisiert werden konnten. Zu dem Gebiet gehörten schließlich 20 Dörfer mit dem 1259 gegründeten Schönberg im Zentrum. Besonders Probst Friedrich (im Amt 1246–1250) ist es zu verdanken, dass die Probsteier es zu fruchtbarem Erbbesitz brachten, Vorrechte und Wohlstand genossen. Er ließ viele der neuen Dörfer anlegen und baute Brodersdorf, Laboe und Probsteierhagen auf fürsorgliche Weise aus.

Nachdem auch dieser Teil Schleswig-Holsteins nach dem Deutsch-Dänischen Krieg (1864) an Preußen fiel, wurde die Probstei dem Kreis Plön zugeordnet. Noch immer aber zeugt die Kulturlandschaft mit ihren schmucken Fachhallenhäusern und eigenen Trachten von Prestige und dem damaligen Standesbewusstsein der Probsteier Bauern. Sie konnten ihre Höfe größtenteils als Eigentümer oder in Erbpacht auf eigener Scholle bewirtschaften und waren damit privilegiert gegenüber den leibeigenen Bauern der umliegenden Gutsherrschaften.

Bauliche Zeugen der Geschichte

Während direkt an der Küste das heutige Strandleben dominiert, ist nur wenige Kilometer weiter, bei Ausflügen in den ländlichen Teil der Probstei, die Geschichte spürbar. Davon berichten etwa die mittelalterliche Kirche in Probsteierhagen, die Kirche von Schönberg (1782) und die Krokauer Mühle. Auch die Probsteier Korntage mit Strohfigurenwettbewerb (Juli/August) erinnern daran.

Ganz besonders öffnet ein Besuch im Schöneberger Probstei Museum die Augen für die Besonderheiten der Region. Es vermittelt die Tradition und Geschichte des Kulturraums und veranstaltet auch

Geheimtipp

HISTORISCHE RADWANDERUNGEN
In den Sommermonaten bietet das Probstei Museum Schönberg regelmäßig Radtouren durch historisch und aktuell interessante Regionen der Probstei an. Los geht es jeweils um 14 Uhr vor dem Museum. Die drei- bis vierstündigen Fahrten sind ohne Schwierigkeiten zu bewältigen. Es werden dabei auch kleine Pausen eingelegt für Besichtigungen und Erläuterungen zur Landschaft, ihrer Geschichte und ihren Bewohnern. So wird etwa die wirtschaftliche Bedeutung eines »Knicks« genauso erklärt wie die Bedeutung der Region als Kornkammer. Am besten verbindet man dies mit einem vorherigen Besuch des Probstei Museums für noch mehr Hintergrund.

Probstei Museum Schönberg. Termine für Radtouren unter »Angebote« auf www.probstei-museum.de, Teilnahmegebühr pro Person, zusätzliche Spenden sind willkommen.

regelmäßig Märkte und landwirtschaftliche Vorführungen. Außerdem gibt es Aktionen wie Brotbacken im Steinbackofen, niederdeutsches Theater, Lesungen, Musik und andere Kulturevents.

Kindheitsmuseum Schönberg

In eine spätere Epoche der Geschichte, doch genauso eng mit der Region und ihren Bewohnern verbunden, entführt das Kindheitsmuseum Schönberg. Es zeigt anschaulich die Geschichte der Kindheit ab 1890 und geht darauf ein, wie Jungen und Mädchen lebten und gekleidet waren, welche Bücher sie lasen und welche Kinderspiele sie auf der Straße spielten. Einige davon dürfen Besucher vor dem Museum nachspielen.

Auch ernstere Aspekte werden vermittelt, etwa wie lange Kinderarbeit geduldet wurde und was Spielzeug zu Kriegszeiten bedeutete. Eine komplett eingerichtete Dorfschulklasse von 1900 bis 1910 entführt in die strenge Welt des Unterrichts von damals. Das Besondere bei alledem ist, dass hinter vielen der Exponate persönliche Erlebnisse der Einheimischen stehen, die der Ausstellung einiges aus Familienbesitz spendeten. Solchem Engagement entstammt auch die Peter-Puppensammlung, eine neue Ausstellung seit Mai 2015: Selbst gefertigte Puppen, von Waltraut Peter gestrickt und genäht, stellen in Puppenstuben Szenen aus der Kinderliteratur und dem Alltag dar.

Oben: Die Probstei bezaubert mit historischen Bauernhäusern.
Unten: In der St. Katharinenkirche von Probsteierhagen

Infos und Adressen

SEHENSWÜRDIGKEITEN

Probstei Museum Schönberg. 15. März–30. April Sa/So 14–17, 1. Mai–31. Okt. Di–So 14–17 (Do auch 10–12 Uhr), Nov. So 14–17 Uhr (Sonderöffnungszeiten zu Ostern und bei Märkten), Ostseestraße 8–10, 24217 Schönberg, Tel. 04344/31 74, www.probstei-museum.de

Kindheitsmuseum Schönberg. Mai So 14–17, Juni–Okt. Di–So 14–17 Uhr (Do auch 10–12 Uhr). Für Gruppen ganzjährig nach Terminvereinbarung. Jährliche Sonderausstellungen, im Juli und August sonntags Aktionsnachmittage für Kinder oder die ganze Familie. Knüllgasse 16, 24217 Schönberg, Tel. 04344/68 65, www.kindheitsmuseum.de

Hier beginnt eine Reise in die Kindheitsgeschichte.

AKTIVITÄTEN

Fahrradvermietung Laboe, Dirk Rothöft. Wiesenweg 4, 24235 Laboe, Tel. 04343/70 02, 0171/215 17 80, www.fahrradverleih-laboe.de

Zweiradhaus Probstei. Auch Verleih und Reparaturen von Fahrrädern. B. Schmidt. Georg-Thorn-Str. 4, 24217 Schönberg, Tel. 04344/28 10 und 41 84 84, www.zweiradhaus-probstei.de

ESSEN UND TRINKEN

Lutterbeker. Kulturkneipe mit Restaurant und wechselnden Veranstaltungen (Musik, Theater, Kabarett. Dorfstraße 11, 24235 Lutterbek, Tel. 04343/94 42, www.lutterbeker.de

ÜBERNACHTEN
siehe S. 165

FESTE UND EVENTS
Probsteier Korntage. www.probsteier-korntage.de

INFORMATION
Tourismusverband Probstei e.V. Alte Dorfstr. 53, 24253 Probsteierhagen, Tel. 04348/91 91 84, www.probstei.de

Eine nette Einkehrmöglichkeit

28 Die Hohwachter Bucht
Bunte Badehütten vor der »Flunder«

Kurz vor Fehmarn öffnet sich die Küste zu einer weiten Bucht, anders als bei den schmalen Förden im Norden. Namensgebend ist das Ostseebad Hohwacht mit historischem Ortskern und feinsandigem Kurstrand. Beides lässt sich bei einem Spaziergang entlang der Wasserlinie oder oberhalb der Steilküste verbinden, vorbei auch am »Hohwachter Ausguck«.

Das Ostseebad liegt am westlichen Rand der Hohwachter Bucht, landseitig umgeben vom Großen Binnensee und dem Sehlendorfer See. Ein 27-Loch-Golfplatz liegt zwischen den Gewässern. Wer eine Vorstellung vom Ursprung des einstigen Fischerdorfs bekommen möchte, folgt der Zufahrtsstraße Am Buchholz bis zum Ende (anstatt am Ortseingang links in die Seestraße Richtung Kurstrand abzubiegen). So gelangt man direkt nach Alt-Hohwacht, das einen eigenen, kleinen Strand mit einigen Lokalen und Ferienunterkünften zu bieten hat. Viele Hauseingänge sind liebevoll gestaltet, und dank einer weitsichtigen Planung ist kein Gebäude in der Ortschaft höher als die sie umgebenden Bäume.

Am »Hohwachter Ausguck«

Vom Strand in Alt-Hohwacht kann man nun wahlweise am Wasser entlang in Richtung Kurstrand laufen oder dem Weg oben auf der Steilküste folgen – zu erreichen über eine Treppe nahe der Seebrücke oder über die Straße An der Steil-

Mitte: Der Strand von Hohwacht bietet auch ruhige Plätze.
Unten: Wohl nur hier sind noch solche Badehütten zu finden.

Das Hotel Genueser Schiff liegt überaus idyllisch.

küste, die hinter den letzten Häusern beginnt. Auch bietet sich eine schöne Rundtour an: oben hin, unten zurück oder andersherum.

Auf der Steilküste führt der Weg zunächst über das nicht bewaldete Hohwachter Sonnenkliff, von dem aus sich ein erster herrlicher Ausblick über die Bucht und das offene Meer bietet. Nach ungefähr 200 Metern geht es unter ausladenden Eichen und Buchen weiter bis zur Aussichtsplattform »Hohwachter Ausguck«, die ein Stück weit über die Abbruchkante ragt. Im weiteren Verlauf des Weges nimmt der Baumbestand zu. Schon bald ist unten der Kurstrand zu erahnen, und das Meeresblau blitzt durch die Kronen. Mehrere Wege führen hinab. Alternativ kann man noch etwas weitergehen und dann der Straße Dünenweg zum Strand folgen.

Historische Badehütten

Auch wenn der Kurstrand hinsichtlich seiner Ausstattung typisch ist – Promenade, einige Hotels

Geheimtipp

LITERATUR IM GENUESER SCHIFF

In den Dünen von Hohwacht, nahe dem Kurstrand, versteckt sich ein kleines, feines Ausschlaf-Hotel: Das Genueser Schiff mit Zimmern im reetgedeckten Landhaus und im Kaminhaus, einige davon mit Meerblick, Wellnessbereich und einer gemütlichen Bar. Verbinden lässt sich eine Auszeit an der See hier mit Kulturgenuss der besonderen Art. Bei der Veranstaltungsreihe »Literatur am Meer erleben« lesen Bestsellerautoren aus ihren aktuellen Büchern vor. Das Hotel bietet dazu jeweils Arrangements mit Übernachtungen an.

Genueser Schiff. Seestraße 18, 24321 Hohwacht, Tel. 04381/75 33, www.genueser-schiff.de

Die Plattform, geformt und platt wie eine Flunder

Nicht verpassen

VERANSTALTUNGEN AUF DER FLUNDER

Die »Hohwachter Flunder« verwandelt sich regelmäßig in eine Bühne. Hier werden u. a. Konzerte, Strandgottesdienste, Auftritte von Solokünstlern und andere Veranstaltungen dargeboten. Auch einiges für Kinder wie etwa das Mitspiel-Theater Ostseeclown steht auf dem Programm. Selbst im Winter ist hier etwas los, wenn z. B. der Weihnachtsmann über das Meer kommt. Und beim Hohwachter Strandleuchten am Neujahrstag geht es per Fackelwanderung von Alt-Hohwacht zur Flunder. Dort wird das neue Jahr bei Feuerschalen, Glühwein und heißen Waffeln begrüßt.

Infos und Termine unter www.hohwachterbucht.de

und Gastronomie –, macht sich auch hier die niedrige Bebauung auf positive Weise bemerkbar, sodass der Strand mit der baumreichen Steilküste im Rücken viel von seiner Ursprünglichkeit bewahrt hat. Für Kinder gibt es den Abenteuer-Spielplatz »Piratenlager« mit einem »echten« Schiff und Leuchtturm.

Besonders, wenn nicht gar einmalig, ist auch das bunte Dörfchen der in den Dünen gelegenen historischen Badehütten. Sie sind teils schon mehr als 100 Jahre alt, standen damals dichter am Wasser und dienten – wie die Badekarren – als züchtige Umkleidemöglichkeit. Nach dem Zweiten Weltkrieg siedelte die Gemeinde die Hütten in Richtung Steilküste um und begrenzte ihre Zahl auf 50. Seit Generationen weitervererbt und nun in vielen Farben leuchtend, sind sie der Stolz mancher Hohwachter.

Eine Seebrücke als Plattfisch

Modern, ja schon fast innovativ indes gibt sich die Seebrücke des Kurstrands: Die »Hohwachter Flunder«, eine 370 Quadratmeter große Seeplattform,

Vom Fischerdorf bis zum Kurstrand

Der Spaziergang verbindet die schönen Seiten des Seebads Hohwacht mit seinen unterschiedlichen Facetten. Auch in umgekehrter Richtung immer eine gute Idee.

A **Parkplatz Am Buchholz –** Hier kann man das Auto abstellen, um in Alt-Hohwacht mit dem Strandspaziergang zu starten.

B **Strand von Alt-Hohwacht –** Ruhiger als der Kurstrand, und landschaftlich auch reizvoll, ein Platz auch, um bei einem Kaffee oder Glas Wein im Strandlokal zu träumen.

C **An der Steilküste –** Startpunkt für die Tour auf dem Kliff, zu erreichen auch über eine Treppe vom Strand aus.

D **Hohwachter Flunder –** Die Seeplattform erinnert keineswegs nur zufällig an einen Plattfisch. Hier ist immer etwas los!

E **Historische Badehütten –** Das bunte Sommerdorf in den Dünen ist in Deutschland einmalig.

F **Kurstrand –** mit Promenade, Lokalen, Unterkünften und Abenteuer-Spielplatz bietet er alles für den Badeurlaub.

G **Hohwachter Sonnenkliff –** nicht bewaldet, eröffnet es Ausblicke über die Bucht und das offene Meer.

H **Hohwachter Ausguck –** Die Aussichtsplattform bietet ein besonders schönes Panorama.

deren Form an den bekannten Plattfisch erinnert, mit einer 24 Meter hohen Stahlkonstruktion. Letztere besteht aus einer blau lackierten Röhre (dem »Pylon«) im Zentrum, die eine goldene Kugel krönt und von welcher Stahlträger fächerartig über die Ostsee ragen. Daran wiederum hängt die Plattform und scheint somit drei Meter über dem Wasser zu schweben. Ein breiter, barrierefreier Steg führt vom Strand aus hinüber, teilt sich kurz zuvor noch einmal und umrahmt die Mittelsäule. Von oben betrachtet ist dies die Schwanzflosse der Flunder.

Das Umland von Hohwacht

Rund um das Seebad verteilen sich einige Dörfer in die leicht hügelige Küstenlandschaft Ostholsteins, die genauso auf Urlauber eingestellt sind. Da wäre in Richtung Westen etwa noch die Gemeinde Behrensdorf, gerahmt von dem Kleinen und Großen Binnensee mit dem Naturstrand in der Nähe, dem Leuchtturm Neuland (1918) und einem Naturschutzgebiet, in dem seltene Pflanzen und viele Vogelarten zu entdecken sind. Ähnlich beschaulich geht es in der Nachbargemeinde Hohenfelde zu.

Direkt am Selenter See mit einigen netten Badestellen und nahe der Holsteinischen Schweiz befindet sich die Ferienregion Selent – eine bäuerlich geprägte Landschaft mit idyllischen Dörfern, historischen Kirchen und Herrenhäusern. Hier beginnt auch die Region der Probstei mit den schönen Stränden rund um Schöneberg (siehe auch S. 168).

Östlich von Hohwacht wiederum bezirzt die Landschaft der Weißenhäuser Brök, und im Hinterland ist Lütjenburg ein Ziel für spannende Ausflüge – mehr dazu in den folgenden Kapiteln.

Oben: Hohwacht ist auch im Winter ein Traum, zumal es Angebote wie das Fackelwandern gibt.
Mitte: Auf schönen Wegen lässt sich die Landschaft auch per Rad entdecken.
Unten: Am Großen Binnensee bei Hohwacht

Infos und Adressen

SEHENSWÜRDIGKEITEN
Hohwachter Flunder. Aussichtsplattform am Kurstrand. Dünenweg, 24321 Hohwacht

AKTIVITÄTEN
Golf & Country Club Hohwachter Bucht. Mit dem 9-Loch-Platz Neudorf und dem 18-Loch-Platz Hohwacht und dem Golfodrom Übungsgelände. Eichenallee, 24321 Hohwacht, Tel. 04381/96 90, www.golfclub-hohwacht.de

ESSEN UND TRINKEN
Waterkant. Restaurant / Bistro und Café mit Pension am Strand von Alt-Hohwacht, hausgebackene Kuchen und Torten aus eigener Konditorei. Strandstr. 16a, 24321 Hohwacht, Tel. 04381/ 80 26, www.waterkant-pension.de

Strandpavillon Tom's Hütte. Snacks und Getränke am Kurstrand bei den Badehütten. April–Okt., Dünenweg 6, 24321 Hohwacht, Tel. 04381/40 90 09

ÜBERNACHTEN
Haus am Meer. Hotel und Café am Kurstrand, Zimmer teils mit Ostseeblick, einige Doppelzimmer

Abendstimmung am Selenter See

auch mit Balkon. Dünenweg 1, 24321 Hohwacht, Tel. 04381/407 40, www.hotel-hausammeer.de

FESTE UND EVENTS
Vom Sommerfest bis zum winterlichen Strandleuchten ist jede Menge los, Termine unter www.hohwachterbucht.de

INFORMATION
Tourist-Information Hohwacht. Berliner Platz 1, 24321 Hohwacht, Tel. 04381/905 50, www.hohwachterbucht.de

Das Haus am Meer verwöhnt seine Gäste im Hotel und im Café.

29 Rund um Lütjenburg
Moränenlandschaft mit Geheimnissen

Das Gebiet um Lütjenburg gehört zum Naturerlebnisraum »Stauchmoränen am Hessenstein«, benannt nach den wallartigen Aufschüttungen von Geröll am Ende eines Gletschers, die diese Landschaft besonders prägten. So ist Schleswig-Holstein hier alles andere als platt. Hügel und Erdfalten bestimmen die Szenerie.

Ein würdiger Platz für ein Eiszeitmuseum, und so versteckt sich auch eines am Ende der Straße Nienthal, einer Abzweigung der Hauptstraße hinter dem nördlichen Ortsausgang von Lütjenburg.

Der Sörmland-Gneis und andere Urgesteine

Ausgestellt sind die Vielfalt an Gesteinen aus verschiedensten Erdepochen, die man an den Naturstränden der Ostsee findet, sowie Fossilien, die eine lange Reise hinter sich haben. Es geschah zuletzt vor rund 10 000 Jahren, als sich die Eispanzer aus Skandinavien Richtung Südwesten schoben. Darunter auch das älteste Gestein Deutschlands, der fast zwei Milliarden Jahre alte Sörmland-Gneis. Auch über den 65 Millionen Jahre alten Feuerstein erfährt man hier etwas, genauso über den magnetischen Schwermineralsand, die vielen bunten Granite und den Bernstein, das Gold der Ostsee. Besonders Kinder haben Spaß an der Gesteinsbestimmungsbox und einer Schatzkiste, in der man Bernsteine finden kann. Regelmäßig bietet das Eiszeitmuseum auch Sonderausstellungen und Aktionen wie die Fossilienwerkstatt oder die Fundbestimmung.

Mitte: Blick vom Bungsberg in Ostholstein
Unten: Die Turmhügelburg in Lütjenburg

Herrschaftlich leben auf Gut Panker.

Historisches Treiben auf der Turmhügelburg

An der Abzweigung zum Eiszeitmuseum scheint ein Konstrukt so gar nicht ins Bild zu passen, und doch gehörte es im Original einmal in diese Landschaft: Ein Festungsturm aus Eichenholz mit Giebeldach steht da auf einer grünen Hügelkuppe, umgeben von einem Ringgraben und Hofanlagen. Es handelt sich um die freie Rekonstruktion einer Turmhügelburg, wie sie im Mittelalter zahlreich in diesem Teil des Landes standen. Mindestens elf gab es allein im Umkreis von Lütjenburg. Motte (château à motte) wird diese Befestigungsform auch genannt, eine Anlage aus Ringwall und Wassergraben, mit der die Adeligen ihre Anwesen befestigten – zu einer Zeit, als das slawische Wagrien von den Schauenburger Grafen und ihren Lehnsleuten erobert wurde, um es zu kolonisieren und zu missionieren. Das Gebiet entsprach in etwa der heutigen Region Ostholstein.

Die rekonstruierte Turmhügelburg von Lütjenburg, bestehend aus Motte und Vorburg, wurde in Zu-

Einfach gut!

ZU GAST AUF GUT PANKER

Zur Gemeinde Panker gehört auch der mehr als 500 Jahre alte, namensgebende Gutshof. Das Anwesen ist noch heute Besitz der Adelsfamilie von Hessen. Einige der Gebäude sind öffentlich zugänglich. Es beeindrucken das barocke Herrenhaus, das Torhaus und die Schlosskapelle. Auch wurden Galerien und Geschäfte auf dem Gelände eröffnet sowie das Hotel Ole Liese, benannt nach dem Lieblingsreitpferd des Fürsten von Hessenstein, sowie das Gourmetrestaurant »1797« im ehemaligen Jagdzimmer. Es erhielt 2014 einen Michelin-Stern.

Gut Panker. 24321 Panker, Tel. 04381/70 71, www.gutpanker.de, www.ole-liese.de

sammenarbeit mit dem Archäologischen Landesamt Schleswig-Holstein errichtet. Ein von Mittelalterfreunden gegründeter Verein verwaltet die mittelalterliche Wehranlage, die als Freilichtmuseum auch Besuchern offen steht. Hier bieten sich Einblicke in das damalige Alltagsleben mit Fürsten, Rittern und Gesinde – besonders bei sommerlichen Veranstaltungen, wenn Mittelalterfans in historischer Kleidung mit originalgetreuen Werkzeugen und Gerätschaften die Burg beleben.

Aussichtsturm Hessenstein

Ein weiteres schönes Ausflugsziel befindet sich knapp sechs Kilometer nördlich von Lütjenburg zwischen dem Selenter See und dem Großen Binnensee – zu erreichen, indem man der Hauptstraße nach der Abzweigung Nienthal weiter in Richtung Panker folgt. Kurz hinter Darry geht es links zum Hessenstein. Dort steht der wohl schönste Aussichtsturm im ganzen Land. Wie eine kleine Burg sieht der achteckige, neugotische Turm (ab 1839) aus, den ein Zinnenkranz mit gusseisernen Spitzen krönt mit bunten Mosaikfenstern im Mauerwerk. Im Inneren führt eine Wendeltreppe mit 111 Stufen hinauf zur Aussichtsplattform. Zwar ist der Turm nur 17 Meter hoch, doch er steht auf dem Pilsberg, einer eiszeitlichen Stauchmoräne, die sich 128 Meter über dem Meeresspiegel erhebt. So eröffnet sich oben ein Rundumpanorama, das bei guter Sicht bis zu den Werftanlagen Kiels und dem Marine-Ehrenmal Laboe im Westen reicht. In Richtung Osten ist die Hohwachter Bucht mit dem Großen Binnensee zu sehen, mitunter sind sogar dahinter noch Fehmarn und die dänischen Inseln Als und Ærø zu erkennen. In südöstlicher Richtung zeigt sich zwischen den Bäumen der Bungsberg, Schleswig-Holsteins höchster Gipfel. Den Turm schmückt das Wappen der Gemeinde Panker.

Oben: Im Eiszeitmuseum ist natürlich auch ein Mammut vertreten.
Mitte: Das Färberhaus in Lütjenburg
Unten: Ostholstein bedeutet Idylle pur, so wie hier bei der Farver Mühle.

Infos und Adressen

SEHENSWÜRDIGKEITEN

Schleswig-Holsteinisches Eiszeitmuseum e.V.
Okt.–April Di–So, 11– 17, Mai–Sept. Mo–So
10–18 Uhr, Nienthal 7, 24321 Lütjenburg,
Tel. 04381/41 52 10, info@eiszeitmuseum.de,
www.eiszeitmuseum.de

Turmhügelburg. Gesellschaft der Freunde der
mittelalterlichen Burg in Lütjenburg e. V. Führungen Mai–Sept. Mi/Sa/So 15 Uhr, ganzjährig unter
Einschränkungen zu besichtigen. Weitere Führungen nach Absprache per E-Mail an Turmhuegel-
burg@freenet.de oder unter 0162/423 81 67
(Mandy Baer), Nienthal, 24321 Lütjenburg.
www.turmhuegelburg.de

Aussichtsturm Hessenstein. Zur Besichtigung ist
eine Ein-Euro-Münze in das Drehkreuz vor der Wendeltreppe zu werfen. Hessenstein, 24321 Panker

ESSEN UND TRINKEN

Speisewirtschaft Landhaus Panker. Bodenständige Landküche, mit Gästehaus. 24321 Panker,
0178/301 30 84, www.landhaus-panker.de

Bis ins Detail wurde auf der Turmhügelburg das
Mittelalter rekonstruiert.

ÜBERNACHTEN

Hotel Ole Liese. Zimmer und Suiten, Wellnessbereich, Gourmetrestaurant, auf Gut Panker. 24321
Panker, Tel. 04381/906 90, www.ole-liese.de

INFORMATION

Tourist-Information Hohwacht. Berliner Platz 1,
24321 Hohwacht, Tel. 04381/905 50,
www.hohwachterbucht.de, www.panker.de

Auch auf Gut Panker wird Tradition lebendig.

30 Weißenhäuser Strand
Ferienresort und Luxus vor Naturschönheiten

Der Ortsteil im Osten der Hohwachter Bucht gehört zur Gemeinde Wangels. Ihn dominiert der Ferien- und Freizeitpark Weißenhäuser Strand, der besonders bei Familien beliebt ist. Umso mehr überrascht die fast unberührt anmutende Natur mit der Dünenlandschaft der Weißenhäuser Brök in unmittelbarer Nähe. In das namensgebende Adelsgut zog ein Luxusresort ein.

Mit Clubanlagen, die man sonst eher in Urlaubsländern findet, ist der Ferien- und Freizeitpark Weißenhäuser Strand eine Welt für sich, ein ganzes Dorf aus Ferienbungalows und -wohnungen, Restaurants und Freizeitattraktionen, die Übernachtungsgäste pauschal nutzen können. Gegen Eintritt stehen sie auch Tagesgästen offen. Das Resort liegt nahe dem Strand direkt hinter dem Landschaftsschutzdeich.

Spaß und Action hinter dem Deich

Zu den Attraktionen gehört das Subtropische Badeparadies mit einer der wohl größten Wasserspiellandschaften Europas. Nur wenige Schritte weiter geht es im Abenteuer Dschungelland auf eine Reise, die u. a. durch einen verbotenen Tempel, eine geheime Grabkammer, eine Goldwaschanlage und einen Hochseilklettergarten führt. Zum Ferien- und Freizeitpark gehört außerdem das WaWaCo. Die Abkürzung steht für Wake-

Mitte: Am Badestrand ist im Sommer einiges los.
Unten: Das Ferien- und Freizeitresort ist eine eigene Urlaubswelt mit allem Drum und Dran.

board, Wasserski und Co. Es hat von April bis Oktober geöffnet, während die anderen Angebote und auch die Übernachtung ganzjährig möglich sind. Im Winterhalbjahr veranstaltet das Ferienresort außerdem regelmäßig Festivals wie den Rolling Stone Weekender, das Latin Dance Camp oder Metall Hammer Paradise.

Naturschutzgebiet Weißenhäuser Brök

Zu jeder Jahreszeit hat auch das Vier-Sterne-Strandhotel mit Dünenbad (Therme, Sauna, Wellnessanwendungen) geöffnet. Es befindet sich direkt neben dem Resort und wird ebenfalls von diesem beziehungsweise der dahinterstehenden GmbH betrieben.

Sobald man den Deich überquert hat, scheint die Bebauung sich in nichts aufgelöst zu haben, abgesehen von einigen rustikalen Häuschen. Es weitet sich hier ein von Dünen gesäumter Ostseestrand mit Wiesen und Weiden im Hinterland, auf denen Schottische Hochlandrinder grasen. Das Naturschutzgebiet Weißenhäuser Brök lädt zu herrlichen Spaziergängen ein. Es gedeihen zahlreiche Pflanzen wie die Kleine Wiesenraute und Großer Knorpellattich als natürliche Befestigung der Sandhügel. Am Spülsaum wachsen Meersenf, Salzkraut, Salzmiere und Meerkohl. Eine Dünenlandschaft wie diese sieht man selten an der Schleswig-Holsteinischen Ostseeküste.

Gut Weißenhaus

Benannt ist der Ortsteil nach dem Adelssitz Gut Weißenhaus. Es wurde zu einem Luxusresort umgebaut, das 2014 eröffnete. Seit Neuestem hat die Region damit eine noble Alternative zum Übernachten.

ESSEN UND TRINKEN

Pizzeria und andere Restaurants, Bistros und Bars im Ferien- und Freizeitpark Weißenhäuser Strand. Gourmet-Restaurant im Weißenhaus Grand Village&Spa

ÜBERNACHTEN

Ferien- und Freizeitpark Weißenhäuser Strand. Seestr. 1, 23758 Weißenhäuser Strand, Tel. 04361/55 40, www.weissenhaeuserstrand.de, www.subtropisches-badeparadies.de, www.abenteuer-dschungelland.de, www.wawaco.de

Weißenhaus Grand Village&Spa. Fünf-Sterne-Resort mit Luxus-Wellness im historischen Schlossgebäude, Parkallee 1, 23758 Wangels, OT Weißenhaus, Rezeption Schlosstherme, Tel. 04382/92 62 20 00, www.weissenhaus.net

INFORMATION

Tourist-Information Hohwacht. Berliner Platz 1, 24321 Hohwacht, Tel. 04381/905 50, www.hohwachterbucht.de

Spazierwege führen immer tiefer in die herrliche Natur der Umgebung.

31 Heiligenhafen
Hochseekutter vor dem Graswarder

Das Städtchen am östlichen Zipfel der Halbinsel Wagrien liegt Fehmarn direkt gegenüber. Passend zum Namen, dreht sich hier vieles um den Hafen. Davor aber erstreckt sich eine Halbinsel mit weitläufigem Sandstrand und einem Naturschutzgebiet mit charakteristischen Nehrungshaken. Touristische Ostsee-Highlights ziehen zahlreiche Urlauber an.

Es ist noch ein echter Hafen, den man hier vorfindet, mit Kuttern und Fischern, die ihr Handwerk in Familientradition ausüben, urigen Kneipen und Restaurants. Dies betont man gern vor Ort, und da ist auch etwas dran. Allerdings hat der Tourismus auch hier einiges verändert, und mit einer Fünf-Sterne-Marina gibt es auch einen hochmodernen Yachthafen. Dies ist auch die Heimat einer der größten Hochseekutterflotten Europas. Die Häfen liegen geschützt an der Lagune, die die Halbinsel Graswarder von der offenen See trennt. Westlich davon befindet sich ein fast vollständig abgeschlossener Binnensee. Der schmale Landstreifen dazwischen führt direkt zum weitläufigen Strand von Heiligenhafen mit Sand und Dünen auf mehr als vier Kilometern Länge.

Eine Seebrücke als Erlebnis

An dieser zentralen Stelle befindet sich seit 2012 auch eine Erlebnis-Seebrücke. Zu dem 435 Meter langen Bauwerk mit offenen und verglasten Abschnitten gehören Kinderspielbereiche, Sitz- und Liegemöglichkeiten, ein Badedeck, eine Meereslounge und öffentliche Toiletten.

Mitte: Auch wenn Heiligenhafen moderner geworden ist, die Tradition ist allgegenwärtig.
Unten: Auf der Seebrücke gibt es auch Gelegenheiten, beim Sonnenuntergang zu chillen.

Idylle auf dem Graswarder

Der Strand beginnt ganz im Westen bei der Eichholzniederung. Hier befindet sich der Ostsee-Ferienpark, eine recht pragmatisch wirkende Anlage mit Unterkünften, Einkaufsläden, Bäcker, Restaurants und allem, was man noch so braucht, wenn man es im Urlaub möglichst einfach haben möchte. Auch das Aktiv Hus gehört dazu, mit Indoor-Spielplatz, Sportarena, Ostsee-Lounge (Blick auf das Meer bei jedem Wetter) und Spa-Bereich.

Naturschutzgebiet Graswarder

Richtung Osten führt der Strand weiter über den Steinwarder bis hin zum sich daran anschließenden Graswarder, größtenteils ein an Vögeln reiches Naturschutzgebiet mit wandernden Nehrungshaken, Watt- und Wasserflächen auf einer Länge von rund 2,5 Kilometern. Für Besucher wurden ein NABU-Informationszentrum und ein Aussichtsturm eingerichtet. Der Strandbereich vor dem Schutzgebiet ist als FKK-Zone ausgewiesen.

Ostsee Erlebniswelt

An der B201 kurz vor Heiligenhafen ist in der Ortschaft Klausdorf eine Ostsee-Station des Meereszentrums Fehmarn untergebracht. Das Aquarium zeigt auf 3000 Quadratmetern Fläche die Geschichte des Baltischen Meers ab der Ur- und Eiszeit sowie seine vielfältige Tierwelt.

Infos und Adressen

SEHENSWÜRDIGKEITEN
Ostsee Erlebniswelt. Mit Ostsee-Aussichtsturm Oceantower. Bäderstraße 6 a-f (Am Turm), 23775 Klausdorf, Tel. 04371/44 16 www.ostseeerlebniswelt.de

ESSEN UND TRINKEN
Zum Alten Salzspeicher. Steak- und Pfannkuchenhaus, mal etwas anderes als Fisch (den man hier in vielen Restaurants genauso vorzüglich genießen kann). Hafenstr. 2, 23774 Heiligenhafen, Tel. 04362/ 28 28, www.salzspeicher.com

ÜBERNACHTEN
Ostsee-Ferienpark. Strandnah und modern, mit vielen Unterkünften und dem Aktiv Hus. Ostsee-Ferienpark, 23774 Heiligenhafen, Tel. 05141/ 333 45, 0178-1365313, www.ferienpark-heiligenhafen.com

FESTE UND EVENTS
Hafenfesttage. Infos und aktuelle Termine unter www.hafenfesttage.de

INFORMATION
Tourismus-Service Heiligenhafen. Bergstr. 43, 23774 Heiligenhafen, www.heiligenhafen-touristik.de, www.graswarder.de

Sommerwiese auf der
Prinzeninsel bei Plön

IM HINTERLAND DER KIELER BUCHT

Mitte: Übungs-Kletterwand im Globetrotter Lodge Resort
Unten: Auch Landwirtschaft prägt die Region rund um Westensee.

32 Naturpark Westensee – Obere Eider
Naherholung kurz vor Kiel

Auf der anderen Seite der Landeshauptstadt kann man statt Ostsee einmal Süßwasser genießen. Nur rund 17 Kilometer sind es in Richtung Rendsburg bis zum Naturpark Westensee mit Badebuchten, Rundwanderwegen, Radwanderrouten und Waldlehrpfaden, historischen Dörfern und Adelshöfen. Auf dem alten Eiderringkanal sind auch Kajaktouren möglich.

Der Westensee bildete sich am Ende der letzten Eiszeit. Ihn umgeben hohe Endmoränenzüge wie Erdwälle. So erklärt sich die hügelige, fast schon an ein Mittelgebirge erinnernde Landschaft im sonst eher platten Schleswig-Holstein. Das Gewässer, das dem Naturpark den Namen gab, ist fast sieben Quadratkilometer groß und bis zu knapp 18 Meter tief. Es wird vom östlich einmündenden Flusslauf der Eider gespeist, die ihn im Norden auch entwässert und über den Achterwehrer Schifffahrtskanal schließlich in den Nord-Ostsee-Kanal mündet.

Durch den Bau des Nord-Ostsee-Kanals im späten 19. Jahrhundert veränderte die Landschaft ihr Gesicht: Der Wasserspiegel des Westensees sank um rund 75 Zentimeter. Teils ist die damalige Uferkante noch zu erkennen. Durch diesen Prozess fielen einige Seebereiche trocken, die sich in mit Bruchwald bewachsene Sumpfgebiete verwandelten.

Badestellen im Grünen

So ist hier einerseits eine eiszeitlich geformte, zugleich aber auch noch junge Landschaft vorzufin-

Süßwasser im Naturpark nahe der Ostsee

den mit Mooren, Wäldern, Wiesen und weiteren kleinen Seen wie etwa dem Ahrenssee im Norden und den beiden Schierenseen im Südosten. Am besten lässt sie sich von der Kuppe des Tütebergs aus überblicken. Sie ist mit 88,3 Metern die höchste Erhebung des Naturparks.

An den Seen laden verschiedene Badestellen zur Erfrischung ein, teils auch ausgestattet mit Ausflugslokalen und anderen Annehmlichkeiten. So gibt es in Wrohe einen kleinen Sandstrand vor der Liegewiese, ein Fischrestaurant und einen Naturcampingplatz. Am Vollstedter See und in der Ortschaft Westensee sind Liegewiesen mit Grillplätzen vorhanden, und am Wardersee gibt es einen Cafégarten. Die Wasserqualität der Badeseen wird regelmäßig von der Kreisverwaltung Rendsburg-Eckernförde überprüft und wurde im Sommer 2015 für »ausgezeichnet« befunden. Aktuelles sowie Anfahrtsbeschreibungen zu den Badestellen sind auf der Homepage des Landkreises zu finden.

Am oder auf dem Eiderringkanal

Auch zum Wandern, Walken oder Radeln ist der Naturpark ideal. Das geschätzte Naherholungsge-

Nicht verpassen

GLOBETROTTER LODGE IN DEN HÜTTENER BERGEN

Ein weiterer lohnender Naturpark liegt nur rund 30 Kilometer nördlich von Westensee: Die Hüttener Berge mit dem Wittensee, in dem man auch baden kann. Auf dem 98 Meter hohen Aschberg befindet sich die 2013 eröffnete Globetrotter-Lodge, ein Hotel mit Seminar- und Tagungszentrum sowie Restaurant. Es ist außerdem ein Standort der Globetrotter Akademie mit ganzjährigen Kursen, Tagestouren und Outdoor-Paketen inklusive Essen und Hotelübernachtung. Die Hüttener Berge sind über den Naturparkweg mit Westensee und drei weiteren Naturparks in Schleswig-Holstein verbunden.

Globetrotter Lodge und Akademie. Am Aschberg 3, 24358 Ascheffel, Tel. 04353/99 80 00 10, www.globetrotter-akademie.de, www.globetrotter-lodge.de, www.naturpark-huettenerberge.de

biet bietet etwa 20 Rundwanderwege und Rad-wanderouten. Im Norden lädt außerdem der alte Eiderringkanal zu Spaziergängen am Wasserlauf ein, und man kann von Achterwehr bis zur historischen Schleuse in Strohbrück auch mit dem Kajak paddeln (Verleih mit Café in Achterwehr).

Seeadler, Fledermäuse und Kreuzottern

Zur Tierwelt im Naturpark Westensee – Obere Eider zählt vor allem Rot- und Schwarzwild, doch auch Fuchs und Dachs sind zu beobachten sowie verschiedene Fledermausarten. Auch kommen einige teils seltene Vogelarten vor wie Seeadler, Uhu, Wachtelkönig und Kranich. Zu den Reptilien gehören Arten wie Schlingnatter und Kreuzotter, die anderenorts oft kaum noch zu finden sind. Die Wälder, von Bedeutung auch als Brut- und Nistplatz für viele Vögel, regulieren einen naturnahen Bodenwasserhaushalt. Besucher können sich auf dem Waldlehrpfad Brux informieren.

Alte Adelsgüter und Feldstein-kirchen

Die Kulturlandschaft rund um Westensee prägt besonders das Erbe von Adelsfamilien wie den Ahlefelds, Rantzaus oder Bühlows, manifestiert durch Herrenhäuser wie Gut Emkendorf – einer historischen Parkanlage mit einer 250 Jahre alten, denkmalgeschützten Linden- und Kastanienallee. Gut Emkendorf ist auch Schauplatz von Konzerten des Schleswig-Holstein-Musikfestivals und anderen Veranstaltungen in der Konzertscheune. Von historischer Bedeutung sind auch der denkmalgeschützte Ortskern des alten Kirchdorfs Westensee mit St. Catharinen aus dem 13. Jahrhundert. Eine weitere sehenswerte Feldsteinkirche (um 1240) steht in Flemhude.

Oben: Mit Glück sind auch Kraniche zu beobachten – so nah aber nur mit dem Fernglas.
Unten: Die Scheune von Gut Emkendorf ist auch Schauplatz von Konzertveranstaltungen.

Infos und Adressen

SEHENSWÜRDIGKEITEN

Flemhude. Sehenswert ist die Feldsteinkirche aus dem 13. Jahrhundert. Kirchkamp 1,
24107 Flemhude I, Tel. 04340/81 64,
www.kirche-flemhude.de

Gut Emkendorf. Übernachtung im Herrenhaus,
Konzerte und andere Kulturveranstaltungen. Gutshof 3, 24802 Emkendorf, Tel. 04330/99 46 90,
www.herrenhaus-emkendorf.de

St. Catherinen. Die mittelalterliche Feldsteinkirche
ist das Herzstück der teils denkmalgeschützten
Ortschaft. Dorfstraße 1, 24259 Westensee, Tel.
04305/744, www.kirchengemeinde-westensee.de

AKTIVITÄTEN

Fahrradverleih Naturpark Westensee. Bring-
und Abholservice gegen Gebühr. Pension Falkenhof, Rosenberg 4, 24259 Westensee,
Tel. 04305/793 und 0174/71 30 89.

Imposant ist das Herrenhaus von Gut Emkendorf.

Kajak Verleih Achterwehr. Am Speicher 1,
24239 Achterwehr, Tel. 04340/10 89,
www.Kajakverleih-Achterwehr.de

ESSEN UND TRINKEN

Zum Fischmeister. Lokal mit Bar und Sommerterrasse am Westensee, regionale Spezialitäten.
Seeweg 21, 24259 Westensee, Tel. 04305/773,
www.fischmeister-westensee.de

ÜBERNACHTEN

Falkenhof. Familiengeführte Zwei-Sterne-Pension
im Naturpark Westensee – mit Fahrradverleih. Rosenberg 4, Tel. 04305/793, www.falkenhofhotel.de

Gut Emkendorf. (siehe Sehenswürdigkeiten)

Ringhotel Birke. Tagungs- und Wellnesshotel
im nahen Kiel-Mettenhof. Martenshofweg 2–8,
Tel. 0431/533 10, www.hotel-birke.de

INFORMATION

Naturpark Westensee – Obere Eider e.V.
Bahnhofstraße 46 a, 24582 Bordesholm,
Tel. 04322/556 02 10,
www.naturpark-westensee-obereeider.de

Kreis Rendsburg-Eckernförde. Infos zu den
Badestellen mit Wasserqualität unter
www.kreis-rendsburg-eckernfoerde.de

Hier gibt es regionale Produkte.

33 Freilichtmuseum Molfsee
Äußerst lebendige Landesgeschichte

Historische Gebäude aus ganz Schleswig-Holstein von der Elbe bis zur dänischen Grenze sind hier versammelt. Sie wurden neu errichtet nach Originalplänen samt Mobiliar, Hausrat und Arbeitsgeräten. So sind insgesamt rund 60 reetgedeckte Häuser, Hofanlagen und Mühlen zu besichtigen, die – wortwörtlich – Einblicke in die Landesgeschichte bieten.

Jedes der Gebäude, jede Hofanlage erzählt außerdem eine eigene Geschichte, wie etwa das Fischerhaus aus Gothmund oder die Apotheke von anno dazumal mit Kräutergarten. Einen spannenden Hintergrund und viel für das Auge bietet z. B. auch das Wohnhaus eines Sylter Walfangkommandeurs – aus einer Zeit, als die Jagd auf die Meeressäuger für viele Nordfriesen den Lebensunterhalt sicherte und Aspekte wie Artensterben und Tierschutz noch in ferner Zukunft lagen. Das Haus wurde 1699 auf der Nordseeinsel Sylt erbaut und stand am südlichen Ortsrand von Westerland. Als die Nachfahren des Kapitäns es 1937 umbauten, kaufte die Stadt Westerland die alten Stuben für eine Ausstellung im damaligen Seefahrermuseum. Nachdem dieses wiederum im Zweiten Weltkrieg aufgegeben werden musste, übernahm das Freilichtmuseum Molfsee das Inventar. So kam es in den 1960er-Jahren nach Kiel, wo es im originalgetreu errichteten Haus zu neuem Leben erwachte. Zwei große Kieferknochen eines Wals bilden das Tor zum Vorgarten. Die Innenräume zieren detailreiche Deckenbemalungen und das

Mitte: Im Freilichtmuseum Molfsee lebt die Landesgeschichte auf.
Unten: Zu vielen der Höfe gehören auch, wie anno dazumal, lebende Tiere.

Auch eine Apotheke ist originalgetreu eingerichtet.

per Wandfliesen dargestellte Walfangschiff des Kommandeurs. Die Stuben sind mit Barockmöbeln aus England eingerichtet, auf den Wandborden stehen feinstes Porzellan, Silber- und Zinngeschirr.

Tiere und Handwerker

Besonders lebendig wirkt das Freilichtmuseum, weil hier auch Tiere anzutreffen sind, wie sie einst auf den Höfen gehalten wurden sowie »echte« Handwerker, die ihre Tätigkeiten zur Schau stellen. Einige verkaufen sogar ihre Produkte. Besucher begegnen unter anderem dem Korbmacher und dem Schmied, dem Drechsler und Weberinnen. In einigen Museumsgebäuden werden traditionell hergestellte Lebensmittel zum Probieren gereicht, etwa in der Meierei, dem Backhaus, der Räucherkate und der Fischräucherei.

Alle Gebäude und Ausstellungen des Freilichtmuseums verteilen sich auf einem 60 Hektar großen Gelände mit Wiesen, Gärten, Feldern und Teichen. Eine Museumsbahn fährt herum und bringt Besucher zu den einzelnen Bereichen. Für Kinder gibt es einen historischen Jahrmarkt mit Karussells und Schiffschaukel sowie einen großen Spielplatz.

Infos und Adressen

SEHENSWÜRDIGKEITEN
Freilichtmuseum Molfsee – Landesmuseum für Volkskunde. Ende März–Ende Okt. tgl. 9–18 (Einlass bis 17), Nov.– Ende März So 11–16 Uhr zum reduzierten Eintrittspreis, Hamburger Landstraße 97, 24113 Molfsee, Tel. 0431/65 96 60, www.freilichtmuseum-sh.de

ESSEN UND TRINKEN
Gastronomie und Probieren von Produkten im Museum

ÜBERNACHTEN
siehe Kiel

INFORMATION
Tourist-Info Kiel. Mo–Fr 9.30–18, Sa 10–14 Uhr, Andreas-Gayk-Str. 31, 24103 Kiel, Tel. 0431/67 91 00, www.kiel-sailing-city.de

34 Rendsburg
Die »Eiserne Lady« vom Nord-Ostsee-Kanal

Bekannt ist Rendsburg besonders aufgrund der Schwebefähre, die mit der ehemaligen britischen Premierministerin Margaret Thatcher den Spitznamen gemeinsam hat. Sie ist in ihrer Bauart einmalig. Doch das Städtchen am »NOK«, geprägt von mehr als 800 Jahre Geschichte, hat auch sonst noch einiges zu bieten.

Rendsburg liegt auf einer Halbinsel zwischen Eider und Nord-Ostsee-Kanal (NOK). Die Ufer des Kanals verbindet die »Eiserne Lady« als Wahrzeichen der Stadt und eines der bedeutenden Technikdenkmäler Deutschlands.

Fast schwebend ans andere Ufer

Die Schwebefähre, die natürlich nicht (ganz) schwebt, aber das Wasser nicht berührt, hängt an einer 42 Meter hohen Eisenbahnbrücke, die über den Nord-Ostsee-Kanal führt. Diese Kombination macht sie zu etwas ganz Besonderem: Fußgänger, Fahrräder und Kraftfahrzeuge (bis zu 3,5 Tonnen) können das Wasser in der Fähre überqueren, während über ihnen Züge fahren. Die Stahlkonstruktion gilt als eines der bedeutendsten Industriedenkmäler Deutschlands. Die gesamte Brückenkonstruktion ist zweieinhalb Kilometer lang (Hauptbrücke 317 Meter) und 42 Meter hoch. Sie wurde nach Plänen des Ingenieurs Friedrich Voss zwischen 1911 und 1913 errichtet.

Innerhalb von 90 Sekunden erreicht die meist im Viertelstundentakt verkehrende Fähre das jeweils andere Ufer – einfache Strecke 135 Meter. Be-

Mitte: Am Schiffsbrückenplatz in Rendsburg
Unten: Die längste Sitzbank der Welt steht am Rendsburger Ufer des Nord-Ostsee-Kanals – siehe Geheimtipp.

Ein Geniestreich der Ingenieurskunst: Oben Bahn, unten Fähre, und es sieht auch noch gut aus.

dingt durch den Schiffsverkehr kann es Unterbrechungen geben. Sie verbindet die Ortschaften Rendsburg und Osterrönfeld. Die Überfahrt ist wie bei allen Fähren über den NOK kostenlos. Bis zu vier Autos und 60 Fußgänger können jeweils mitfahren. Unter dem Kanal sind beide Ufer mit einem Fußgänger-tunnel verbunden. Die Zugänge sind jeweils kurz vor der Station der Schwebefähre zu finden.

Zur Brücke gehören auch eine Schiffsbegrüßungs-anlage und eine 43 Meter hohe Aussichtsplatt-form. Letztere erreicht man über eine 178-stufige Wendeltreppe im südlichen Brückenpfeiler. Mög-lich ist dies bei Führungen mit der Tourist-Infor-mation Nord-Ostsee-Kanal. Von oben bietet sich eine Aussicht über den Nord-Ostsee-Kanal, die Stadt Rendsburg und Mittelholsteins.

Geheimtipp

DIE LÄNGSTE SITZBANK DER WELT

Den perfekten Blick auf die Schifffahrt hat man auch vom Rendsburger Ufer des Nord-Ostsee-Kanals aus. Hier steht die »längste aktuell aufgebaute Sitzbank der Welt«. Nachdem der Rekord zeit-weise von einem Konstrukt in Thürin-gen überboten worden war, wurde die Bank im September 2014 neu in-stalliert. Mit einer Länge von sage und schreibe 575,75 Metern ist sie derzeit wieder Spitzenreiter.

Kanalufer. 24768 Rendsburg

193

Beim Lichterfest am Nord-Ostsee-Kanal

Nicht verpassen

NOK ROMANTICA

Zum alljährlichen Lichterfest am Nord-Ostsee-Kanal (NOK) im September strömen Tausende von Menschen an die Ufer zwischen Kiel und Brunsbüttel – und natürlich ganz besonders auch nach Rendsburg. Dabei trotzt man Wind und Wetter. Überall leuchten Fackeln, Laternen, Kerzen und Teelichter. Auf dem Wasser gibt es Lichterfahrten mit den Fahrgastschiffen. Ein buntes Programm zu Wasser wie zu Land (an beiden Kanalufern) sorgt für Stimmung. Und 2016 feiert das Lichterfest obendrein sein zehnjähriges Jubiläum.

www.nok-romantika.de

Historisches in der Altstadt entdecken

Im Zweiten Weltkrieg hatte Rendsburg kaum Schäden davongetragen, sodass die historische Bausubstanz noch in den 1950er-Jahren größtenteils erhalten war. In den folgenden beiden Jahrzehnten jedoch wurden zahlreiche Bauten aus den früheren Jahrhunderten abgerissen, darunter auch die alte Katholische Kirche. Dennoch sind einige Relikte aus der deutschen und dänischen Vergangenheit zu finden, und die verwinkelte Innenstadt mit ihren Gassen hat durchaus Charme.

Rathaus und der »Landsknecht«

Das älteste Bauwerk der Kreisstadt ist die 1287 erbaute St. Marienkirche. Ihre schmucke Kanzel stammt aus dem Jahr 1621, der Altar wurde 1649 ergänzt. Außerdem kamen im Laufe der Jahrhunderte 17 Epitaphien und weitere Kunstwerke hinzu. Sie ist der Mittelpunkt der Altstadt, die entlang der Ober- und Untereider liegt. Auch der

Rendsburg

Altstädter Markt mit dem Rathaus und der Schiffbrückenplatz machen diesen historischen Stadtteil
aus.

Das Rathaus, erstmals erwähnt 1446, stammt im
Wesentlichen aus dem 16. Jahrhundert und wurde
im Laufe der Zeit mehrfach verändert. Es handelt
sich um ein zweigeschossiges Doppelhaus mit Sat-
teldächern, wobei der westliche Teil breiter ist als
der östliche. Die Staffelgiebelfassade kam ab 1900
hinzu. Erhalten blieb auch der Landsknecht, das
älteste Bürgerhaus der Stadt (1541), in der Schleif-
mühlenstraße. Das denkmalgeschützte Fachwerkhaus zählt – neben Theater und Hochbrücke – zu
den wohl am meisten fotografierten Motiven in
Rendsburg. Das schneeweiße Theatergebäude,
Spielstätte des Schleswig-Holsteinischen Landestheater und Sinfonieorchesters, wurde 1901 zunächst als Stadthalle errichtet. Würdevoll erhebt
es sich hinter einer Parkanlage mit Brunnen.

Der blauen Linie folgen

Von geschichtlicher Bedeutung ist in Rendsburg
auch die Neustadt, genannt Neuwerk, eine barocke Stadterweiterung südlich der Untereider. Zentrum ist hier der Paradeplatz, besondere Bauten
sind die Christkirche (geweiht 1700) und das 1695
gebaute Hohe Arsenal, das heute als Kulturzen-
trum genutzt wird. Weitere historisierend ange-
legte Straßenzüge – wechselnd mit Neubaugebie-
ten – befinden sich entlang der geschleiften Wall-
und Befestigungsanlagen. Hier sind noch Bürger-
und Verwaltungsbauten aus Wilhelminischer Zeit
vorhanden.

Rendsburg lässt sich auch über die »Blue Line« erkunden. Der mit blauen Markierungen gekenn-
zeichnete Rundgang führt auf 3,2 Kilometern zu
30 Sehenswürdigkeiten und Kultureinrichtungen

Oben: Im Altarraum der St. Marienkirche
Unten: Die Altstadt offenbart auch
viele schmucke Details.

in der Innenstadt. Die Kulturszene der Stadt bereichern neben dem Landestheater auch die Niederdeutsche Bühne und fünf Museen.

Kunstwerk Carlshütte und Eisengusskunst

In Rendsburg-Büdelsdorf, zu erreichen über die gleichnamige Autobahnabfahrt, zieht das Kunstwerk Carlshütte alljährlich zahlreiche Kenner und Freunde der Künste an. Im Ambiente eines Industriedenkmals aus der Eisengießerzeit, 1827 gegründet und 1997 stillgelegt, erwarten nun Kulturveranstaltungen die Besucher. Neben Ausstellungen finden auch Konzerte, Lesungen, Theater- und Filmvorführungen in verschiedenen Spiel- und Präsentationsstätten statt. Mit der NordArt ist jährlich eine der größten europäischen Kunstausstellungen zu Gast. Im Jahr 2011 zog außerdem die internationale Orchesterakademie des Schleswig-Holstein Musik Festivals in das Kunstwerk Carlshütte ein, mit Proben- und Konzertraum, in dem 950 Zuhörer Platz finden.

Oben und unten: Auf der NordArt werden ganz unterschiedliche Objekte ausgestellt.

Speziell Eisengusskunst soll es im Eisen Kunst Guss Museum Büdelsdorf geben. Nach aufwendiger Sanierung ist die Neueröffnung für 2016 geplant. Federführend ist hier das Landesmuseum für Kunst und Kulturgeschichte der Stiftung Schleswig-Holsteinische Landesmuseen Schloss Gottorf.

Infos und Adressen

SEHENSWÜRDIGKEITEN

Kunstwerk Carlshütte. Vorwerksallee,
24782 Büdelsdorf, Tel. 04331/354 695,
www.kunstwerk-carlshuette.de, www.nordart.de

Eisen Kunst Guss Museum (Neueröffnung für 2016 geplant). Glück-Auf-Allee 4, 24782 Büdelsdorf, Tel. 04621/81 32 22 (Schloss Gottorf),
www.schloss-gottorf.de

Stadttheater / Kammerspiele. Schleswig-Holsteinisches Landestheater und Sinfonieorchester. Hans-Heinrich-Beisenkötter-Platz 1, 24768 Rendsburg, Theaterkasse Tel. 04331/234 47,
kasse.rendsburg@sh-landestheater.de,
www.sh-landestheater.de

ESSEN UND TRINKEN

Hauptwache. In denkmalgeschützten Gebäuden am Paradeplatz. Rustikal-internationale Küche, Pizza aus dem Holzbackofen. Paradeplatz 1,
24768 Rendsburg, Tel. 04331/234 56,
www.hauptwache-rendsburg.de

ÜBERNACHTEN

Hotel Hansen. Nahe Nord-Ostsee-Kanal mit Blick auf die Eisenbahnhochbrücke mit der Schwebefähre. Bismarckstraße 29, 24768 Rendsburg,
Tel. 04331/590 00, www.HotelHansen.de

Fachwerk am Schiffbrückenplatz

Das Stadttheater zählt zu den schönsten Gebäuden Rendsburgs.

Hotel 1690. Design-Hotel im historischen Stadtteil Neuwerk. Herrenstr. 6., 24768 Rendsburg,
Tel. 04331/77 02 90, www-hotel-1690.de

INFORMATION

Tourist-Information Nord-Ostsee-Kanal & Ticket-Service. Schiffbrücken Galerie, 24768 Rendsburg, Tel. 04331/211 20, www.tinok.de

Tourist-Information Nord-Ostsee-Kanal & Ticket-Service. Führungen auf die Aussichtsplattform Mai–Sept. So 14/15.30 Uhr. Treffpunkt ist das Infoschild auf der Nordseite des Kanals neben dem Restaurant Brückenterrassen, Sicherheitshelme werden gestellt.

Schiffbrücken Galerie, 24768 Rendsburg,
Tel. 04331/211 20, info@tinok.de, www.tinok.de,

Abfahrtzeiten der Schwebefähre in Rendsburg: viertelstündliche Überfahrten, April–Sept. 5–23, Okt.–März 5–22 Uhr, www.wsa-kiel.wsv.de
> Tunnel-Brücken-Fähren

Schiffsbegrüßungsanlage täglich zwischen 10.00 und 20.00 Uhr, im Winter nur am Wochenende. Weitere Infos: Tel. 04331/573 16,
www.brueckenterrassen.de

35 Tierpark Arche Warder
Wo seltene Haus- und Nutztiere wohnen

In der Gemeinde Warder steht eine ungewöhnliche »Arche Noah«. So wie das biblische Schiff die Landtiere vor der Sintflut retten sollte, können durch diesen Tierpark vom Aussterben bedrohte Haus- und Nutztierrassen überleben. Für Besucher ist es außerdem eine Gelegenheit, Spezies anzutreffen, die teils Fabeln zu entstammen scheinen.

Hier begegnet man etwa dem schon in der Bibel erwähnten Jakobschaf, das bis zu sechs Hörner haben kann und aus dem Heiligen Land stammen soll sowie kuriosen Vertretern wie dem »Dänischen Protestschwein«, gezüchtet als lebende Flagge zu einer Zeit (ab 1865), als dänische Bauern unter der neuen preußischen Herrschaft ihren »Dannebrog« nicht mehr hissen durften.

Hier ist tierisch was los

Insgesamt sind rund 1200 Tiere aus 82 Rassen in der Arche Warder zu Hause. Unter anderem leben auch Rinder, Pferde, Esel, Ziegen, weitere Schafe und Schweine sowie Geflügel auf dem 40 Hektar großen Gelände. Einmal im Monat gibt es ein größeres Event im Tierpark: Entweder Mittelalter oder Steinzeit live, die Kinderaktion »Einmal Tierpfleger sein« oder Saisonales wie ein Weihnachtsgottesdienst oder »Ostern rund ums Ei«. Manchmal gibt es auch ein klassisches Konzert. Das größte Event des Jahres ist das Spektakel »Mittelalter live« im Mai (Termine siehe Veranstaltungskalender Homepage).

Mitte: Hier darf man sich so richtig sauwohl fühlen.
Unten: Bekanntere, aber auch ungewöhnliche Haus- und Nutztiere sind anzutreffen.

Besucher können den Tieren ganz nah sein.

Die Gemeinde Warder ist über die gleichnamige Autobahnabfahrt (A 7 bei Bordesholm) zu erreichen. Schilder weisen dann den Weg zum Tierpark, der gemäß seiner Philosophie »voll in der Pampa« liegt oder besser gesagt: inmitten der Natur. Nach Angaben der Betreiber gibt es europaweit kein vergleichbares Zentrum, das sich auf diese Weise für solche Tiere einsetzt.

Mehr als zehn Jahre für den Tierschutz

Der Tierpark Arche Warder e.V. feierte im Jahr 2013 sein zehnjähriges Bestehen. Der dahinterstehende Verein Arche Warder – Zentrum für alte Haus- und Nutztierrassen e.V. wurde im Jahr 2003 gegründet. Zuvor sah die Zukunft des Tierparks äußerst düster aus. Er schrieb Verluste, die der damalige Projektbetreiber nicht mehr kompensieren konnte und daher Insolvenz anmelden musste.

Mit Greenpeace e.V. und der Umweltstiftung Greenpeace fand sich ein neuer Investor, sodass das Projekt gerettet werden konnte. Zentrale Aufgabe des Vereins ist, seltene Nutztierrassen zu erhalten. Sie sind Teil des kulturhistorischen Gedächtnisses und tragen zur Weiterentwicklung einer naturnahen Landwirtschaft bei, die auch weiteren Generationen nutzen wird.

Infos und Adressen

SEHENSWÜRDIGKEITEN
Tierpark Arche Warder. Tgl. 10–20 (Einlass: März–Okt. 10–18, Nov.–Feb. 10–16 Uhr), Langwedeler Weg 11, 24646 Warder, Tel. 04329/913 40 (91 34 26 für Infos und Buchung der Hütten), www.arche-warder.de

ESSEN UND TRINKEN
Restaurant Farmküche im Tierpark. Gekocht wird besonders mit regionalen Produkten, auch vegetarisch.

ÜBERNACHTEN
Besucher können auch in der Arche Warder übernachten. Vermietet werden fünf Hütten für jeweils bis zu fünf Personen.

EINKAUFEN
Hofladen im Tierpark

INFORMATION
Tourist-Information Neumünster. Großflecken 34 a (Pavillon), 24534 Neumünster, Tel. 04321/432 80, www.neumüster-touristik.de

36 Holsteinische Schweiz
Landschaft mit vielen Gesichtern

Der Name steht für eine besondere Region im östlichen Holstein. Eine Landschaft aus Seen und sanften Hügeln, wie geschaffen zum Radfahren, Wandern und Paddeln oder Segeln, mit Ortschaften wie dem Kurort Bad Malente, Plön und Eutin. Die Seen verbindet der Fluss Schwentine, sodass man gleich mehrere von ihnen bei einer Bootstour erkunden kann. Das geht auch mit Ausflugsschiffen.

Wie an einer Kette hängen die Seen nordöstlich des Großen Plöner Sees zusammen, verbunden über die Wasserwege der Schwentine, einem der längsten Flüsse Schleswig-Holsteins, und Kanäle.

Mit dem Ausflugsboot über fünf Seen

Außer den größeren Gewässern wie dem Dieksee bei Malente und dem Kellersee gruppieren sich noch viele kleinere Seen in der Landschaft. Einige davon sind weniger im Blick des Tourimus und bieten Stille. Eine Legende rankt sich um den Ukleisee. Das vollständig von Wald gesäumte Gewässer bildete sich demnach seinerzeit bei einem schweren Unwetter, das eine Hochzeitsgesellschaft überraschte. Dabei ertrank der untreue Ritter, der seiner Geliebten das Ja-Wort geben wollte, in der versinkenden Kapelle. An besonders ruhigen Abenden soll man ihre Glocken aus der Tiefe erklingen hören.

Mitte: Beim Restaurant Bootshaus in Bad Malente
Unten: Paddeln auf dem geheimnisvollen Ukleisee

In Bad Malente starten auch Ausflugsboote.

Wer möglichst viel von der abwechslungsreichen Landschaft erleben möchte, kann zum Beispiel eine Fünf-Seen-Fahrt unternehmen. Sie führt durch den Dieksee, Langensee, Behlersee, Höftsee und Edebergsee auf einer Strecke von rund zwölf Kilometern. Eine andere Tour führt über den malerischen Kellersee. Dabei bieten sich immer wieder neue Eindrücke wie kleine grüne Inseln, versteckte Buchten und schmale Wasserwege durch das Grün.

Bad Malente

Zentrum des Naturparks Holsteinische Schweiz ist der heilklimatische Kurort und Kneippheilbad Malente. Er liegt landschaftlich besonders reizvoll zwischen Kellersee und Dieksee. Hier gewährt der Findlingsgarten im Ortsteil Kreuzfeld Einblicke in

Geheimtipp

SPAZIERGANG UM DEN UKLEISEE

Der geheimnisvolle Ukleisee lässt sich sehr schön bei einer Wanderung erkunden. Mit einer Streckenlänge von drei Kilometern ist es eher ein Spaziergang. Ungefähr eine Stunde benötigt man für den Wanderweg. Er führt einmal rund um den See mit seinen komplett bewaldeten Ufern. Kombinieren lässt sich der Ausflug auch mit einer Bootsfahrt: Einige Ausflugsfahrten machen Station am Fährhaus Sielbeck-Uklei, wo man aussteigen und bei einem späteren Schiff wieder an Bord gehen kann.

Fahrpläne der Ausflugsboote unter www.5-seen-fahrt.de

BRÄUTIGAMSEICHE

Im Dodauer Forst am Ortsausgang von Eutin befindet sich ein wohl einzigartiger Briefkasten. Hier füllt der Postbote das Astloch einer uralten Eiche, die tatsächlich eine Postadresse hat. Es ist die Bräutigamseiche, so benannt nach einer wahren, tragisch-romantischen Geschichte: Vor mehr als 120 Jahren verliebte sich die Tochter des Oberforstmeisters in den Sohn eines Leipziger Schokoladenfabrikanten. Der Vater der jungen Dame aber war gegen die Beziehung der beiden, woraufhin sie sich heimlich Liebesbriefe schrieben, die sie jeweils im Astloch versteckten, wo der andere sie abholen konnte. Am Ende ließ sich der Vater erweichen, das Paar vermählte sich am 2. Juni 1891 unter dem Blätterdach der Eiche. Der ungewöhnliche Briefkasten ist geblieben, jeder darf Briefe schreiben und aus dem Astloch abholen, das über eine Holzleiter zu erreichen ist.

Bräutigamseiche. Der Postbote kommt Mo–Sa zwischen 12–15 Uhr. Dodauer Forst, 23701 Eutin (dies ist auch die Postadresse des Baumes).

Malerisch: die Grebiner Mühle

die Entstehungsgeschichte der Region. Einen Überblick über die Landschaft wiederum verschafft der Holzbergturm in Malente-Neversfelde.

Das frühere Landleben

Namensgeberin für den Ortsteil Gremsmühlen war eine Wassermühle (die Gremsmühle), die ebenfalls zu besichtigen ist. Von der damaligen Lebens- und Arbeitsweise der Landbevölkerung berichten die Tews-Kate mit dem Malenter Heimatmuseum und die Thomsen-Kate mit Bauerngarten. Sie entstammen einer Zeit, in der der Ort fast ausschließlich aus den typischen Holsteiner Bauernhäusern bestand. Bekannt ist Malente besonders für die barocke Gutsanlage Rothensande. Hier wurden in den 1950er-Jahren die Immenhof-Filme gedreht.

Infos und Adressen

SEHENSWÜRDIGKEITEN

Weingut Ingenhof. (Mit Feldcafé während der Obsternte von Juni–Anfang Aug. tgl. 9–19 Uhr). Melanie Engel, Dorfstraße 19, 23714 Bad Malente-Gremsmühlen, melanie.engel@ingenhof.de, Tel. 04523/23 06 u. 20 21 59, 0177/705 64 37, www.ingenhof.de; der Ingenhof vermarktet seinen Wein im Internet unter: www.ingenhof-sh.de

Weingut S. J. Montigny. Weinproben sind nur nach vorheriger Terminabsprache möglich. Die Weine vom Winzer Steffen James Montigny kann man auch bei www.schneekloth.de erstehen. Altmühlen 3, 24329 Grebin, Tel. 0671/48 31 30 40, info@weingut-montigny.de, www.weingut-montigny.de

AKTIVITÄTEN

Die Schiffe der Fünf-Seen-Fahrt steuern während der Saison die Anlegestellen Malente-Gremsmühlen, Niederkleveez, Timmdorf und Plön-Fegetasche an.
Die Kellerseefahrt startet von den Anlegern Kellersee-Fischerei, Janusallee oder Lindenallee in Bad

Melanie Engel vom Weingut Ingenhof

Malente, Fissauer Fährhaus oder Uklei-Fährhaus.
www.5-seen-fahrt.de
www.holsteinischeschweiz.de
www.bad-malente.de

ESSEN UND TRINKEN

Café auf Weingut Ingenhof.
(siehe Sehenswürdigkeiten)

ÜBERNACHTEN

Hotel Seerose. Das Dreisternehotel liegt direkt an der Uferpromenade des Dieksees. Renversweg 1, 23714 Bad Malente-Gremsmühlen, Tel. 04523/20 12 20, www.hotel-seerose-malente.de

INFORMATION

Tourismus-Service Malente. Bahnhofstraße 3, 23714 Bad Malente-Gremsmühlen, Tel. 04523/ 959 01 20, www.bad-malente.de, www.malente-tourismus.de, www.holsteinischeschweiz.de

»So Mookt Wi Dat«, heißt dieser Holsteiner Wein aus Grebin.

WEINBERGE
und Skifahren

Weinernte beim Weingut Ingenhof in Malente-Malkwitz

Schon der Name Holsteinische Schweiz ist ungewöhnlich für den Norden. Umso mehr überrascht, dass hier tatsächlich manches (fast) wie in den Bergen ist. So reifen an einigen Hängen Reben, die zu regionalen Weinen verarbeitet werden, und auf dem Bungsberg gibt es einen Skilift. Doch die Schneewahrscheinlichkeit ist geringer als in den Alpen.

Im Herbst 2008 erhielt Schleswig-Holstein von Rheinland-Pfalz die Pflanzrechte für insgesamt zehn Hektar zum Anbau von Wein. Um diese Fläche konnten sich potenzielle Winzer nun bewerben. Den größten Zuschlag für drei Hektar Anbaufläche bekam der Ingenhof bei Malente mit 35 Grad steilen (und damit besonders frostsicheren) Hängen in Südlage. Das Wein- und Obstgut, das auch Erdbeeren und Himbeeren anbaut, produziert einen fruchtigen trockenen Weißen, gewonnen aus der Rebe Solaris. Im zugehörigen Feldcafé kann man ein Gläschen Wein oder auch selbst gebackenen Kuchen genießen. Nach Absprache sind auch Weinbergführungen möglich.

»So mookt wi dat«

Knapp acht Kilometer weiter östlich kultiviert ein weiterer Gewinner des Auswahlverfahrens auf zwei Hektar Anbaufläche weiße und rote Trauben: Geschützt durch einen Wald gedeihen die Reben auf dem Südhang von Hof Altmühlen in Grebin nahe Plön. Winzer Steffen J. Montigny betreibt auch einen Weinberg an der Ahr im Rheinland. Sein halbtrockener Weißwein wurde bereits in den *Gault Millau Weinführer* aufgenommen. Die Abfüllung mit den Rebanteilen Solaris, Johanniter, Muscaris und Felicia heißt auf Plattdeutsch »So mookt wi dat«.

Ski und Rodel gut

Wenn es schneit, verwandelt sich Schleswig-Holsteins höchste Erhebung (immerhin 168 Meter) in ein Wintersportgebiet. Dann sorgt Alexandra Schnoor dafür, dass Deutschlands nördlichster Skilift aufgebaut wird. Ihrer Familie gehört der obere Teil des Bungsbergs. Der Ansturm von Skifahrern und Snowboardern lässt nun nicht lange auf sich warten. Zwar dauert eine Abfahrt nur rund 30 Sekunden, doch das stört niemanden. Schließlich ist man nach anderthalb Minuten mit dem Lift schon wieder oben. Ein Imbisswagen am Waldesrand sorgt für Glühwein und Bratwurst.

Schleswig-Holsteins höchster Gipfel: rodeln am Bungsberg

37 Eutin
Festspiele und ein Schloss am See

Die Freilichtbühne am Großen Eutiner See zieht jeden Sommer Tausende von Besuchern an. Vor der Kulisse von Schloss und Hofgarten sorgen Opern, Operetten und andere Inszenierungen für Kulturgenuss am Wasser. Ganzjährig ist auch das Eutiner Schloss mit seinen fürstlichen Parkanlagen selbst eine Besichtigung wert.

Die Festspiele sind auch eine Hommage an den berühmten Komponisten Carl Maria von Weber, der in Eutin geboren wurde. Im Jahr 1951 fanden sie – anlässlich seines 125. Todestages – erstmals statt. Seitdem ist es ein jährliches Ereignis der klassischen Musik jeweils im Juli und August, ein facettenreicher Reigen mit Werken aus dem Barock bis ins 20. Jahrhundert. Immer mal wieder dabei sind von Webers *Freischütz* oder andere Klassiker wie *Carmen*, Mozarts *Zauberflöte* und Guiseppe Verdis *Aida*.

Die Eutiner Festspiele verstehen sich aber auch als Parkett für kreative Unterhaltung und moderne, lebendige Abendunterhaltung. Zu jeder Spielzeit stehen daher genauso Veranstaltungen wie Extra-Konzerte an wechselnden Orten, Gala-Abende oder ein Programm für Kinder auf dem Plan.

Das Eutiner Schloss

Der Schlossgarten, der zum Ambiente der Festspiele beiträgt, gilt als einer der schönsten klassischen Englischen Gärten Norddeutschlands und als das bedeutendste Gartendenkmal der Aufklärung in Schleswig-Holstein. Seit mehr als 200

Mitte: Sitz der Bischöfe und Herzöge: Das Eutiner Schloss
Unten: Die Festspiele sind schon Grund genug zu kommen.

Infos und Adressen

Auch in der Stadt kann man Malerisches entdecken.

Jahren können hier interessierte Besucher den vielfältigen Pflanzenbestand, die stilvollen Gartenarchitekturen sowie die stimmig angelegten Wege- und Wassersysteme bewundern, die auch zum Verweilen und Entspannen einladen. Mittendrin befindet sich der historische Küchengarten. Er wurde unter der Herrschaft des Herzogs Peter Friedrich Ludwig (1785–1829) als abgeschirmter Wirtschaftsgartenbereich geschaffen.

Auch das Eutiner Schloss ist zu besichtigen. Seine Geschichte lässt sich bis ins 12. Jahrhundert zurückverfolgen. Später diente es als Sitz der Fürstbischöfe von Lübeck und der Großherzöge von Oldenburg. Im Inneren präsentiert sich herrschaftliche Wohn- und Lebenskultur in originaler Ausstattung von überregionalem kulturhistorischem Wert. Die noch erhaltenen Stuckdecken aus dem 18. Jahrhundert sind ein bedeutendes Beispiel der Stuckornamentik in Schleswig-Holstein. Regelmäßig gibt es im Schloss auch Sonderausstellungen und Veranstaltungen sowie Aktionen für Kinder.

SEHENSWÜRDIGKEITEN

Eutiner Schloss. Schlossplatz 5, 23701 Eutin, Tel. 04521/709 50, www.schloss-eutin.de

ESSEN UND TRINKEN

Schlossküche Eutin. Speisen im historischen Gemäuer, à la carte. Schlossplatz 5, 23701 Eutin. Tel. 04521/70 95 50, www.schlosskueche-eutin.de

ÜBERNACHTEN

Hotel See Schloss am Kellersee. Hotelzimmer zur Seeseite mit einzigartigem Panoramablick über den Kellersee und die angrenzenden grünen Wälder. Im Außengelände befindet sich eine hauseigene Badestelle mit Liegewiese. Leonhard-Boldt-Strasse 19, 23701 Eutin, Tel. 04521/80 50, www.seeschloss-eutin.de

Das kleine Hotel. 21 individuelle, liebevoll eingerichtete Zimmer, chic und charmant. Albert-Mahlstedt-Straße 6, 23701 Eutin, Tel. 04521/858 04 41, www.daskleinehotel-eutin.de

FESTE UND EVENTS

Eutiner Festspiele. Am Schlossgarten 7, 23701 Eutin, Tel. 04521/800 10, www.eutiner-festspiele.de

INFORMATION

Tourismus-Service-Malente. Bahnhofstraße 3, 23714 Bad Malente, Tel. 04523/959 01 30, touristinfo@bad-malente.de

Tourist-Info Eutin. Markt 19, 23701 Eutin, Tel. 04521/709 70, info@eutin-tourismus.de, www.holsteinischeschweiz.de

38 Großer Plöner See
Lustwandeln auf der Prinzeninsel

Der Große Plöner See zählt zu den zehn größten Seen Deutschlands. Auch die namensgebende Stadt Plön lohnt den Besuch mit ihrer malerischen Schlossanlage und einer schönen Altstadt. Die Prinzeninsel ist eng mit der Geschichte des Hauses Hohenzollern verbunden. Mit einer Badestelle und Kulinarischem in einer historischen Fachwerkkate erfreut sie heute Urlauber.

Mit Wassersportmöglichkeiten wie Stand-up-Paddling oder einer Kanutour ab Bosau ist der See ein beliebtes Freizeitrevier. Wer sich auch gern oder lieber an Land bewegt, ist mit einem Spaziergang auf die Prinzeninsel gut beraten. Sie ist für den motorisierten Verkehr gesperrt, aber über einen Wanderweg zu erreichen, der auch für Fahrräder geeignet ist. Während der Sommersaison steuern sie außerdem Ausflugsboote an, z. B. ab dem Anleger Plön.

Pavillon aus Kaisers Zeiten

Kaiser Wilhelm II. erwarb die Prinzeninsel im Jahr 1910. An seine Gemahlin Auguste Victoria erinnert ein Pavillon auf der Südspitze. Hier soll die Kaiserin gern verweilt haben. Noch heute befindet sich die Halbinsel im Besitz der royalen Nachfahren der Linie Brandenburg-Preußen.

Die waldreiche Prinzeninsel ragt mit einer Länge von rund zwei Kilometern in den Großen Plöner See. Stellenweise ist sie gerade einmal 30 Meter breit. Am äußersten Zipfel weitet sie sich zu einer großen runden Fläche mit Koppeln, auf denen

Mitte: Das Niedersächsische Bauernhaus auf der Prinzeninsel
Unten: Auch für romantische Momente finden sich Plätzchen.

Das Plöner Schloss diente als Residenz der Herzöge.

Schafe grasen. Geblieben ist auch eine Fachwerkkate aus dem 17. Jahrhundert, genannt das Niedersächsische Bauernhaus. Es war die landwirtschaftliche Lehrstätte der kaiserlichen Söhne. Heute ist in den Räumen das Café-Restaurant Prinzeninsel untergebracht. Mit einem Spielplatz mit Karussell und Rutsche und der nahe gelegenen Badestelle Prinzenbad am westlichen Ufer, zu der ein Sandstrand gehört, ist es ein schönes Ausflugsziel.

Das Plöner Schloss

Nahe der Halbinsel erhebt sich das Plöner Schloss über dem See. Es wurde als Residenz der Herzöge von Schleswig-Holstein-Plön im 17. Jahrhundert errichtet. Nach späterer Nutzung als Kadettenschule und Internat ist sie inzwischen Sitz der Fielmann Akademie. Hier ist also eine Ausbildungsstätte für die Augenoptikerbranche eingezogen, dennoch ist eine Besichtigung der adligen Hinterlassenschaften weiterhin möglich (auf Anfrage und kostenfrei). So können sich Besucher bei geführten Rundgängen den prunkvollen Rittersaal und den Gartensaal mit der Gemälde-Galerie der Plöner Herzoge ansehen. Auch der Bereich der heutigen Meisterschule ist dabei zu besichtigen.

Infos und Adressen

SEHENSWÜRDIGKEITEN
Fielmann Akademie im Schloss Plön. Kostenfreie Besichtigung nach Voranmeldung, Dauer ca. 45–60 Minuten. Mögliche Termine: Mi 19, 19.30, 20, 20.30, 21, Do, Sa, So jeweils um 16.30, 17, 17.30, 18, 18.30 Uhr

ESSEN UND TRINKEN
Restaurant Prinzen Insel. Große Insel 1, 24306 Plön, Tel. 04522/50 87 00, www.prinzeninsel-ploen.de

ÜBERNACHTEN
Seeblick. Hotel Garni in zentraler Lage. Monika & Dieter Wespel, Rodomstorstraße 70, 24306 Plön, Tel. 04522/39 93, www.hotel-seeblick-ploen.de

INFORMATION
Tourist Info Großer Plöner See. Bahnhofstraße 5, 24306 Plön, Tel. 04522/509 50, touristinfo@ploen.de, www.holsteinischeschweiz.de

39 Karl-May-Festspiele Bad Segeberg
Zu Besuch bei Winnetou und Konsorten

Von wegen »alte Schinken« – wie unvergänglich die Wildwest-Romane von Karl May sind, beweisen die Festspiele im Kalkbergstadion jeden Sommer wieder. Bei tollkühnen Stunts hält das Publikum den Atem an. Nebenan entführt eine Westernstadt in das Geschehen anno 1880. Bei alledem sollte man die Fledermäuse in der Kalkberghöhle nicht übersehen: Hier macht eine Erlebnisausstellung die Begegnung möglich.

Das Kalkbergstadion machte sich nicht nur wegen der berühmten Geschichten einen Namen, die hier den Wilden Westen aufleben lassen. Es gilt auch als eines der schönsten Freilichttheater Europas. Es kamen schon mehr als 320 000 Besucher pro Spielzeit, um hautnah bei Abenteuern von Winnetou und Old Shatterhand dabei zu sein. Insgesamt waren es seit der Premiere im Jahr 1952 über acht Millionen Zuschauer. Jedes Jahr gibt es andere Geschichte aus dem Werk von Karl May.

Stunts und eine Westernstadt

Der Erfolg lässt sich auch damit begründen, dass bei jeder Show für Action gesorgt ist durch tollkühne Stunts und unmittelbare Nähe zum Geschehen. Nah am Publikum galoppieren die Helden vorbei, und Pyrotechnik sorgt für Knalleffekte.

Vor oder nach der Show können Besucher im benachbarten Indian Village in den Wilden Westen

Mitte: Die Kulisse vor dem Kalkberg entführt umgehend in den Wilden Westen.
Unten: Auf der Bühne ist immer Action angesagt.

Zu den Festspielen gehört auch die Westernstadt.

um 1880 eintauchen, einer Westernstadt wie aus
dem Film. Unter anderen gibt es dort einen Bar-
ber-Shop, einen Drugstore, einen Krämerladen,
ein Sheriffbüro und natürlich auch einen Saloon.
Im Nebraska-Haus zeigt die Ausstellung *Die Welt
der Indianer* Original-Exponate zur Geschichte der
Indianer Nordamerikas.

So prägten die Karl-May-Festspiele die ganze Region, auch durch saisonale Arbeitsplätze. In der
Stadt spricht man gar vom »Bad-Segeberg-Virus«,
der alle befällt, die schon in irgendeiner Form an
den Festspielen mitwirkten. Er trug wohl dazu bei,
dass nach mehr als 60 Karl-May-Sommern die
Menschen noch immer von den Aufführungen begeistert sind.

Erlebnisausstellung Noctalis

Zu den Fledermäusen in der Kalkberghöhle: Es
empfiehlt sich, rechtzeitig da zu sein, um mit dem
Festivalbesuch die Erlebnisausstellung Noctalis zu
verbinden. Hier lebt außer den Fledermäusen inzwischen auch Foxi Flatterinchen, eine handzah-
me indische Riesenflughündin. Auch Uhus sind am
Kalkberg unterwegs.

Weil es auf den Straßen nach Bad Segeberg eng
werden kann, bietet sich der Wild-West-Express
der Nordbahn als Alternative an.

Infos und Adressen

SEHENSWÜRDIGKEITEN
Karl-May-Festspiele. Karl-May-
Platz, 23795 Bad Segeberg. Ticket-
Hotline und Infos: 01805/95 21 11
(0,14 €/Min. / Mobilfunk max.
0,42 €/Min.), Online-Ticketbestel-
lung unter www.karl-may-spiele.de,
bestellung@karl-may-spiele.de

Kalkberghöhle. Oberbergstraße 27,
23795 Bad Segeberg, Tel.
04551/808 20, www.noctalis.de

ESSEN UND TRINKEN
Gastronomie auf dem Gelände der
Festspiele

ÜBERNACHTEN
Hotel Residence. Familiengeführtes
Dreisternehotel (garni) im Zentrum.
Familie Hoffmann, Krankenhausstr. 4,
(Ecke Kurhausstr.), 23795 Bad Sege-
berg, Tel. 04551/96 50,
www.hotel-residence-online.de

INFORMATION
Tourist-Information Bad Segeberg.
Oldesloer Str. 20, 23795 Bad Segeberg, Tel. 04551/964 90,
www.badsegeberg.de

Wild-West-Express der Nordbahn.
www.nordbahn.de

Die Seebrücke in
Niendorf an der Ostsee

FEHMARN UND LÜBE-CKER BUCHT

40 Fehmarn
Landleben mitten im Meer

Die einzige Insel der schleswig-holsteinischen Ostseeküste ist – nach Rügen und Usedom – die drittgrößte Insel Deutschlands. Wie ihre Schwestern vor der mecklenburgischen Küste ist Fehmarn besonders von der Sonne verwöhnt. Rundherum zieht das oft bewegte Meer auch Surfer an, während es im Landesinneren beschaulich zugeht, gewürzt mit touristischen Highlights wie der Farmworld oder dem Meereszentrum.

Mit rund 2200 Sonnenstunden jährlich ist dies eine der sonnenreichsten Regionen Deutschlands. Schon bei der Anfahrt über die Fehmarnsundbrücke stellt sich das Gefühl ein, gleich »ganz weit weg« zu sein, und sie ist auch für sich ein Erlebnis. Das 963 Meter lange Konstrukt mit dem charismatischen Bogen, vor Ort liebevoll »der größte Kleiderbügel der Welt« genannt, verbindet die Insel seit 1963 mit dem schleswig-holsteinischen Festland. Fehmarn ist ein wesentliches Bindeglied der »Vogelfluglinie«, einer direkten Verkehrsverbindung zwischen Kopenhagen und Hamburg. Ab der Nordküste der Insel gibt es eine Fährverbindung von Puttgarden bis zum dänischen Rødby.

Hofcafés und die Farmworld Fehmarn

Auf der 185 Quadratkilometer großen Insel ist Landwirtschaft nach dem Tourismus noch immer ein Thema, wenn beides heute auch oft miteinander verbunden werden muss, damit es sich finanziell noch lohnt. So gibt es malerische Hofcafés und ländliche Ferienunterkünfte. Besonders erfin-

Mitte: Hinter dem Flügger Leuchtturm zieht eine Wolkenfront auf.
Unten: Im Zentrum von Burg geht es malerisch zu.

Eine Seltenheit – das Burg Film Theater

derisch zeigt man sich mit der 2014 eröffneten Farmworld-Fehmarn am Ortseingang von Burg: Dirk Hoffmann und Ulf
Jonasson betreiben ein Miniatur-Wunderland
der Agrartechnik. Mit ferngesteuerten Modellen
können Besucher ihr Geschick selbst testen.

Da und dort sind auf Fehmarn auch noch Hausmarken zu finden, Grenzmarken der Grundbesitzer
aus dem 16. und 17. Jahrhundert. Jeder freie Bau-
er besaß solch eine Kennung, deren Schrift ein
wenig an Runen erinnert. Sie diente auch als
Brandzeichen für Besitz und Unterschrift für Dokumente. Eine steht z. B. noch am Feldrand bei Albertsdorf (nahe des Dorfteichs): Der »Dodelstein«
trägt die Namen der einstigen Koppelnachbarn
Serck und Brandt. Teils sieht man auch noch
Hausmarken auf fehmarnschen Grabsteinen oder
etwa im Kirchengestühl von St. Nikolai in Burg.

Burg auf Fehmarn

Auch an das Mittelalter erinnert auf Fehmarn
noch so manches, etwa der Name der »Insel-
hauptstadt« Burg mit heute rund 6000 Einwoh-

Geheimtipp

BURG FILM THEATER
Mitten im Zentrum von
Burg verbirgt sich ein Ver-
zehrkino wie in den 1970er-
Jahren. Im plüschigen Ambiente
können die Gäste sich während der
Vorführung per Klingelknopf Speisen
und Getränke an den Kinosessel be-
stellen. Der Barmann sieht nur ein
Lämpchen aufleuchten und weiß
sich still zu bewegen. Damit kombi-
nierte Betreiber Florian Bliesch die
Vorteile, die das moderne Kino
brachte: 3-D-Bild und Ton in Digital-
qualität. Im Sommer der grandiose
Abschluss eines Strandtags und ein
»Muss« bei Besuchen in der frischen
Jahreszeit.

Burg Film Theater. Breite Straße 13a, 23769 Burg auf Fehmarn,
Tel. 04371/95 55, Reservierung:
tickets@burg-film-theater.de,
www.burg-film-theater.de

Es kann auch hoch hinausgehen.

Nicht verpassen

SILO CLIMBING

Hot-Spot für Schwindel-freie im Erlebnishafen Burgstaaken: Dort haben sich drei ehemalige Getreidesi-los in eine Toprope-Kletteranlage mit 14 Routen verschiedener Schwierig-keitsgrade verwandelt. Man kann be-hutsam mit fünf Metern starten, be-sonders Wagemutige schaffen die 40-Meter-Marke bei der europaweit wohl höchsten künstlichen Kletter-route. Belohnt wird die Anstrengung mit einem sagenhaften Blick über Fehmarn und den Sund. Wer lieber am Boden bleibt, kann im Climber-Café einkehren und zusehen.

Silo Climbing. April–Okt. 10–18 Uhr, Juli/Aug. Open End Auch Nachtklettern (Termine kurz-fristig, siehe Homepage). Die Öff-nungszeiten gelten ab einer Tages-temperatur von +10°C. Burgstaaken 50, 23769 Fehmarn, Tel. 04371/50 31 02 und 0170/533 17 64, www.siloclimbing.com

nern. Sie ist benannt nach der Festung Glambek, die Dänenkönig Waldemar II. im Jahr 1210 hatte errichten lassen und die den zugehörigen Hafen schützen sollte. Diese Burg zog auch als Hauptmotiv in das Wap-pen der Insel ein. Spuren davon sind noch vor-handen: Ein Bergfried und Teile der Ringmauer stehen auf der kleinen Halbinsel Burgtiefe zwei-einhalb Kilometer südlich von Burg. Ansonsten dominiert hier das moderne Leben mit dem Feri-enzentrum Südstrand, zu dem ein langer Sand-strand und einige Hotels gehören.

Erlebnishafen Burgstaaken

Am westlichen Ende des Südstrands liegt, ge-schützt gegenüber der Halbinsel Burgtiefe, der Er-lebnishafen Burgstaaken. Hier ist einiges geboten von der Aalräucherei bis hin zur Kartbahn. Zur Einkehr bieten sich mehrere Restaurants, Cafés und Bars an. In der Hafenstraße ist das Übersee Museum ein Ort für Entdecker. Es gehört zur Gali-leo-Wissenswelt mit dem Hauptgebäude in Burg. Dort kann man die Erlebnisausstellungen »Tech-nik & Logik« und »Erde & Leben« besuchen.

Die Insel Fehmarn

Ⓐ Fehmarnsundbrücke – verbindet die Insel mit dem schleswig-holsteinischen Festland.

Ⓑ Fährhafen Puttgarden – Hier kann man ins dänische Rødby übersetzen.

Ⓒ Farmworld Fehmarn – Landwirtschaft im Miniaturformat am Ortseingang von Burg, mit ferngesteuerten Modellen zum Mitmachen.

Ⓓ Dodelstein – historische Hausmarke am Feldrand bei Albertsdorf

Ⓔ Festung Glambek – Geblieben sind der Bergfried und Teile der Ringmauer auf der Halbinsel Burgtiefe.

Ⓕ Ferienzentrum Südstrand – mit langem Sandstrand und Hotels

Ⓖ Erlebnishafen Burgstaaken – Attraktionen wie das Übersee Museum und Einkehrmöglichkeiten am Ostende des Südstrands

Ⓗ St.-Nikolai-Kirche – Die Ursprünge der Kirche von Burg liegen im Mittelalter.

Ⓘ Peter-Wiepert-Museum – Das Heimatmuseum erzählt spannende Geschichten.

Ⓙ Bernsteinhütte – Hier wird das »Gold der Ostsee« auch zum Erlebnis.

Ⓚ Burg Film Theater – nostalgisches Kino im Ortszentrum.

Ⓛ Meereszentrum Fehmarn – Rochen, Haie und Konsorten hautnah in Glastunneln beobachten.

Ⓜ Freilichtmuseum Katharinenhof – Lebensnahe Einblicke in die ländliche Vergangenheit der Insel, besonders schön zum Mittelalterfest im Sommer

Vom Heimatmuseum in die Bernsteinhütte

Im Zentrum von Burg hingegen geht es nostalgisch zu mit einem hübschen Ortskern. Neben der St.-Nikolai-Kirche (um 1230) ist im Peter-Wiepert-Museum u. a. viel über den besonderen Hang zum Aberglauben zu erfahren, der den Insulanern früherer Jahrhunderte zugeschrieben wird. Hier gab es etwa zwölfmal so viele Hexenprozesse wie in den anderen Regionen Schleswig-Holsteins. Die anderen Räume widmen sich u. a. der Geologie der Insel, Regionalgeschichte, Handwerk, Gilden, Seefahrt und Jagd. Ein paar Schritte weiter sollte man einmal einen Blick in die »Bernsteinhütte« werfen. Sie ist von außen ein etwas nüchtern wirkender Laden, doch im Inneren verbirgt sich ein inoffizielles Naturkundemuseum mit Informationen über die Geschichte und Nutzung des immer seltener werdenden Ostseegoldes. Nebenan befindet sich das Burg Film Theater (siehe Autorentipp).

Am Ortseingang von Burg (bei der Farmworld) ist das Meereszentrum Fehmarn eine touristische Hauptattraktion. Hier kann man Rochen, Haien und Riesenzackenbarschen direkt ins Auge schauen. Rundgänge führen durch Glastunnel auch in Korallenwelten. In der Gegenrichtung geht es nach Katharinenhof, wo ein sehenswertes Freilichtmuseum wiederum in die ländliche Vergangenheit der Insel entführt.

Oben: Im Ortszentrum von Burg
Mitte: Wahre Schätze birgt die Bernsteinhütte.
Unten: Das Meereszentrum Fehmarn ist eine Attraktion.

Infos und Adressen

SEHENSWÜRDIGKEITEN

Bernsteinhütte. März–Dez. 10–18 Uhr, Breite Straße 19, 23769 Burg auf Fehmarn, Tel. 04371/90 45 und 40 14, www.bernsteinhuette.de

Farmworld Fehmarn. Severitenkamp 10, 23769 Fehmarn OT Burg, Tel. 04371/889 79 60, www.farmworld-fehmarn.de

Freilichtmuseum Katharinenhof. Katharinenhof 15, 23769 Fehmarn, Tel. 04371/12 30, www.museum-katharinenhof.de

Galileo-Wissenswelt. Tgl.10–18 Uhr, Mummendorfer Weg 11b, Hauptgebäude in Burg Überseemuseum. Je nach Saison, Hafenstr.69, 23769 Burgstaaken, Tel. 04371/87 92 47, www.galileo-fehmarn.de

Meereszentrum Fehmarn. Gertrudenthaler Str. 12, 23769 Fehmarn OT Burg, Tel. 04371/44 16, www.meereszentrum.de

Peter-Wiepert-Museum. Ostern–Okt. Di–So 11–16 Uhr, Breite Straße 49 (neben der St. Nikolai-Kirche), 23769 Burg auf Fehmarn, Tel. 04371/62 57, www.museum-fehmarn.de

Die Galileo-Wissenswelt ist am Ortseingang von Burg zu finden.

Gemütlich sind auf Fehmarn auch viele Hotels.

AKTIVITÄTEN

Adventure-Golf. Die Bahnen stellen Besonderheiten der Insel und Schleswig-Holsteins dar. Am Ortsausgang Meeschendorf, 23769 Fehmarn, www.adventure-golf-fehmarn.de
Erlebnishafen Burgstaaken: www.erlebnishafen-burgstaaken.de

ESSEN UND TRINKEN

Hofcafé Albertsdorf. Hausgemachte Kuchen und Torten (auch zum Mitnehmen), Ferienwohnung. Albertsdorf 13, 23769 Fehmarn, Tel. 04371/50 25 24, www.hofcafe-albertsdorf.de

ÜBERNACHTEN

Strandhotel Fehmarn. Nahe dem Südstrand, Einzelzimmer, Doppelzimmer und Apartments, rustikale Einrichtung. Am Binnensee 1, 23769 Fehmarn, Tel. 04371/31 42, www.strandhotel-fehmarn.de

Hotel Lindenhof. Schöne Doppel- und Familienzimmer. Gollendorfer Weg 3, 23769 Fehmarn. Tel.: 04372/1313, www.lindenhof-fehmarn.de

INFORMATION

Tourismus-Service Fehmarn. Zur Strandpromenade 4, 23769 Fehmarn sowie Mummendorfer Weg 7, 23769 Fehmarn OT Burg, Tel. 04371/50 63 00, www.fehmarn.de

41 Sonnenseiten der Lübecker Bucht
Von Großenbrode bis Neustadt

Nördlich von Lübeck reihen sich Seebäder und weitere Badeorte entlang der Küste bis hinauf zum Fehmarnsund auf. Entsprechend groß ist das Angebot entlang der Promenaden von Strandkörben über Wassersport bis hin zur Animation für Kinder. Wer es individueller mag, sucht einen der naturbelassenen Strände auf.

Den Anfang macht ganz im Norden die Gemeinde Großenbrode. Sie liegt am äußersten Ende der Lübecker Bucht zwischen Heiligenhafen und Fehmarn und profitiert damit wie die Insel von einer erhöhten Zahl an Sonnentagen. Aufgrund der vorteilhaften Lage mit kurzen Wegen zu den bekannteren Ferienorten könnte man sich also gut auch hier einbuchen, um etwas mehr Ruhe zu haben und dann die Umgebung bei Ausflügen zu erkunden. Großenbrode hat außerdem auch einen eigenen, netten Sandstrand und bietet auch alles vom Strandkorb bis hin zu Wassersport. Das Ostseeheilbad bietet außerdem das Kurmittelcentrum Großenbrode unmittelbar am Südstrand mit zahlreichen Therapie- und Wellnessangeboten sowie Kuranwendungen. Ungefähr drei Kilometer nördlich des Hauptortes liegt der Sportboothafen Großenbroder Fähre direkt am Fehmarnsund mit Blick auf die Brücke.

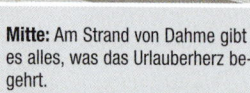

Mitte: Am Strand von Dahme gibt es alles, was das Urlauberherz begehrt.
Unten: Auch schöne alte Villen sind in dem Badeort zu entdecken.

Ostseeheilbad Dahme

Im weiteren Küstenverlauf Richtung Süden folgen zunächst besonders von Campingplätzen domi-

Futuristisch: Die Erlebnis-Seebrücke in Kellenhusen

Nicht verpassen

nierte Strände bei den Ortschaften Sütel, Ostermade oder Kraksdorf – perfekt für alle, die vor allem Badeurlaub im Sinn haben und dabei im Zelt oder Caravan übernachten möchten. Das nächste Ostseeheilbad ist Dahme, zu erreichen ab der Autobahnabfahrt Lensahn (A1) über Landstraßen, die im Frühjahr durch eine dörfliche Welt mit leuchtenden Rapsfeldern leiten. So manche Ferienwohnungen oder -zimmer kann man schon auf dem Weg entdecken, eine Alternative zu den oft kostspieligeren Unterkünften direkt an der Promenade. Mit fast sieben Kilometern Badestrand aus hellem Sand, im Norden von Dünenlandschaft und im Süden von Steilküste gesäumt, zieht der Ferienort viele Urlauber an. Jedoch geht es verglichen mit etwa Heiligenhafen oder Timmendorf immer noch recht beschaulich zu.

Im mittleren Ortsbereich verläuft die Promenade am barrierefreien Familienstrand. Hier gibt es auch Bereiche ohne Strandkörbe, in denen mitgebrachte Strandmuscheln aufgebaut werden können, außerdem Spielplätze, Trampolin- und Skateranlagen und den von Animateuren betreuten

SEEBRÜCKE KELLENHUSEN

Seit 2011 bereichert eine futuristisch anmutende Konstruktion die Strandpromenade von Grömitz: Eine 305 Meter lange Seebrücke mit Elementen aus Stahl und Beton, Laufflächen und Geländern aus zertifiziertem Bongossi-Holz. Ganz anders also als die historischen Seebrücken, wie man sie vor allem an der mecklenburgischen Küste findet. Das Design mag Geschmackssache sein, für Spaß indes ist garantiert gesorgt: Die Grömitzer Brücke ist mit drei begehbaren Themeninseln ausgestattet, zum Relaxen und Sonnenbaden mit Hängematten, Wasserspringen von Kuben, Leitern und Brettern sowie einer Aussichtsplattform mit Schiffsanleger.

Seebrücke Kellenhusen. Deichstraße/Strandpromenade, 23746 Kellenhusen. Termine für das Seebrückenfest im Sommer, Ausflugsfahrten etc. auf www.kellenhusen.de

TAUCHGONDEL GRÖMITZ

Einfach gut!

Am Kopf der Grömitzer Seebrücke kann man sich seit 2009 fast bis auf den Ostseegrund begeben und dabei trocken bleiben. In der bislang einzigen Tauchgondel der Schleswig-Holsteinischen Ostseeküste geht es vier Meter hinab. Etwa 30 Zentimeter über dem Grund bleibt die Gondel stehen, und mit Glück ist dann einiges zu beobachten, etwa filigrane Ohrenquallen, mit Miesmuscheln bewachsene Steine oder auch mal ein Fischschwarm. Auch wenn das Wasser mal durch Wind und Wetter eingetrübt ist, ein spannendes Erlebnis! Die Tauchgondel bietet Platz für bis zu 30 Personen. Ein Hinweis für Besorgte: Über eine Luke an der Spitze könnte man sie oberhalb der Wasseroberfläche verlassen.

Tauchgondel Grömitz.
Kurpromenade, 23743 Grömitz,
Tel. 04562/22 51 30,
www.tauchgondel.de

»Kinderhafen Dahme«. Für Wellness geht es in das StrandSpaSport- und Gesundheitszentrum Dahme. Etwas Besonderes ist hier die Meersalzgrotte. Ihre Luft einzuatmen, soll unter anderem bei Erkrankungen der Atemwege oder der Haut, bei Allergien, Bluthochdruck, Depressionen, Migräne, Rheuma und Schlafstörungen helfen.

Meer und Wald in Kellenhusen

Direkt südlich grenzt das Seebad Kellenhusen an Dahme, zu erreichen auch fußläufig bei einem Strandspaziergang (einfache Strecke circa drei Kilometer). Der Badeort punktet mit einem vergleichbar schönen Strand und küstennahen Waldgebieten. Herzstück der Promenade ist die 305 Meter lange Erlebnis-Seebrücke (siehe Autorentipp). Am Skike Point kann man den neuen Trendsport »Skiken« ausprobieren, in einem Kurs erlernen oder sich mit Erfahrung einfach die Ausrüstung ausleihen. Es handelt sich dabei um eine Kombination von Skilanglauf ohne Schnee und Skaten, ideal, um mit etwas Tempo und Spaß die Umgebung zu erkunden. Für kleinere Kinder gibt es den Käpt'n-Kelli-Klub und die Schwimmschule Aqua-Fan. In den Sommermonaten veranstaltet Kellenhusen auch regelmäßig Familienfeste und ein Kinderprogramm an Freitagnachmittagen.

Grömitz mit Lensterstrand

Auch das nächste Seebad, rund zehn Kilometer weiter in Richtung Süden, hat viel zu bieten: An der Seebrücke von Grömitz gibt es eine Tauchgondel (siehe Autorentipp). Am acht Kilometer langen Strand in Südostlage scheint lange die Sonne, mit Promenade und Bereichen für FKK, Hunde sowie einem Stück Steilküste ist für jeden etwas dabei. Drei Kilometer außerhalb des Orts-

Die westliche Lübecker Bucht

Zwischen Fehmarn und Lübeck locken zahlreiche Strände, die teils nahtlos ineinander übergehen. Bei der Auswahl hilft der Gedanke, ob man eher Promenadenrummel mit allen Annehmlichkeiten möchte oder (fast) Natur pur.

A **Großenbrode** – Das Ostseeheilbad am äußersten Ende der Lübecker Bucht bietet ein Kurmittelcentrum und Sandstrand.

B **Sportboothafen Großenbroder Fähre** – Die Marine der Gemeinde bietet Blicke auf den Fehmarnsund mitsamt seiner eindrucksvollen Brücke, die das Festland und die Insel Fehmarn verbindet.

C **Sütel, Ostermade und Kraksdorf** – Seeseitig gehören Campingplätze mit Strand zu diesen kleinen Ortschaften.

D **Dahme** – fast sieben Kilometer Badestrand, teils mit Dünen und Steilküste sowie einer Promenade im mittleren Bereich.

E **Kellenhusen** – Außer Strand laden Waldgebiete zu Spaziergängen ein. An der Promenade: eine Erlebnis-Seebrücke. Trendsport und Animation für Kinder.

F **Grömitz** – Hier bietet die Seebrücke mit der Tauchgondel etwas Besonderes. Auf acht Kilometern Länge bringt es der Strand, mit Promenade und Bereichen für FKK, Hunde sowie Steilküste.

G **Erlebniszentrum Lensterstrand** – Nahe dem Ortszentrum von Grömitz, mit Kraxelmaxel Ostsee Kletterpark und vielem mehr.

H **Neustädter Bucht** – An der kleinen Teilbucht der Lübecker Bucht liegen der ruhigere Strand von Rettin, das Ostseebad Pelzerhaken sowie Sierksdorf mit dem Hansa-Park, Scharbeutz und Timmendorfer Strand.

I **Travemünde** – Das zu Lübeck gehörende Seebad ist auch das traditionsreichste der Schleswig-Holsteinischen Ostseeküste.

In Dahme geht es bunt zu.

zentrums sorgt das Erlebniszentrum Lenster-strand für Kurzweil mit Kraxelmaxel Ostsee Kletterpark, einer Natur-Erlebnis-Station im Deichhaus, Aussichtsturm, Minigolfplatz und vielem mehr.

Die Neustädter Bucht

Es folgt kurz vor Lübeck die Neustädter Bucht mit dem ruhigeren Strand von Rettin und dem Ostseebad Pelzerhaken sowie Sierksdorf mit dem Hansa-Park (siehe S. 232). Bei Travemünde schließlich geht es in den Badeorten Scharbeutz und Timmendorfer Strand (siehe S. 226) wieder lebhaft zu. Viele der Badeorte an der Lübecker Bucht sind über die Küstenstraße miteinander verbunden oder sogar bei Spaziergängen am Strand entlang zu erreichen.

Oben: Der Grömitzer Strand bietet für jeden etwas.
Unten: Fischerhütte in Sierksdorf

Infos und Adressen

AKTIVITÄTEN

Ostseeanimation / Skike-Point Kellenhusen.
Strandpromenade 15, 23746 Kellenhusen,
Tel. 04364/361 98 11, www.ostseeanimation.de

Ostsee Kletterpark. Blankwasserweg 120, 23743
Grömitz, Tel. 04562/266 29 40, für Gruppen-
buchungen und außerhalb der Öffnungszeiten:
Tel. 0441/57 00 11 00, www.kraxelmaxel.de

**StrandSpaSport- und Gesundheitszentrum
Dahme.** Strandpromenade 38, 23747 Dahme,
Tel. 04364/47 09 90, www.strandspa-dahme.de

ESSEN UND TRINKEN

Vielfältige Gastronomie an den Strandpromenaden

ÜBERNACHTEN

Hotel Erholung. Familiengeführtes Dreisternehotel, 100 Meter zum Strand mit der Erlebnis-
Seebrücke. Am Ring 31 / Strandstr. 1, 23746 Ostseeheilbad Kellenhusen, Tel. 04364/47 09 60,
www.hotel-erholung.de

Pension Haus Plambeck. Zimmer mit Küchennut-
zung und Ferienwohnung (für 2 Pers.) nahe dem
Strand von Dahme. Preisgünstig. Bodo Komnick,
Seestr. 27, 23747 Dahme, Tel. 04364/318, Haus-
Plambeck@t-online.de, www.haus-plambeck.de

In Dahme ist man ganz auf Urlauber eingestellt.

Beachbar in Grömitz

FESTE UND EVENTS

Grömitzer Neujahrsleuchten. Eine beeindru-
ckende Lasershow im Kurpark leitet den Jahres-
beginn ein.
Die Seebäder haben außerdem ganzjährig unter-
schiedlichste Veranstaltungen im Programm, aktuelle Termine siehe jeweilige Homepage.

INFORMATION

Kurbetrieb Dahme. Seestraße 50, 23747 Dahme,
Tel. 04364/492 00, www.dahme.com

Tourismus-Service Grömitz. Neuer Markt 1,
23743 Grömitz, Tel. 04562/25 60. Standort der
Tourist-Information: Kurpromenade 56, Am See-
brückenvorplatz, 23743 Grömitz. Außenstelle
Lensterstrand: Blankwasserweg 122, 23743 Grö-
mitz/Lensterstrand, Tel. 04562/266 56 26,
www.groemitz.de

**Großenbrode Tourismus Service und
Grundstücks GmbH & Co. KG.** Teichstraße 12,
23775 Großenbrode, Tel. 04367/99 71 13,
www.grossenbrode.de

**Tourist-Information / Zentrale Zimmer-
vermittlung Kellenhusen.** Strandstraße 3,
23746 Kellenhusen, Tel. 04364/10 41,
www.seebad-kellenhusen.de

Infos zu Scharbeutz, Sierksdorf und Neustadt unter
www.luebecker-bucht-ostsee.de

Mitte: Das neue Teehaus krönt
seit 2015 die Seebrücke.
Unten: Ein »Muss«: das Café
Wichtig

42 Timmendorfer Strand
Hier darf jeder mal wichtig sein

Wohl keine andere Ortschaft an der Ostsee kann eine vergleichbar hohe Dichte an Prominenten und solchen, die es gern wären, verzeichnen. Hier werden die schicksten Autos präsentiert und das »Café Wichtig« ist durchaus wörtlich zu nehmen. Strandspaziergänge führen bis nach Scharbeutz oder Niendorf mit einem malerischen Fischerhafen.

In Timmendorfer Strand sind auch viele »Otto Normalverbraucher« anzutreffen, liegt doch der Badeort verkehrsgünstig nahe der Hansestädte, weshalb die Bucht auch gern mal als »Badewanne Hamburgs« verspottet wird. Ab Lübeck sind es sogar nur 15 Kilometer. Mit der Unterwasserwelt Sea Life hat die Ortschaft zudem einen Besuchermagneten.

Die Trinkkurhalle und Kunstkilometer

Besonders an Timmendorf ist auch das viele Grün, gleich zwei Kurparks laden nah am Wasser zum Lustwandeln ein, beim Alten Kurpark zieht die Trinkkurhalle mit Galerie heute Kulturfreunde an. Im Zentrum dreht sich wörtlich alles um den Timmendorfer Platz mit seinem großen Brunnen, rundherum zeigen feine Restaurants, Bistros und Edelboutiquen, was man hier auf sich hält. Im Jahr 2015 kam das Teehaus mit Pagodendach am Kopfende der Seeschlösschenbrücke als »stylisches« Lokal (es heißt Wolkenlos) hinzu. An der Strandpromenade ziehen auch die Kunstkilometer mit Installationen wie einem lebensgroßen Udo Lindenberg die Blicke auf sich.

Timmendorfer Strand

Im Hafen von Niendorf

Apropos Prominenz, sie alle waren schon im Café Engels Eck am Timmendorfer Platz: Franz Beckenbauer, Uwe Seeler, die Klitschko-Brüder, Roberto Blanco, Otto Waalkes, Mike Krüger, Ireen Sheer und manche andere. Es veranlasste eine große deutsche Boulevardzeitung das 1951 gegründete Kaffeehaus in »Café Wichtig« umzutaufen, was mit Wohlgefallen aufgenommen wurde. Inzwischen nennt sich das Lokal auch selbst so und hat einen weiteren Standort in Scharbeutz eröffnet. Das passende Gefährt finden »Poser« auf der jährlichen Traum-Automeile. Jeweils an einem Wochenende vor der IIA in Frankfurt treffen sich Cabrio-Fahrer und Fans röhrender Motoren in Timmendorfer Strand, wo dann extravagante und luxuriöse Karossen präsentiert werden.

Nach Niendorf oder Scharbeutz spazieren

Neben dem Hauptort, an dem sich weitgehend das illustre Leben abspielt, ist besonders der weiter östlich gelegene Ortsteil Niendorf mit seinem schmucken Fischerhafen von touristischem Interesse. Beide verbindet ein lang gezogener, bogenförmiger Sandstrand, den eine Promenade begleitet. In Richtung Westen ist der Nachbarort Scharbeutz bei einem Strandspaziergang anzusteuern.

Infos und Adressen

SEHENSWÜRDIGKEITEN

Sea Life. Kurpromenade 5, 23669 Timmendorfer Strand, Tel. 04503/358 80, www.visitsealife.com

Trinkkurhalle. Der Rundbau beherbergt die Kunstgalerie von Anja Es. Auch Kulturveranstaltungen. Anja Es KUNST! Kurpromenade, 23669 Timmendorfer Strand, 0173/584 41 71, www.anja-es.de

ESSEN UND TRINKEN

Café Wichtig Timmendorf (Engels Eck). Timmendorfer Platz 3, 23669 Timmendorfer Strand, Tel. 04503/20 58, weiterer Standort in Scharbeutz. www.cafe-engels-eck.de, www.cafewichtig.de

Wolkenlos. Speisen im schicken Teehaus-Ambiente über dem Meer. Auf der Seeschlösschen-Seebrücke, Strandallee 144, 23669 Timmendorfer Strand, Tel. 04503/77 95 70, www.wolkenlos-timmendorf.de

ÜBERNACHTEN

Maritim Seehotel. Viersternehotel direkt am Strand (bei der Seeschlösschen-Seebrücke). Strandallee 73, 23669 Timmendorfer Strand, Tel. 04503/60 50, www.maritim.de

FESTE UND EVENTS

Traum-Automeile. Jährlich im September, Infos und aktuelle Termine auf www.timmendorfer-strand.de

INFORMATION

Tourist-Information Timmendorfer Strand. Timmendorfer Platz 10, 23669 Timmendorfer Strand, Tel. 04503/357 70, www.timmendorfer-strand.de

43 Rund um Neustadt
Zeitreisen, Naturwunder und Klassik

Wächst bei alldem Strandleben und Müßiggang dann doch der Hunger auf Kulturelles, ist Neustadt in Holstein ein lohnendes Ziel. Die Stadt, nach der die hiesige Ostseebucht benannt ist, und ihre Umgebung bieten Highlights wie das archäologische Museum ZeiTTor Neustadt, das Kloster in Cismar und Kultur Gut Hasselburg mit hochkarätigen Veranstaltungen.

Im ZeiTTor Museum der Stadt Neustadt in Holstein gewährt die Ausstellung Einblicke in den Alltag und das Leben der Menschen von der Altsteinzeit bis heute. Besonders eindrucksvoll ist die Sammlung mit Fundstücken aus der Unterwasserausgrabung »Marienbad« und deren Geschichte.

Ausgrabungen auf dem Ostseegrund

Dort, wo sich heute die Hafeneinfahrt an der Neustädter Bucht befindet, lagen einmal ufernahe Siedlungsplätze der spätmesolithischen Ertebøllekultur (ca. 5100–4100 v. Chr.). So heißt heute die letzte mittelsteinzeitliche Kultur Norddeutschlands und Dänemarks vor dem Beginn der Jungsteinzeit, die wiederum von Ackerbau und Viehzucht geprägt war. Die hiesige Ertebølle-Siedlung wurde überflutet, als der Meeresspiegel im 6. Jahrtausend vor Christus rapide anstieg. Benannt sind Ausgrabung und Fundstelle nach der Ausflugsstätte Marienbad, die sich auf der Südspitze der Halbinsel Wieksberg befand, als dort bereits 1889 erste steinzeitliche Geräte entdeckt

Mitte: Das Kremper Tor in Neustadt
Unten: Im Pagodenspeicher lässt man es sich gut gehen.

wurden. Die Siedlung selbst aber lag eben inzwischen auf dem Ostseegrund. Es sollte noch mehr als hundert Jahre dauern, bis Forschungstaucher zu ihr vordringen konnten: Von 2000 bis 2006 führte die SDA Scientific Diving Association (NGO) e.V. Unterwasserausgrabungen an dem Platz durch. Man stieß dabei auf teils mehr als 6000 Jahre altes, organisches Material, das noch erhalten war, während es auf Landfundplätzen längst vermodert wäre – Knochen, Geweih, Holz und Naturfasern, unter anderem auch ein menschliches Schädeldach. Außerdem konnten fast 4000 Keramikscherben geborgen werden, etwa von einem typischen Kochgefäß der Ertebøllekultur.

Weitere Bereiche des Museums zeigen archäologische Objekte von der Altsteinzeit bis zur Zeit der Völkerwanderung sowie Objekte aus der Neustädter Stadtgeschichte. Zu sehen sind außerdem Exponate aus dem Nachlass des Bänkelsängers Ernst Becker, etwa Moritatentafeln des Neustädter Malers Adam Hölbing.

Tausende Arten von Muscheln und Schnecken

Ungefähr 17 Kilometer nördlich von Neustadt liegt das Dorf Cismar nahe der Ostseeküste. Es gehört zur Gemeinde Grömitz. Historisches Herzstück der Ortschaft ist ein ehemaliges Benediktinerkloster, das im Jahr 1245 von Lübeck nach Cismar verlegt wurde. Bedingt durch die Säkularisation wurde das Kloster aufgehoben und in einen Gutshof umgewandelt. Heute gehört es zur Stiftung Schleswig-Holsteinische Landesmuseen Schloss Gottorf und bietet Raum für Kunstausstellungen sowie Konzerte des Förderkreises Kloster Cismar e.V. An jedem zweiten Wochenende im August veranstaltet der Verein außerdem das

Geheimtipp

HERRSCHAFTLICH ÜBERNACHTEN UND EINKEHREN

Mit der Sanierung der ehrwürdigen Gutsanlage in Altenkrempe entstanden auch stilvolle Gästezimmer und Ferienwohnungen (2–8 Personen) im Torhaus. Das zugehörige Hofcafé Cembalo ist ein schönes Ausflugsziel. Für den Umbau und die denkmalgerechte Sanierung des Torhauses wurde Kultur Gut Hasselburg im Oktober 2015 vom Bund Deutscher Architekten (BDA) Schleswig-Holstein mit dem 1. Platz ausgezeichnet. Der Preis wird alle vier Jahre vergeben und gilt als wichtigster Architekturpreis im ganzen Bundesland. Bereits 2014 war das Torhaus mit einem Denkmalschutzpreis ausgezeichnet worden.

Kultur Gut Hasselburg.
Allee 4, 23730 Hasselburg,
Tel. 04561/528 19 66,
www.hasselburg.de

Klosterfest Cismar mit Kunsthandwerkermarkt, das zahlreich Besucher und Kunstinteressierte anzieht.

Vom Klosterpark aus führt ein Naturlehrpfad zum Haus der Natur Cismar. Es verfügt nach eigenen Angaben über eine der weltweit größten privaten Schnecken- und Muschelsammlungen. Auf diese auch als »Mollusken« bezeichneten Weichtiere hat man sich hier auch in Sachen Forschung spezialisiert. Mehr als 5000 Arten sind in den Ausstellungsräumen für Besucher zugänglich, weitere Millionen Einzelstücke werden zu wissenschaftlichen Zwecken genutzt und sind teils bei Sonderausstellungen zu sehen.

Bei vielen der Schnecken und Muscheln handelt es sich um Raritäten, einige davon gelten als einzigartig in Europa. Weitere Ausstellungsbereiche zeigen einheimische und exotische Ausstellungsstücke wie Mineralien, Versteinerungen, präparierte Vögel und Säugetiere, Insekten, Krebstiere und Korallen. Die Atmosphäre in dem privaten Museum ist familiär, so können Gäste auch mal einen Blick in die Arbeitsbereiche werfen, mit Mitarbeitern ins Gespräch kommen oder etwa erleben, wie sich das Blasen auf Schneckenhörnern anhört.

Kultur Gut Hasselburg

In Altenkrempe kurz vor Neustadt verwandelte sich eine historische Gutsanlage in ein Zentrum für Musik, Theater und Kunst mit Veranstaltungen in der imposanten Reetdachscheune, die landesweit als die größte ihrer Art gilt. Der denkmalgeschützte spätbarocke Landsitz (1763) mit dem eindrucksvollen Torhaus wurde aufwendig saniert. Kultur Gut Hasselburg ist unter anderem auch ein traditionsreicher Schauplatz des Schleswig-Holstein Musik Festivals.

Oben: Im Kloster Cismar
Mitte: Das Haus der Natur zeigt, welche Formen das Meer hervorbrachte.
Unten: Kultur Gut Hasselburg ist auch Schauplatz des Schleswig-Holsteinschen Musikfestivals.

Infos und Adressen

SEHENSWÜRDIGKEITEN

Kloster Cismar. Bäderstraße 42, 23743 Grömitz, scholz@kloster-cismar.de (Matthias Scholz), www.kloster-cismar.de

ZeiTTor Museum der Stadt Neustadt in Holstein. Ostern–Okt. Di–Sa 10.30–17, So/Feiertage 14–17, Nov–Ostern Fr 15–17 Uhr, Sa/So 14–16 Uhr. Weitere Termine nach Vereinbarung möglich. Haakengraben 2–6 (vor dem Kremper Tor), 23730 Neustadt in Holstein, Tel. 04561/61 93 05, www.zeittor-neustadt.de

Haus der Natur Cismar. Tgl. 10–19 Uhr, Bäderstraße 26,23743 Cismar, Tel. 04366/12 88, www.hausdernatur.de, www.cismar.de (Klosterdorf)

Kultur Gut Hasselburg. Allee 4, 23730 Hasselburg (bei Altenkrempe/Neustadt i. H.), Tel. 04561/528 19 66, post@hasselburg.de, www.hasselburg.de

Der Hofladen Ziegelhof bei Cismar

Einkehren in authentischem Ambiente: das Klostercafé

ESSEN UND TRINKEN

Krabbes Restaurant. Fisch aus der Ostsee und vieles mehr, saisonale Küche, auch hausgemachte Suppen. Im Hafen. Grüner Gang 17, 23730 Neustadt in Holstein, Tel. 04561/712 42, www.krabbes-restaurant.de

ÜBERNACHTEN

Hotel Wallburg. In zentraler Lage am Neustädter Hafen, Einzel- und Doppelzimmer, einige mit Balkon und Hafenblick. Drei Sterne. Am Heisterbusch 4, 23730 Neustadt, Tel. 04561/512 20, www.wallburg.de

FESTE UND EVENTS

Klosterfest Cismar mit Kunsthandwerkermarkt. Infos und Termine unter www.kloster-cismar.de

INFORMATION

Tourist-Info Neustadt-Pelzerhaken-Rettin. Dünenweg 7, 23730 Neustadt i.H., Tel. 04503/779 41 80, www.luebecker-bucht-ostsee.de

44 Hansa-Park
Nervenkitzel an der Küste

Der traditionsreiche Freizeitpark zwischen Lübeck und Scharbeutz gehört hier genauso zur Ostsee wie die Strandkörbe. Mit Attraktionen, die den Atem stocken lassen, und Themenbereichen zu Meer und Hanse fügt er sich ins Bild. Bei einer Fahrt mit der Achterbahn kann man Richtung Strand winken – nur rund 300 Meter sind es bis zum Wasser.

Der Hansa-Park gehört zur Gemeinde Sierksdorf und machte das Ostseebad bekannt. Er wurde 1973 als Legoland gegründet und fünf Jahre später als Themenpark (damals unter dem Namen »Hansaland«) neu eröffnet. Durch zahlreiche Erweiterungen wuchs seine Fläche inzwischen auf 460 000 Quadratmeter mit mehr als 125 Attraktionen an, darunter 35 Fahrgeschäfte und vier Live-Shows.

Rendezvous im Looping

Besonders stolz ist man hier auf einige einmalige oder seltene Fahrattraktionen wie die Wasser-Bobbahn »Rio Dorado«, bei der die Boote eine 70 Meter lange Rampe hinauffahren, um dann in einem Wildwasserkanal kreiselnd durch Steilkurven ins Tal zu sausen. Oder das »Rendezvous im Loop«, bei dem sich zwei Achterbahnen im Looping begegnen. Besonders Wagemutige steigen am besten in den »Fluch von Novgorod«, eine Extrem-Achterbahn mit Katapultstart in 1,4 Sekunden auf 100 Stundenkilometer, 97-Grad-Sturz im Stockdunkeln und einem Schienenabschnitt, der einem Seemannsknoten nachempfunden wurde.

Mitte: Altbewährter und neuer Nervenkitzel: im Hansa-Park
Unten: Einige Fahrgeschäfte bedeuten die willkommene Erfrischung.

Doch, das gibt es: Besuch im Bananenmuseum

In der Saison 2015 setzte der Freizeitpark mit der Fahrattraktion »Der Schwur des Kärnan« noch einen obendrauf und schrieb – findet der Betreiber – damit Achterbahngeschichte. Mit einer 67 Meter tiefen Talfahrt aus einem 79 Meter hohen Turm kommend erreicht der Hyper-Coaster auf der 1235 Meter langen Strecke eine Geschwindigkeit von bis zu 127 Stundenkilometern. Weltweit einmalig soll der Rückwärtsfreifall aus mehr als 60 Metern Höhe sogar sein. Als Hyper-Coaster bezeichnet man übrigens Achterbahnen mit einer Höhe zwischen 61 Metern und 91 Metern (200 bis 300 Fuß), also nach dem amerikanischen Vorbild.

Maritime Themenwelten

Zum Hansa-Park gehören außerdem elf Themenwelten, wovon einige eigens zum Thema Küste entwickelt wurde, wie etwa das »Wikingerland« oder die »Plaza del Mar«, die natürlich eher an südliche Gefilde erinnert. Das neu eingeführte Themenkonzept »Hanse in Europa« soll sich laut der Betreiber zum außergewöhnlichsten Merkmal des Erlebnisparks mausern. Es wird gerade nach und nach ausgebaut. Bereits in 2008 wurde das

Geheimtipp

ERSTES DEUTSCHES BANANENMUSEUM

Es gibt noch einen anderen, weitaus unbekannteren Grund nach Sierksdorf zu kommen: Im Ersten Deutschen Bananenmuseum sind sage und schreibe fast 11 000 Exponate rund um das gebogene Obst zu bestaunen. Und zu vielen kann Museumsdirektor Stelli Banana eine Geschichte erzählen. Der ausgebildete Industriedesigner und freie Künstler heißt eigentlich Bernhard Stellemacher und machte seine Sammlung kostenlos der Öffentlichkeit zugänglich. Die Ausstellung zeigt die Banane in Kunst und Wirtschaft sowie als Sammlerobjekt mit Kuriositäten wie einer Bananenkrummbiegemaschine. Das kostbarste Objekt ist ein Bananen-Stich der Naturforscherin und Künstlerin Maria Sibylla Merian aus dem frühen 18. Jahrhundert.

Erstes Deutsches Bananenmuseum. Eintritt frei. Prof.-Haas-Str. 59, 23730 Sierksdorf, Tel. 04563/83 35, www.bananenmuseum.de

Lübecker Holstentor fertiggestellt. In den vergangenen Jahren folgten u. a. Rostock, Brügge, London und Kopenhagen.

Ein Bummel über das Gelände führt außerdem zu Shows und Events – u. a. Darbietungen mit Superlativen – auf der wohl größten Varietébühne Norddeutschlands. Zu sehen sind Live-Kapellen mit Dixie- und Latinomusik, die größte Parade des Nordens, verschiedene Live-Shows auf der Freilichtbühne und der Wasserzirkus mit schwimmender Bühne (aktuelle Veranstaltungstermine siehe Homepage).

Der Hansa-Park wurde bereits mehrfach ausgezeichnet, etwa mit dem European Star Award 2014 in der Kategorie »Europe's Best Family Park« und belegte dabei den dritten Platz nach dem Disneyland Paris und Efteling in den Niederlanden. Die »Schlange von Midgard«, die für Familien mit kleineren Kindern geschaffen wurde, erreichte zudem den zweiten Platz als »Europe's Best Family Ride«. Wegen seiner Kinder- und Familienfreundlichkeit erhielt der Freizeitpark das Gütesiegel »OK für Kids«, das der Deutsche Kinderschutzbund (DKSB) und TÜV NORD CERT vergeben. Auch das komplette Sicherheitssystem ist TÜV-zertifiziert. Seit 2015 können Besucher kostenloses Wireless-Lan (WiFi) an Hotspots im Park nutzen.

Ostseebad Sierksdorf

Wer mag, kann beim Freizeitpark übernachten, zu dem auch das Hansa-Park Resort am Meer gehört. So lässt sich der Besuch auch mit einigen Strandtagen in Sierksdorf verbinden, das einen fünf Kilometer langen Sandstrand mit Strandkorbverleih bietet sowie das Warmwasser-Hallenbad Panoramic, in dessen 25x15 Meter großen Becken man fast ganzjährig schwimmen gehen kann.

Oben: Uuuuuah, gleich geht es bergab ...
Mitte: Sogar wie ein Glockenpendel kann man sich hier einmal fühlen.
Unten: Klassiker mit Adrenalinfaktor

Infos und Adressen

AKTIVITÄTEN

HANSA-PARK. ca. Mitte April–Ende Okt. tgl. 9–18, die Fahrattraktionen sind ab 10 Uhr geöffnet. Am Fahrenkrog 1, 23730 Sierksdorf, Tel. 04563/47 40, www.hansapark.de

Panoramic. Hallenschwimmbad. Am Pfingstberg 6, 23730 Sierksdorf, Tel. 04563/712 17.

ESSEN UND TRINKEN
Vielfältige Gastronomie im Hansa-Park

ÜBERNACHTEN

HANSA-PARK Resort am Meer. Ferienwohnungen, Bungalows, Doppel- und Reihenhäuser, je nach Typ ausgestattetet mit Einbauküchen, Kaminofen, Fußbodenheizung, Glasfronten, Terrasse, Balkone, Whirlwanne und Komfortsauna. Infos zur Buchung über SARCON Ferienparks GmbH & Roompotparks, Hallerstraße 70, 20146 Hamburg, Tel. 040/41 17 00 17, buchung@sarcon.de, www.roompot.de, www.hansapark-resort.de

Campingplatz Buchholz. Auch Zeltplätze. Am Strande 2,23730 Sierksdorf, Tel. 04563/478 78 98.

Hier ist alles so ziemlich Banane.

Campingplatz Hof Sierksdorf. Nur Wohnmobile (Dauercamper und Besucher). Altonaer Straße 7, 23730 Sierksdorf, Tel. 04563/47 80 26 und 0162/590 51 08, www.camping-hofsierksdorf.de

FESTE UND EVENTS
Shows, Wasserzirkus und weitere Veranstaltungen auf dem Gelände des Freizeitparks, Infos und Termine auf www.hansapark.de

INFORMATION
Tourismus-Service Sierksdorf. Vogelsang 1, 23730 Sierksdorf, Tel. 04563/47 89 90, www.sierksdorf-ostsee.de

Der Hansa-Park liegt direkt am Meer.

45 Travemünde
Nostalgie des Seebadens

Travemünde ist nach Heiligendamm (1793) das zweitälteste deutsche Ostseeheilbad. Es wurde 1802 offiziell eröffnet und zog bald auch Adelige und Kaufleute aus der nahen Hansestadt Lübeck und dem Umland an. Ein Hauch davon ist noch heute zu spüren. Auch im Leuchtturm mit Museum und auf der Viermastbark »Passat« lebt Geschichte auf.

Anno dazumal badete man in Travemünde, um etwa eine vermeintliche Hysterie, Blutarmut, Bleichsucht oder andere Krankheiten auszukurieren, und zwar die Dame getrennt vom Herrn unter dem Verdeck eines Badekarrens oder bei Wannenbädern in den Badehäusern. Züchtige Badekleidung war obligatorisch. Als chic galt das hochgeschlossene, oft mit Schleifen und Schärpen verzierte Badekostüm über einem Fischbeinkorsett, mit Pluderhosen, die bis an die Knöchel reichen mussten. Dazu eine Badekappe, gern mit künstlichem Tang oder Korallen garniert. Wie diese Mode sonst noch aussah, ist im Seebadmuseum zu erleben, wo einige Teile ausgestellt sind und noch anderes zur Geschichte der Ortschaft.

Am Kurstrand

Der Tradition huldigt Travemünde auch augenzwinkernd mit dem jährlichen traditionellen Anbaden im Mai, bei der eine jauchzende Meute von Badegästen in historischer Badekluft in die noch kalte Ostsee stürmt – jeder kann mitmachen. Auch zu anderen Zeiten ist der breite Kurstrand (gebührenpflichtig) nett für eine Erfrischung oder ein Sonnenbad, zum Sandburgenbauen oder Fuß-

Mitte: Das Hotel Maritim mit dem alten Leuchtturm
Unten: Am Strand sieht man auch mal die traditionellen Badekarren.

Das Brodtener Ufer

ballspielen. Die Promenade wurde 2012 neu gestaltet. In Richtung Norden am Brodtener Ufer gibt es Bereiche für FKK und Hunde.

Travemünde an sich gibt es schon deutlich länger. Es wurde bereits im Jahr 1187 als Fischerdorf gegründet. Aus dem späten Mittelalter blieb noch der Leuchtturm aus rotem Backstein, mit meterdicken Mauern wie eine Festung, die allen Angriffen trotzte. Errichtet im Jahr 1539 ist er der älteste Leuchtturm der Ostseeküste. Sein Leuchtfeuer brannte bis 1972, also für insgesamt 433 Jahre. Dem technischen Wandel entsprechend, wurde dabei zunächst Holz, dann Tranöl, später Petroleum, gefolgt von Gas und schließlich Strom verwendet. Ursprünglich stand der Leuchtturm direkt am Wasser. Nachdem ein Steindamm gebaut worden war, um die Versandung der Mündung zu verhindern, ist er nun weiter ins Landesinnere gerückt. Neben dem fast viermal so hohen Maritim-Hotel wirkt er regelrecht winzig und wird teils von dem Gebäude verdeckt. Das heutige Leuchtfeuer als weithin sichtbares Seezeichen befindet sich vor allem deshalb auch auf dem Dach des Hotels.

Einfach gut!

SPAZIERGANG AM BRODTENER UFER

Der Steilküste zwischen Travemünde und Timmendorfer Strand zu folgen, lohnt sich zu jeder Jahreszeit. Oben führt ein befestigter Weg vorbei an weiten Feldern und Wiesen mit freiem Blick auf die Ostsee und Ruhebänken zum Verweilen. Unten kann man dem naturbelassenen Strand folgen. Am schönsten ist eine Runde: oben hin, unten zurück oder andersherum (einfache Strecke circa vier Kilometer). Im Landschaftsschutzgebiet Brodtener Winkel brüten besonders viele Uferschwalben. Ihre kleinen Höhlenwohnungen sind in der Steilküste zu entdecken. Ein guter Startpunkt ist der Parkplatz (gebührenpflichtig) beim 2012 neu eröffneten Erlebniscafé Hermannshöhe, wo man anschließend auch einkehren kann.

Die Hermannshöhe. Erlebniscafé Hermannshöhe. 23570 Lübeck Travemünde, www.die-hermannshoehe.de

Ein Leuchtturm mit Geschichte(n)

Den alten Leuchtturm umgeben noch die Hofgebäude, in denen einst der Leuchtturmwärter lebte, zusammen mit Schweinen und Ziegen als Nahrungsquelle. Ab dem 19. Jahrhundert zog der Lotse nebenan im Hus Blinkfuer ein. Eine Besichtigung des Turms lohnt sich gleich doppelt: Von oben bietet sich eine großartige Aussicht über Travemünde und die Lübecker Bucht bis zur Küste von Mecklenburg-Vorpommern. Im Inneren ist auf acht Etagen ein Museum zur Geschichte des Leuchtturms zu besichtigen. Im Eingangsbereich zeigt ein Bild noch den Turm mit barocker Kuppel. Sie wurde 1827 durch einen Blitzeinschlag zerstört. Zu erkennen ist auch, dass das Meer damals noch viel näher lag.

Bei der geführten Besichtigung erzählt ein täuschend echt wirkender Leuchtturmwärter Geschichten, Sagen und Anekdoten über den Turm und Travemünde. Eine Wendeltreppe führt hinauf in die oberen Etagen. Ausgestellt sind dort etwa Leuchtfeuertechnik wie die Fresnelsche Stufenlinse (1822) und die mechanischen Otterblenden, mit denen ab 1872 die Taktung der Leuchtfeuer erzeugt werden konnte. Andere Bereiche zeigen Modelle von Feuerschiffen, Seelaternen aus Messing, alte Fotos und Seekarten. In der vierten Etage befindet sich die ehemalige Lotsenstation mit Ausguck, und ganz oben lässt sich die noch funktionsfähige Leuchtanlage einschalten. Auf der Außenplattform kann man den Turm umrunden und das Panorama genießen.

Die Viermastbark »Passat«

Beim Blick in Richtung Osten ist auch der Priwall zu sehen, eine rund drei Kilometer lange Halbinsel

Oben: Der alte Leuchtturm von Travemünde
Unten: Die Viermastbark »Passat« ist Travemündes schwimmendes Wahrzeichen.

Blick auf die Hafenstadt

direkt gegenüber, am anderen Ufer der
Bucht. Dort liegt das Wahrzeichen Travemündes: Die Viermastbark »Passat«, ein stol-
zes historisches Segelschiff von 115 Metern
Länge, das ebenfalls zu besichtigen ist und von einem Verein unterhalten wird. Sein Kiel wurde am
2. März 1911 in der Hamburger Werft Blohm &
Voss gelegt. Zehn Monate später ging das Schiff
unter dem Kommando von Kapitän Wendler auf
seine erste Reise nach Chile. Es wurde in der Sal-
peterfahrt eingesetzt. Zur Flotte der Flying P-Liner
gehörend, galt sie als außerordentlich seetüchtig.
So hießen die Segelschiffe der Reederei F. Laeisz,
deren Namen mit dem Buchstaben P begannen.
Die robusten Tiefwassersegler waren beinahe so
zuverlässig wie ein Dampfschiff im Linienbetrieb.

Die »Passat« überstand zwei Kollisionen, wechselte
im Zuge der Weltwirtschaftskrise ihren Besitzer
und ging abermals auf Reisen, die sie bis nach
Australien führten. Nach dem Zweiten Weltkrieg
diente sie in Stockholm als Getreidespeicher und
wurde dann als Lagerraum an die englische Regierung verchartert. Im Jahr 1951 kaufte Kapitän
Grubbe das von der Abwrackung bedrohte Schiff
und überführte es nach Lübeck. Es machte noch
einige Reisen als Segelschulschiff und wurde 1959

Nicht verpassen

PETERMÄNNCHEN UND PLATTFISCHE

Wie vielfältig und schüt-
zenswert das Baltische Meer
ist, erfährt man bei einem Besuch der privat geführten Ostseestation. Es ist ein tolles Erlebnis auch
für Kinder. Die Schauaquarien zeigen
heimische Meerestiere wie Medusen,
Butterfische und verschiedene Arten
von Seenadeln, die aus der Familie
der Seepferdchen stammen. Bei der
rund einstündigen Führung gibt es
auch spannende Informationen und
Antworten auf etwa die Fragen, woher das Petermännchen seinen Namen hat und wo sich die Quallen im
Winter aufhalten. Besucher dürfen
auch Stücke wie einen Haifischkiefer
oder das Gebiss eines Schweinswals
in die Hand nehmen, Plankton durch
ein Mikroskop betrachten oder bei der
Fütterung der Plattfische helfen.

Ostseestation Priwall. Ganzjährig
geöffnet, Termine siehe Homepage
und nach Absprache. Am Priwallhafen 10, 23570 Lübeck-Travemünde,
Tel. 04502/30 87 05,
www.ostseestation-priwall.de

endgültig außer Dienst gestellt. Durch die Bemühungen der Stadt Lübeck und des Vereins »Rettet die Passat e.V.« ist sie heute eine Sehenswürdigkeit. An Bord wurde unter anderem auch ein Museumsfunkraum eingerichtet, in dem Besucher viel über die Technik erfahren.

Halbinsel Priwall

Der Priwall ist auch per Fähre (Anleger beim alten Leuchtturm) zu erreichen. Die Autofähren legen ganzjährig ab; in der Sommersaison verkehrt außerdem eine kleine Personenfähre. Auf der drei Kilometer langen Halbinsel gibt es einen im Sommer gut besuchten Sandstrand und eine Ostseestation (siehe Autorentipp), wo in Schauaquarien heimische Meerestiere wie Medusen und verschiedene Arten von Seenadeln bestaunt werden können.

Oben: Auf der Halbinsel Priwall
Unten: Die Vorderreihe in Travemünde

Infos und Adressen

SEHENSWÜRDIGKEITEN

Seebadmuseum. Heimatverein Travemünde e. V., Torstraße 1, 23570 Travemünde, Tel. 04502/ 999 80 94, info@heimatverein-travemuende.de

Alter Leuchtturm. Am Leuchtenfeld 1, 23570 Lübeck-Travemünde, Tel. 04502/889 17 90, www.leuchtturm-travemuende.de

Viermastbark »Passat«. 5. Apr.–17. Mai/ 28. Sept.–31. Okt., tgl. 11.–16.30, 18. Mai–27. Sept., tgl. 10.–17 Uhr), Am Priwallhafen 16, 23570 Lübeck-Travemünde, Tel. 04502/99 97 28, rettetdiepassat@googlemail.com, www.ss-passat.com

ESSEN UND TRINKEN

Niederegger Travemünde. Café mit Blick auf die Trave. Marzipan-Spezialitäten, feine Torten und Bistroküche, Vorderreihe 56, 23570 Lübeck-Travemünde, Tel. 04502/20 31, www.niederegger.de

Fischverkauf direkt vom Kutter

Das Café Niederegger in Travemünde

ÜBERNACHTEN

Hotel Strandschlösschen. Stilvolles Dreisternehaus an der Kurpromenade. Insgesamt 33 Ein-, Zwei- und Dreibettzimmer, einige Zimmer haben Meerblick, teils auch Balkon oder Loggia. Strandpromenade 7, 23570 Lübeck-Travemünde, Tel. 04502/750 35, www.hotel-strandschloesschen.de

Maritim Strandhotel Travemünde. Viersternehotel neben dem alten Leuchtturm, 125 Meter hoch und 36 Etagen, entsprechend ist das Travemünde-Panorama, Restaurant in der 35. Etage. Trelleborgallee 2, 23570 Lübeck-Travemünde, Tel. 04502/890, www.maritim.de

FESTE UND EVENTS

Traditionelles Anbaden. Ein Fest auch für alle, die sich nicht ins Wasser trauen. Jährlich im Mai, aktueller Termin unter www.travemuende-tourismus.de

INFORMATION

Tourist-Information Travemünde. Lübeck und Travemünde Marketing GmbH, Strandbahnhof, Bertlingstraße 21, 23570 Travemünde, Tel. 0451/ 889 97 00, www.travemuende-tourismus.de

46 Hansestadt Lübeck
UNESCO-Weltkulturerbe aus Backstein

Die Stadt der sieben Türme meist schon von Weitem unvergleichbar mit ihrer kulturhistorischen Silhouette. Am eindrucksvollsten ist die Zufahrt zur Altstadtinsel, umgeben von den Flüssen Trave und Wakenitz, wenn man das historische Zentrum über die Fackenburger Allee und den Kreisverkehr am Lindenplatz ansteuert. Dann geht es direkt auf das Holstentor zu, Lübecks Wahrzeichen.

Das spätgotische Backsteingebäude mit dem Doppelturm, errichtet 1478, datiert noch aus den Zeiten der mittelalterlichen Stadtbefestigung. Es ist neben dem Burgtor das einzige noch erhaltene Stadttor Lübecks. Davor stehend, kann man links die beiden Türme der Marienkirche sehen. Rechts ragt der Turm der Petrikirche hinter den historischen Salzspeichern an der Trave hervor. Zusammen mit den vier Türmen der drei weiteren Hauptkirchen – St. Jakobi, St. Aegidien und dem Lübecker Dom – prägen sie die unverwechselbare Skyline der Hansestadt. Sie war mit ausschlaggebend dafür, dass die komplette Lübecker Altstadt 1987 zum Welterbe der UNESCO ernannt wurde.

Museum Holstentor

Im Holstentor informiert die Ausstellung »Die Macht des Handels« darüber, wie und warum sich die Stadt zum bedeutendsten Handelsplatz im ganzen Ostseeraum, zur »Königin der Hanse«, entwickeln konnte. Man kann dabei auch etwa die gehandelten Waren riechen und den Bürgermeister Recht sprechen hören. Das historische Lübeck

Mitte: Der zweifellos schönste Zugang zur Stadt: das Holstentor
Unten: Im Theater Figuren Museum

Hansestadt Lübeck

wird im Film und anhand eines großen Stadtmodells präsentiert. Schiffsmodelle und nautische Geräte vermitteln einen Eindruck davon, wie es war, als Kaufmann auf großer Fahrt zu sein.

Panoramablick von St. Petri

Beim Holstentor führt eine Brücke über die Trave. Einige Lokale und Ausflugsschiffe reihen sich am Ufer auf. Es bietet sich an, zunächst der Holstenstraße geradeaus für rund 100 Meter zu folgen, und rechts in den mittelalterlichen Kolk abzubiegen, eine der schönsten Gassen der Hansestadt. Nur wenige Schritte weiter steht die St. Petrikirche (erstmals erwähnt 1170). Von ihrem Turm bietet sich aus 50 Metern Höhe ein 360-Grad-Panoramablick über Lübeck, der bei klarer Sicht sogar über die gesamte Region reicht. Dazu geht es nach nur wenigen Stufen mit dem Lift bequem weiter bis nach oben.

Im Kolk ist außerdem das Theater Figuren Museum sehenswert, und allein schon das um 1526 errichtete Kaufmannshaus mit Treppengiebel. Im Inneren ist ausgestellt, was Fritz Fey junior, Sohn einer Puppenspielerfamilie, als Fundus zusammentrug: Theaterfiguren dreier Jahrhunderte aus vielen Ländern und noch mehr zum Thema Figurentheater. Nebenan, im Renaissancebau Kolk 20–22 erwachen Puppen beim Figurentheater zum Leben.

Der Lübecker Dom

Die Kleine Kiesau, eine kopfsteingepflasterte Verlängerung des Kolks, wurde erheblich bei einem Luftangriff im März 1942 getroffen, wobei die historische Bebauung größtenteils vernichtet wurde. Der Weg führt nun vorbei an nüchternen Fassaden und – sich weiter geradeaus haltend – in Richtung

Geheimtipp

UM DIE ALTSTADT PADDELN

Weil viele in die Ausflugsschiffe steigen – zweifellos auch eine schöne Möglichkeit – wird oft übersehen, dass es noch eine individuelle Variante gibt, sich auf Trave und Wakenitz zu zubewegen. Bei einer Umrundung mit dem Kanu oder Kajak eröffnen sich ganz besondere Perspektiven der Hansestadt. Möglich ist dies aufgrund der geringen Strömung in beiden Richtungen und auch schon für Anfänger. Das passende Gefährt gibt es bei der Kanu Zentrale Lübeck, für Selbstabholer oder inklusive Bootstransfer. Einsatzstellen sind an der Falkenstraße (bei Haus Nummer 39) sowie an der Lachswehrbrücke (Lachswehr 38). Die Fahrzeit beträgt für eine Runde je nach Tour und Tempo ca. 1,5 bis 2,5 Stunden (ohne Pausen).

Kanu Zentrale Lübeck.
Geniner Str. 2, 23560 Lübeck,
0172/544 05 53,
www.kanu-zentrale.de

Rundgang über die Altstadtinsel

Ⓐ Holstentor – Lübecks Wahrzeichen bildet den zentralen westlichen Zugang zur Altstadtinsel. Es ist eines der beiden noch erhaltenen Stadttore aus dem Mittelalter. Innen informiert das Museum Holstentor über »Die Macht des Handels«.

Ⓑ An der Obertrave – Eine Promenade begleitet den Fluss neben der Straße. Seitlich der Holstenbrücke reihen sich Terrassenlokale aneinander und Ausflugsschiffe legen ab.

Ⓒ Kolk – Die mittelalterliche Gasse mit gut erhaltenen Kaufmannshäusern ist eine der schönsten der Hansestadt.

Ⓓ St. Petri-Kirche – Von ihrem Turm bietet sich aus 50 Metern Höhe ein 360-Grad-Panoramablick über Lübeck, der bei klarer Sicht sogar über die gesamte Region reicht.

Ⓔ Theater Figuren Museum und Figurentheater – Die Ausstellung mit Theaterfiguren aus drei Jahrhunderten beweist, dass Puppenspiel viel mehr als Kasperle bedeutet, genauso auch die Bühne im Nachbargebäude.

Ⓕ Kleine Kiesau – Die Verlängerung des Kolks wurde im Zweiten Weltkrieg schwer von Bomben getroffen und ist daher von modernen Fassaden geprägt.

Ⓖ Lübecker Dom – Geweiht 1247, war er der erste sakrale Backsteinbau an der Ostsee. Hier legte Heinrich der Löwe im Jahr 1173 den Grundstein für das Bistum Lübeck.

Ⓗ St.-Aegidien-Kirche – Auch die kleinste der fünf Hauptkirchen trägt zur Stadtsilhouette bei und ist sehenswert.

Ⓘ Sandstraße und Breite Straße – Die Hauptfußgängerzone Lübecks gibt sich modern, ist aber umgeben von historischen Gassen und Gebäuden.

Ⓙ Markt – Besonders ist auch Lübecks Rathaus aus dem 13. Jahrhundert

Ⓚ Café Niederegger – Das berühmte Marzipan, Nougat und mehr kann man hier in unzähligen Formen und Varianten kaufen. Im Café gibt es Torten, Eis und andere Leckereien.

Ein verdientes UNESCO-Weltkulturerbe

Hansestadt Lübeck

L St-Marien-Kirche – Ihr charismatischer Doppelturm ist mit 125 Metern der höchste Kirchturm Schleswig-Holsteins.

M Buddenbrookhaus – Das Museum ist auch Sitz der Heinrich- und Thomas Mann-Gesellschaft.

N Günter-Grass-Haus – Spätestens hier erfährt man: Der Literaturnobelpreisträger war auch Grafiker und Bildhauer.

O St. Jakobikirche – Die Kirche der Seefahrer

und Fischer ist auch eine nationale Gedenkstätte der zivilen Schifffahrt.

P Heiligen-Geist-Hospital – Erbaut 1286, ist es eine der ältesten bestehenden Sozialeinrichtungen weltweit.

Q Burgtor – Das zweite noch erhaltene mittelalterliche Stadttor bildet den nördlichen Zugang zur Altstadtinsel. Nebenan befindet sich das 2015 neu eröffnete Europäische Hansemuseum.

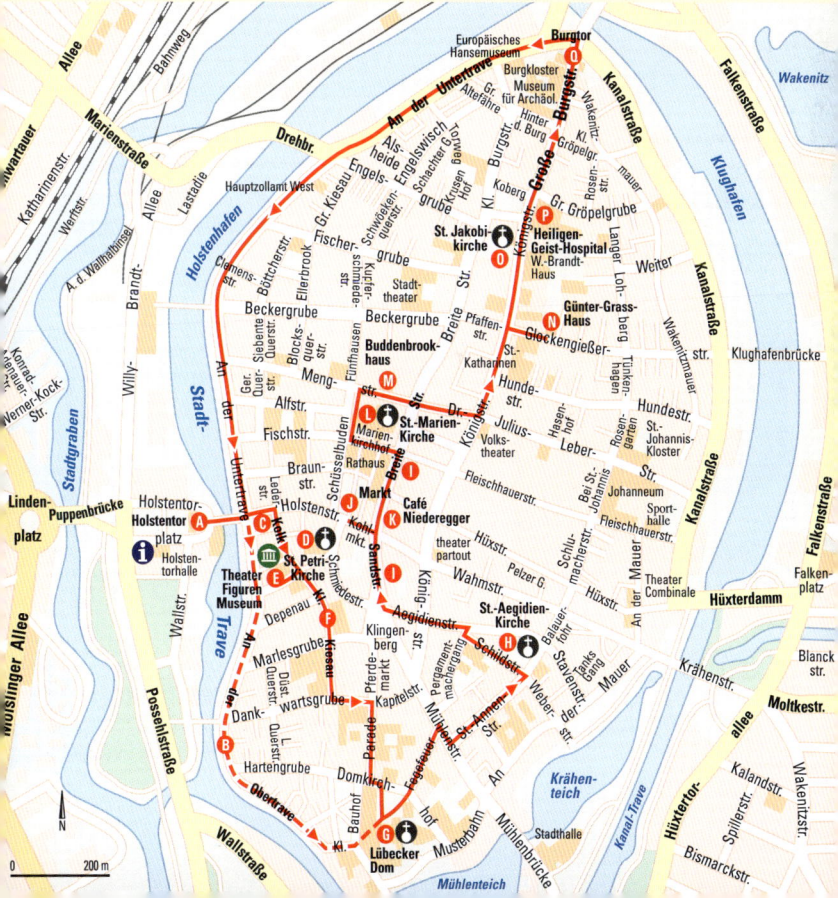

Die Türme des Lübecker Doms

Lübecker Dom. Als malerische Variante bietet es sich an, zurück zur Straße An der Obertrave zu gehen und ihr am Wasser entlang zu folgen.

Der Lübecker Dom, geweiht 1247, ist einer der ersten sakralen Backsteinbauten an der Ostsee und zählt mit 130 Metern dort auch zu den längsten. Hier legte Heinrich der Löwe im Jahr 1173 den Grundstein für das Bistum Lübeck. Große Teile des Doms waren bei dem Luftangriff im Zweiten Weltkrieg zerstört worden. Immerhin konnte vieles von der Innenausstattung, wie etwa das Triumphkreuz und fast alle mittelalterlichen Flügelaltäre, gerettet werden. Im Zuge des Wiederaufbaus ab 1945 wurden zunächst die Türme und der westliche Gebäudeteil instand gesetzt, gefolgt vom Ostchor und schließlich der Paradies-Vorhalle an der Nordseite.

Ein süßes Wahrzeichen: Café Niederegger

An der Ostseite der Altstadtinsel geht es nun zur St.-Aegidien-Kirche (erstmals erwähnt 1227), der kleinsten der fünf Hauptkirchen. Der Aegidienstraße dann links bergauf folgend, führt die dritte Abzweigung rechts in die Sandstraße mit der Hauptfußgängerzone. Diese wiederum leitet zum Markt mit dem Rathaus aus dem 13. Jahrhundert,

Oben: Blick in die charmante Hüxstraße
Mitte: Das Lübecker Rathaus
Unten: Im Aegidienhof

Hansestadt Lübeck

das mit weißer Fassade im Backsteinen-
semble hervorsticht. Vor dem Markt ist
das Niederegger-Haus mit Arkaden-Café,
üppiger Konditorei und kleinem Museum
eine Liebeserklärung an das berühmte Marzipan.

Sagen und Geschichten

Die Breite Straße führt dann zur doppeltürmigen
Marienkirche (ab 1250). Mit 125 Metern verfügt
sie über den höchsten Kirchturm der Stadt und
auch des Landes Schleswig-Holstein. Im Gemäuer
erzählen die Figuren des Teufels von St. Marien,
einer Kirchenmaus und des Steinalts Sagen und
Geschichten. Von den großen Schriftstellern Lübecks berichten das Buddenbrookhaus gegenüber
und fast direkt um die Ecke das Günter-Grass-Haus
(siehe S. 250). Als fünfte Hauptkirche folgt am nahen Koberg die St. Jakobi (um 1300), die Kirche der
Seefahrer und Fischer. Hier im Norden der Stadt
lebten seit der Zeit der Hanse nahezu alle, die mit
der Seefahrt zu tun hatten. In der nördlichen Turm-
kapelle liegt das Rettungsboot 2 der 1957 gesunke-
nen Viermastbark »Pamir« als ein Mahnmal. Damit
wurde die Kapelle zur Nationalen Gedenkstätte der
zivilen Schifffahrt. Nebenan befindet sich das bau-
lich eindrucksvolle Heiligen-Geist-Hospital (1286),
eine der ältesten Sozialeinrichtungen weltweit. An
der Nordseite der Altstadtinsel bilden das mittelalterliche Burgtor und das 2015 eröffnete Europäische Hanse-Museum (siehe S. 252) einen würde-
vollen Abschluss.

GUT ZU WISSEN

MARZIPAN-EIS

Bei Niederegger kann es voll werden, man sollte also
etwas Zeit mitbringen. Im Sommer ist ein Marzipan-
Eis (oder andere Sorten) vom zugehörigen Straßenverkauf eine köstliche Alternative.

Nicht verpassen

DIE LÜBECKER WEIHNACHTS-MÄRKTE

In der Adventszeit erstrahlt
die ganze Altstadtinsel im Lichter-
glanz. Auch das Holstentor ist fest-
lich beleuchtet. Gleich mehrere
Weihnachtsmärkte verwandeln Lübeck in ein wahr gewordenes Märchen, bei Glühwein und Mutzen wird
hanseatisch gefeiert: der historische
Markt vor der Kulisse des Rathauses,
der Maritime Weihnachtsmarkt am
Koberg mit Riesenrad und ein mittelalterlicher Markt im Marienkirchhof.
Kunsthandwerker-Märkte im Kirchen-
schiff von St. Petri und im Heiligen-
Geist-Hospital sowie die »Lüb'sche
Weihnacht« im Schuppen 6 mit
Künstlern aus der Region. Extra für
Kinder gibt es das Weihnachtswun-
derland an der Obertrave und einen
Märchenwald an der Marienkirche.

Lübecker Weihnachtsmarkt.
www.luebecker-weihnachtsmarkt.de

Infos und Adressen

Ein süßes Erlebnis: das Café Niederegger

SEHENSWÜRDIGKEITEN

Dom zu Lübeck. Mühlendamm 2–6,
23552 Lübeck, Tel. 0451/747 04,
www.domzuluebeck.de

St.-Aegidien-Kirche. Aegidienstraße 75,
23552 Lübeck, Tel. 0451/70 56 22,
www.aegidien-kirche-luebeck.de

St.-Jakobi-Kirche. Jakobikirchhof 3,
23552 Lübeck, Tel. 0451/30 80 10,
www.st-jakobi-luebeck.de

St.-Marien-Kirche. Marienkirchhof 1,
23552 Lübeck, Tel. 0451/39 77 00,
www.st-marien-luebeck.com

St.-Petri-Kirche. Mit Aussichtsturm und sa-
kralem Café. Petrikirchhof, 23552 Lübeck,
Tel. 0451/39 77 30, www.st-petri-luebeck.de

Buddenbrookhaus. Jan.–März Mo–So 11–17,
April–Dez. Mo–So 10–18 Uhr, Mengstraße 4,

23552 Lübeck, Tel. 0451/122 41 90,
www.buddenbrookhaus.de, Erich-Mühsam-
Gesellschaft www.erich-muehsam.de

**Günter-Grass-Haus / Forum für Literatur und
Bildende Kunst.** Mit Museum und Kulturveranstaltungen, Glockengießerstraße 21, 23552 Lübeck, Tel. 0451/122 42 30, www.grass-haus.de

Theater Figuren Museum. Kolk 14,
23552 Lübeck, Tel. 0451/786 26,
www.theaterfigurenmuseum.de

Figurentheater Lübeck. Kolk 20–22,
23552 Lübeck, Tel. 0451/700 60,
www.figurentheater-luebeck.de

Marzipan Speicher. Verkauf und Verkostung,
Marzipan-Museum (Eintritt frei) und eine Marzi-
panshow, bei der man das »Marzipan-Abitur« machen kann. Marzipanland-GmbH – An der Untertrave 97–98, 23552 Lübeck, Tel. 0451/897 39 39,
www.marzipanland.de

Museum Holstentor. Holstentorplatz, 23552 Lübeck, Tel. 0451/122 41 29, www.museum-holstentor.de

AKTIVITÄTEN

Naturbad Falkenwiese. Nostalgisches Fluss-freibad an der Wakenitz. info Mo–Fr 9–19, Sa/So 10–19 Uhr mit Kulturprogramm auf der Seebühne, Wakenitzufer 1b, 23564 Lübeck, Tel. 0451/79 43 15, www. naturbad-falkenwiese

Wakenitz Schifffahrt Quandt. Ausflugsfahrten auf Trave und Wakenitz, auch längere Touren. Wakenitzufer 1c, 23564 Lübeck, Tel. 0451/79 38 85, www.wakenitzfahrt.de

ESSEN UND TRINKEN

Café Niederegger. Breite Str. 64, 23552 Lübeck, Tel. 0451/300 38 56, www.niederegger.de

Mitbringsel aus dem Marzipan Speicher

ÜBERNACHTEN

Klassik Altstadt Hotel. Eine stilvolle Einstimmung auf Lübeck: Die Doppelzimmer widmen sich berühmten Persönlichkeiten der Stadt. In den Einzelzimmern finden Gäste persönliche Reiseberichte von verschiedenen Autoren vergangener Jahrhunderte vor. Drei Sterne, zentral. Fischergrube 52, 23552 Lübeck, Tel. 0451/70 29 80, www.klassik-altstadt-hotel.de

EINKAUFEN

Café Niederegger. Hier bekommt man das berühmte Marzipan und mehr auch im Direktverkauf (siehe Essen und Trinken).

Hüxstraße. Mit mehr als 100 inhabergeführten Läden eine charmante Einkaufsmeile nahe der Hauptfußgängerzone. 23552 Lübeck, www.die-huexstrasse.de

INFORMATION

Lübeck und Travemünde Tourist-Service GmbH. Holstentorplatz 1, 23552 Lübeck, 01805/88 22 33 (EUR 0,14/Min.), www.luebeck.de

In der Hüxstraße befinden sich außer kleinen Läden auch einige nette Lokale.

LITERARISCHES
Lübeck

Anno: Dominus providebit: 1758

Das Wohnhaus der Familie Mann ist heute auch ein »begehbares Buch«.

Weitere Sehenswürdigkeiten der Hansestadt sind ein Erbe der großen Schriftsteller, die sie prägen, darunter gleich zwei Nobelpreisträger. In Gedenken an Heinrich Mann, Thomas Mann und Günter Grass wurden literarische Zentren eingerichtet, die in Ausstellungen informieren und regen Austausch ermöglichen. Auch der anarchistische Autor Erich Mühsam wuchs in der Hansestadt auf.

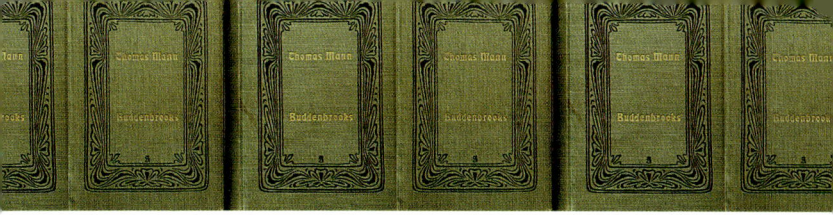

In der Mengstraße gegenüber der Marienkirche steht das Buddenbrook-Haus. Hier lebte die Familie Mann mit den berühmten Brüdern Heinrich (1871–1950) und Thomas (1875–1955), beide geboren in Lübeck. Inzwischen ist es ein literarisches Museum sowie Sitz des Heinrich und Thomas Mann Zentrums, das für Besucher u. a. auch besondere Kulturveranstaltungen organisiert. Ein Teil der Ausstellung ist ein begehbares Buch: Seitenzahlen in den originalgetreu eingerichteten Räumen führen zu den jeweiligen Passagen im Roman *Die Buddenbrooks*, für den Thomas Mann den Literaturnobelpreis seinerzeit erhalten hat.

Im Buddenbrookhaus

Im Buddenbrookhaus ist auch die Erich-Mühsam-Gesellschaft untergebracht. Der anarchistische Schriftsteller Erich Mühsam, geboren 1878 in Berlin, war gewissermaßen auch ein Sohn der Hansestadt: Er wuchs als Kind jüdischer Eltern in Lübeck auf. Anders als der Familie Mann gelang ihm jedoch die Flucht ins Exil nicht. Er starb 1934 im Konzentrationslager Oranienburg. Im Buddenbrookhaus befindet sich das Büro der Gesellschaft, die sein Andenken pflegt und seine Bemühungen um Frieden, Menschenwürde und soziale Gerechtigkeit fortführt.

Das Günter-Grass-Haus

Nur 600 Meter sind es vom Buddenbrookhaus bis in die Glockengießerstraße 2. Hier stellt das Günter-Grass-Haus das Werk des Literaturnobelpreisträgers vor, der auch als Grafiker und Bildhauer Bleibendes schuf. Außerdem werden Ausstellungen zu anderen mehrfach begabten Künstlern wie Johann Wolfgang von Goethe, Hermann Hesse, Ernst Barlach oder John Lennon präsentiert.

Um dem Gesamtwerk des vor allem als Autor bekannten Künstlers Raum zu geben, wurde das ihm gewidmete Museum im Jahr 2012 neu konzipiert. Es ist seitdem ein Forum für Literatur und bildende Kunst. Der 1927 in Danzig geborene Günter Grass lebte zuletzt viele Jahre in Lübeck, wo er auch im April 2015 verstarb.

Forum für Literatur und bildende Kunst: das Günter-Grass-Haus

47 Europäisches Hanse-Museum
Schlüsselmomente des Kaufmannsbundes

Seit 2015 ist Lübeck um ein kulturelles Highlight reicher: Neben dem mittelalterlichen Burgtor geht es wortwörtlich in die Tiefen der Hanse-Geschichte. Es vereinen sich eine archäologische Ausgrabung, das ehemalige Burgkloster und ein hochmoderner Museumskomplex. Dabei sind Szenen aus Lübeck und anderen europäischen Kontoren originalgetreu nachgestellt.

Schon der Zugang zur Hauptausstellung ist ungewöhnlich: Ein gläserner Aufzug fährt die Besucher durch historische Gesteinsschichten des Burghügels mitten in das Thema Archäologie. Während des Museumsneubaus wurde hier eine Grabungsstätte neu erschlossen und damit ein bedeutsamer Teil der Geschichte Lübecks freigelegt. Hier und oberirdisch im aufwendig restaurierten Burgkloster, einem Dominikanerkonvent aus dem 13. Jahrhundert, präsentiert das Europäische Hansemuseum bisher unbekannte Aspekte der Stadt- und Kulturgeschichte.

Die Anfänge der Besiedlung

Der Ausstellungsteil archäologische Grabungsfläche berichtet von den Anfängen der Besiedlung um das Jahr 800 sowie der Stadtgründung Lübecks im Jahr 1143. Er offenbart auch die neuesten Erkenntnisse zu der 1200 Jahre alten Geschichte des historisch bedeutungsvollen Ortes, auf dem in der Zwischenzeit ein hochmoderner Museumskomplex entstanden ist.

Im Museum werden Szenen aus der Hansezeit authentisch nachgestellt und Originaldokumente gezeigt.

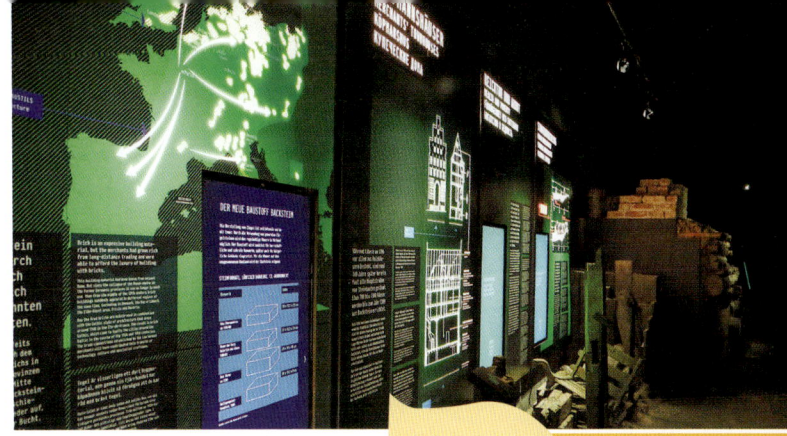

Die Ausstellung ist modern und interaktiv gestaltet.

Die Hanse in Städten wie Nowgorod

Nicht verpassen

Der Rundgang im Hauptgebäude führt dann durch die facettenreiche Geschichte der Hanse. Dabei ist multimedial zu erleben, wie sich der anfängliche Kaufmannsbund zu einer nordeuropäischen Großmacht entwickelte, einem Netzwerk mit rund 200 Partnerstädten. Die Eindrücke verstärken Rauminszenierungen, Kabinette mit Originalobjekten und moderne Museumstechnik mit interaktiven Angeboten. Informationsgrafiken helfen, wirtschaftliche Zusammenhänge, Reiserouten und das Alltagsgeschehen zur Zeit der Hanse ausführlich zu ergründen.

Als ausgewählte Stationen der Hansegeschichte werden Lübeck, Brügge, Bergen, London und das heute zu Russland gehörende Nowgorod als östlichstes Kontor der Hanse dargestellt. Man erfährt dabei von Wagnis und Aufstieg, von einer Welt in Reichtum und Macht, von Misserfolg und Kampf, von Todesgefahren und dem bestimmenden Glauben. Ein weiteres Thema ist, wie sich nach dem Niedergang der Hanse Mythen und Legenden bildeten. Besucher können dabei besondere Ereignisse der Hansegeschichte in rekonstruierten Szenen

BURGTOR UND NÖRDLICHES-TRAVEUFER

Vor oder nach dem Museumsbesuch lohnt es sich, um die Ecke zu schauen: Am Ende der Großen Burgstraße in der nördlichen Altstadt bildet das im spätgotischen Stil errichtete Mittlere Burgtor (1444) einen Zugang. Es ist das zweite erhaltene Stadttor von einst vier Toren der Lübecker Festungsanlage. Benannt wurde es nach der alten, hoch über der Trave gelegenen Lübecker Burg, die 1227 zum Burgkloster umgebaut wurde, welches wiederum nun Teil des Hansemuseums ist. Ein Schaukasten am Burgtor mit Modell zeigt, wie es früher aussah. Damit verbinden ließe sich ein Spaziergang am nördlichen Traveufer: über die Brücke, durch den Peter-Reder-Park und rechts in die Falkenstraße. Ihr folgend kommt man an Stellen, von denen aus sämtliche sieben Türme der Lübecker Hauptkirchen zu sehen sind.

Große Burgstraße. 23552 Lübeck, www.luebeck.de

253

Oben: Auch in alte Handwerks-
künste können die Besucher eintauchen
Unten: Originalschriftstücke wie
dieses werden für die Besucher auf
Deutsch und Englisch übersetzt.
Rechts: Das Relief zeigt den Lon-
doner Hafen von 1500.

nacherleben, wie sie sich in den Kontoren, den
auswärtigen Niederlassungen der Hanse, zugetra-
gen haben könnten. So geht es etwa durch eine
belebte Verkaufshalle in Brügge, den prunkvollen
Stalhof in London und einen wichtigen Um-
schlagplatz besonders für Stockfisch in Bergen.
Auch Lübeck, als »Haupt der Hanse«, ist immer
wieder Ort bedeutender Momente in der Entwicklung des Kaufmannsbundes. So werden etwa die
Auswirkungen der Pest im 14. Jahrhundert the-
matisiert, deren Ausbreitung in ganz Europa von
der hohen Mobilität der Hansekaufleute zeugte.
Eindrucksvoll in Szene gesetzt ist auch die Ver-
sammlung von Vertretern der Hansestädte beim
sogenannten Hansetag. Auch der Schlüsselmo-
ment der Gründung der Hanse ist dargestellt, ein
Treffen von niederdeutschen Kaufleuten aus
Soest, Münster, Groningen und Lübeck im Jahr
1193 am Ufer des Flusses Newa. Sie ahnten dabei
noch nicht, dass sie eine mächtige Vereinigung
mitbegründeten, die ab dem 14. Jahrhundert als
»Dudesche Hense« bekannt werden sollte. Die rekonstruierten Szenen basieren auf dem aktuellen

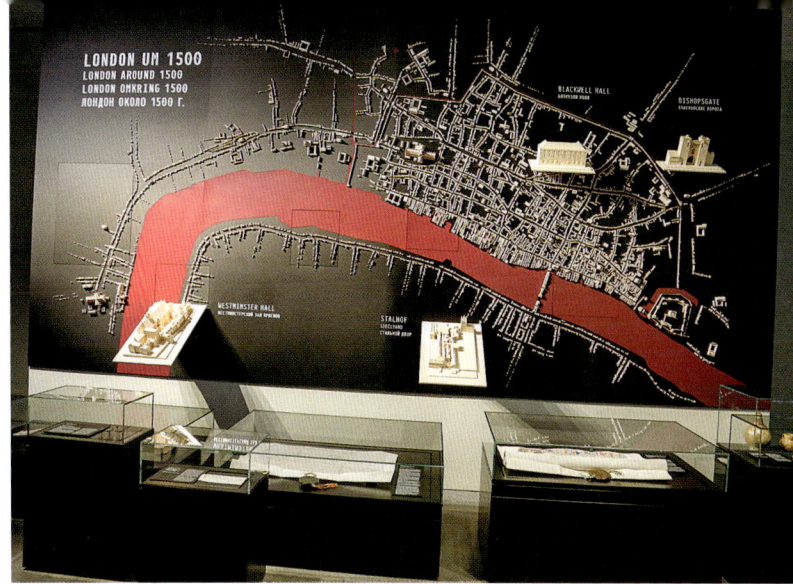

Stand der Forschung und wurden historisch so authentisch wie möglich nachgebildet.

Mit der Altstadt verwachsen

In die Ausstellung integriert sind zahlreiche Originalobjekte wie seltene Dokumente, Gemälde und Sammlungsstücke, die das Leben und Arbeiten der Hansekaufleute veranschaulichen. Zu den besonderen Stücken zählen etwa Gold- und Silbermünzen aus dem Lübecker Münzschatz, die seit Mitte des 16. Jahrhunderts in der Hansestadt vergraben waren.

Die Architektur des Museumsneubaus spielt mit einer Mischung aus handwerklicher Backsteinkunst und eleganter Moderne. Linien in der Fassade deuten subtil versteckt die Konturen von Bauwerken an, die früher an diesem Ort gestanden haben. Eine zentrale, öffentliche Treppe verbindet den historischen Hafen mit der höher gelegenen Altstadt. Integriert wurden auch Terrassen, Höfe, ein Spielplatz und Gastronomie mit Hafenblick.

Infos und Adressen

SEHENSWÜRDIGKEITEN
Europäisches Hansemuseum Lübeck. Tgl. geöffnet (außer Heiligabend) 10–17, Einlass bis 16 Uhr, An der Untertrave 1, 23552 Lübeck, Tel. 0451/809 09 90, www.hansemuseum.eu

ESSEN UND TRINKEN
Gastronomie im Museum, Sommerterrasse mit Hafenblick

ÜBERNACHTEN
siehe S. 249

INFORMATION
Lübeck und Travemünde Tourist-Service GmbH. Holstentorplatz 1, 23552 Lübeck, 01805/88 22 33, (EUR 0,14/Min.), www.luebeck.de

48 Fischerdorf Gothmund
Reetgedeckte Idylle mit Geschichte

An der Trave stadtauswärts in Richtung Travemünde scheint die Zeit stehen geblieben zu sein. Urige Fischerkaten schmiegen sich an den Hang, akkurat hergerichtet und mit Gässchen verbunden. Hölzerne Stege ragen aus dem Schilfgürtel, ein alter Treidelpfad führt am Ufer entlang. Hier, im Lübecker Stadtteil St. Gertrud, befand sich ein kleiner Schutzhafen auf dem Weg in die Hansestadt.

Noch immer wohnen Fischer in einigen der Reetdachhäuser, andere wurden von neuen Bewohnern stilecht geschmückt. So wirkt der Ortsteil fast wie ein Freilichtmuseum. Netze, Reusen und Taue hängen an den Backsteinwänden oder liegen in den Gärten. An den Stegen schaukeln kleine Kutter und andere Boote.

Die im Jahr 1502 erstmals urkundlich erwähnte Siedlung diente den Fischern seinerzeit als Zwischenstation auf der langen Rückreise zu den Lübecker Häfen. Die geschützte Lage am Steilhang nahe der Ostsee war ideal. Von Land aus war und ist das Dorf kaum zu erkennen. Es entwickelte sich aus einigen schlichten Katen, die als Schutzhütten für kurze Aufenthalte genutzt wurden. Schließlich ließen sich einige Fischersfamilien fest nieder. Insgesamt 18 Häuser wurden errichtet und mit Reet aus den nahen Travewiesen gedeckt. Im Jahr 1585 schließlich erhielten die Fischer von Gothmund in der ersten allgemeinen Fischereiordnung eigene Rechte.

Die Tradition ist allgegenwärtig.

Viele der reetgedeckten Häuser sind akkurat hergerichtet.

Bei der verheerenden Sturmflut am 13. November 1872 wurden viele der Häuser stark beschädigt. Weitere fielen 1893 einem Brand zum Opfer. Es ist noch ungefähr die Hälfte der ursprünglichen Katen erhalten. Die Häuser am Fischerweg 10 bis 18 stehen unter Denkmalschutz. Eine der historischen Fischerkaten wurde im Schleswig-Holsteinischen Freilichtmuseum Molfsee bei Kiel originalgetreu aufgebaut und kann dort besichtigt werden (siehe S. 190).

Auf dem Treidelpfad wandern

Ein Spazierweg führt durch Gothmund und schließlich hinab zum Wasser, wo sich die Wanderung auf dem alten Treidelpfad fortsetzen lässt. Hier »treidelten« Seeleute einst ihre Segelboote, wenn der Wind ungünstig stand. Mit Manneskraft oder der Hilfe von Pferden wurden sie am Ufer entlanggezogen. Der Weg verläuft am Traveufer zwischen dem Landschaftsschutzgebiet Schellbruch in Richtung Lübeck und der Herreninsel mit dem Stadtteil Herrenwyk in Richtung Ostsee. Der Schellbruch ist ein Vogelparadies, geprägt von salzhaltigem Wasser mit Lagunen, Bächen und Schwemmwiesen. Auf einer Strecke von etwa sieben Kilometern folgt die Route dem alten Treidelpfad.

Infos und Adressen

SEHENSWÜRDIGKEITEN
Fischerdorf Gothmund (Stadtteil St. Gertrud). 23568 Lübeck. Zu erreichen über die B75 Lübeck-Travemünde durch das Stadtgebiet oder den Herrentunnel (mautpflichtig), www.herrentunnel.de

Industriemuseum Geschichtswerkstatt Herrenwyk. Das Museum auf der Herreninsel berichtet davon, wie sich Herrenwyk mit seinem Hochofenwerk im 20. Jh. vom kleinen Fischer- und Bauerndorf zum Industrievorort Lübecks entwickelte. Kokerstraße 1–3, 23569 Lübeck, Tel. 0451/30 11 52, www.geschichtswerkstatt-herrenwyk.de

ESSEN UND TRINKEN
Lokale in Lübeck oder Travemünde

ÜBERNACHTEN
In Lübeck oder Travemünde

INFORMATION
Lübeck und Travemünde Tourist-Service GmbH. Holstentorplatz 1, 23552 Lübeck, 01805/88 22 33 (EUR 0,14/Min.), www.luebeck.de

49 Naturpark Lauenburgische Seen
Artenreichtum an der Alten Salzstraße

An der Grenze zu Mecklenburg-Vorpommern bietet Schleswig-Holsteins ältester Naturpark viel Grün zum Durchatmen und klare Seen. Touristische Zentren bilden die Kreisstädte Ratzeburg und Mölln mit einem breiten Angebot an Wassersport und anderen Aktivitäten. Wanderer kommen auch mit der Geschichte des Salzhandels in Berührung.

Hier ist auch die Natur wieder vereint: Der mit einer Fläche von 470 Quadratkilometern drittgrößte Naturpark Schleswig-Holsteins ist unmittelbar mit dem mecklenburgischen Biosphärenreservat Schaalsee verbunden. Beide bilden entlang der ehemaligen innerdeutschen Grenze ein großes Schutzgebiet mit ausgedehnten Waldgebieten und Gewässern. Die beiden größten Seen – der Ratzeburger See und der Schaalsee – sind durch den bei Salem beginnenden Schaalsee-Kanal miteinander verbunden.

Wandern und Radtouren

Namensgebend ist das Herzogtum Lauenburg im Südosten Schleswig-Holsteins in der eiszeitlich geformten Hügellandschaft. Im ehemaligen Grenzgebiet zur DDR konnten sich Flora und Fauna nahezu ungestört entwickeln. Nahe der Großstädte Hamburg und Lübeck entstand eine auch von Forstwirtschaft, Tierzucht und Ackerbau geprägte Kulturlandschaft mit urwüchsigen Wäldern, Seen und Feuchtgebieten, Brach- und Weideland.

Mitte: Am Schaalsee
Unten: Auch Quittenbäume gedeihen in den Gärten.

Erlebnisbahn Ratzeburg GmbH
Am Bahnhof im Zug - 23911 Schmilau - 04541/890074
www.erlebnisbahn-ratzeburg.de - info@erlebnisbahn-ratzeburg.de

3-Muskel Café - hier geht's los zur...

2-Gleise Reise
Einmal nach Schmilau und zurück,
mit dem Rad und der Draisine -
je ein Stück

4-Radlon Tour
Auf dem Gleis und mit dem Rad
geht es nach Hollenbek die Fahrt
und dort heißt es „Indianer-Dorf"

2-Seen-sehen Tour
Auf zwei See geht es um die Insel
mit dem Rad - das ist kein Schwindel
Als Drehwurmkur - die Rückwärtstour

5-Kampf Tour
Das Alles-Mitmach-Vollprogramm
für den, der es nicht lassen kann
und schlafen will, wie Peter Pan

3-Muskel Tour
Pumpen, Paddeln, Pedalieren
alles einmal ausprobieren
nur nicht dabei den Takt verlieren

Das 3-Muskel Café ist nur in den
Saisonzeiten zu angemeldeten
Touren geöffnet.
Bei Bedarf erreichen Sie uns unter
Tel. 04541/802535

Die Tafel zeigt den Weg zum 3-Muskel-Café.

Ihre schönsten Seiten zeigt die Region bei Radtouren oder Wanderungen. Jeweils rund 20 markierte Routen, viele davon als Rundtouren angelegt, geleiten an idyllische Plätze. Durch Felder und Alleen geht es zu den Ufern der großen und kleinen Seen, in die unterschiedlichen Wald- und Feuchtgebiete, entlang der Fließgewässer und Kanäle oder zum Wisentgehege bei Fredeburg. Auch an Schilfzonen und auf den steilen Moränenrücken eröffnen sich Einblicke in Naturräume. Schon von den Städten Ratzeburg und Mölln aus sind gut Touren (Streckenlänge 2,5 bis 15 Kilometer) möglich.

Das Möllner Tourismuszentrum »erlebnisreich« in Mölln hat für Radfahrer ein Programm mit thematischen Rundtouren entwickelt wie etwa einer Eiszeittour, Seenradtour, Denkmaltour oder Grenztour. Unterwegs können an Handy Guide-Stationen über das Mobiltelefon Informationen abgefragt werden. Durch den Naturpark führen außerdem die Europäischen Fernwanderwege Nordsee – Mittelmeer, Ostsee – Ägäis sowie der

Nicht verpassen

TOUR ZUM »3-MUSKEL-CAFÉ«
Die Erlebnisbahn Ratzeburg organisiert auch geführte Ausflüge wie die »2 Seen sehen-Tour«, die »2 Gleise Reise« oder den »4 Radlon«, bei denen verschiedene Gefährte zum Einsatz kommen. Einigermaßen fit sollte man dafür schon sein. Das lässt schon der Name des »3-Muskel-Cafés« erahnen, das ein Etappenziel im Kulturbahnhof Ratzeburg ist. Hier kann man auch auf eigene Faust wunderbar einkehren bei Kaffee, Kuchen und anderen Stärkungen.

3-Muskel-Café. Am Bahnhof, 23911 Schmilau, Tel. 04541/80 25 35 und 0170/325 72 36.
www.erlebnisbahn-ratzeburg.de

Internationale Küstenweg Atlantik – Nordsee – Ostsee. Mittelalterlichen Spuren folgen die Via Scandinavicaals, Teil des Jakobspilgerweges und der Fernradweg Alte Salzstraße.

Auf den Spuren des Salzhandels

Der Handel mit Salz stand im Mittelalter für Macht und Reichtum: Weil Salz als Konservierungsmittel besonders für Fisch unverzichtbar war, galt es im Ostseeraum als »Weißes Gold«. Eine zentrale Rolle spielten die Salzgärten mit bedeutendsten Salzvorkommen Nordeuropas in Lüneburg. Von hier aus brachten es die Kaufleute der Lübecker Hanse über die Alte Salzstraße nach Lübeck. Die Kontrolle des Salzhandels und der Bau der Stecknitzfahrt im Jahr 1398 – ein historischer Vorgänger des heutigen Elbe-Lübeck-Kanals –

Oben: Stimmungsvoller Moment am Küchensee in Ratzeburg
Unten: Der Naturpark steckt voller malerischer Perspektiven.

Lauenburgische Seen

trugen maßgeblich dazu bei, dass Lübeck zur Königin der Hanse aufsteigen konnte. Der Alten Salzstraße können Radwanderer auf dem nach ihr benannten Drei-Sterne-Fernradweg Lüneburg bis Lübeck folgen.

Naturparkzentrum Uhlenkolk

Wer die Natur noch näher kennenlernen möchte, begibt sich auf dem Walderlebnispfad bei Ratzeburg oder in das Naturparkzentrum Uhlenkolk. Zu Letzterem gehört ein rund 20 Hektar großes Freigelände mit Wildpark, in dem mehr als 20 heimische Tierarten leben, außerdem Aquarien mit Fischen der Lauenburgischen Seen. Familiengerecht ergänzen Sonnenwiese, Köhlerhütte, Spielplatz und ein Café das Angebot. Der Naturpark an sich bietet zudem alles vom Fahrradverleih über Ausflugsschiffe oder Anlegestellen für eigene Boote bis hin zu Badestellen. Gasthäuser, Hofläden und Fischereien verführen mit regionalen Spezialitäten.

Erlebnisbahn Ratzeburg

In Schmilau, rund sechs Kilometer südlich von Ratzeburg, gibt es obendrein einen ziemlich ungewöhnlichen Freizeitpark: Aus stillgelegten Bahnhöfen mit rund 13 Kilometern stillgelegter Gleise entstand eine Erlebniswelt mit bewohnbaren Waggons und zum Beispiel einem Kofferhotel: Hier kann man in einem schwebenden Koffer übernachten, der direkt über dem Schlafwagen in den Baumwipfeln hängt. Die lustigen Unterkünfte befinden sich auf dem stillgelegten Bahnhof Schmilau, dem Herzstück der Erlebnisbahn Ratzeburg. Zur Gastronomie gehören ein gläserner Speisewagen und die Es-Bahn mit kunstvoll gestalteten S-Bahnwaggons. In einer alten Straßenbahn sind optische Täuschungen ausgestellt. Aus einer Rübenverladestation entstand zudem der

Geheimtipp

BADESTRAND UND KUTSCHERSCHEUNE

Südwestlich von Ratzeburg führen Landstraßen zum großen Schaalsee, den sich Schleswig-Holstein mit Mecklenburg-Vorpommern teilt. Gegenüber dem stärker besuchten Ratzeburger See findet man hier manche stille Winkel. Schön zum Baden ist ein kleiner Sandstrand in Seedorf mit Liegewiese, Imbiss und Terrassenlokal direkt am Wasser in einer Nebenbucht des Schaalsees. Anschließend lohnt sich auch die Einkehr in der nahe gelegenen Kutscherscheune mit Seeterrasse (in Groß Zecher, ca. drei Kilometer). Hier werden auch ganzjährig Zimmer, Ferienwohnungen und Ferienhäuser vermietet.

Badestrand am Schaalsee: Hauptstraße, 23883 Seedorf

Zur Kutscherscheune Cafe & Restaurant. Lindenallee 15, 23883 Groß Zecher, Tel. 04545/801, www.kutscherscheune.de

benachbarte Abenteuerbahnhof Hollenbek mit dem »Baumhaushotel in einem explodierten Zug«.

Auf dem Gelände in Schmilau stehen auch die verrücktesten Fahrzeuge bereit, die Besucher mieten können und teils auf den stillgelegten Gleisen verkehren. So geht es per Draisine mit Hebelkraft zum Ratzeburger See, wo man wiederum auf Wasserfahrzeuge umsteigen und die schöne Inselstadt Ratzeburg umfahren kann – wahlweise mit dem Hydrobike (Wasserfahrrad), Kanu oder dem Drachenboot für Gruppen. Auch gibt es Konferenzfahrräder, auf denen bis zu sechs Personen radelnd im Kreis sitzen (und etwas besprechen) können. Mit der Erlebnisbahn ist auch ein elektromobiles Wochenende möglich: eine Tour mit einem Elektroauto, mit dem Leichtkraftrad um die Lauenburgischen Seen und mit Pedelecs zum Radeln.

Oben: Hier hat ein Eisenbahnfan seine Leidenschaft verwirklicht.
Unten: Per Draisine geht es bis nach Ratzeburg.

Infos und Adressen

SEHENSWÜRDIGKEITEN

Naturparkzentrum Uhlenkolk/Wildpark. Waldhallenweg 11, 23879 Mölln, Tel. 04542/80 31 61, wildpark.uhlenkolk@stadt-moelln.de, www.moelln.de

AKTIVITÄTEN

Erlebnisbahn Ratzeburg. Am Bahnhof im Zug, 23911 Schmilau, Tel. 04541/89 80 74, schmilau@erlebnisbahn-ratzeburg.de, www.erlebnisbahn-ratzeburg.de

ESSEN UND TRINKEN

Gastronomie auf dem Gelände der Erlebnisbahn, etwa im umgebauten Speisewagen

ÜBERNACHTEN

Erlebnisbahn Ratzeburg: Unterkünfte in den umgestalteten Zügen und anderen originellen Plätzen

INFORMATION

Tourismuszentrum erlebnisreich. Hauptstraße 150, 23879 Mölln, Tel. 04542/85 68 60, erlebnisreich@hlms.de, www.erlebnisreich-herzogtum-lauenburg

Hofmarkt Bauerngarten

Naturparkverwaltung. Eigenbetrieb Kreisforsten, Herzogtum Lauenburg, Abteilung Naturpark Lauenburgische Seen, Farchauer Weg 7, 23909 Fredeburg, Tel. 04541/86 15 17, www.naturpark-lauenburgische-seen.de, Kreisforstverwaltung: www.kreisforst.de

Im Restaurant Fischerstube in Ratzeburg

50 Mölln
Die Till-Eulenspiegel-Stadt

Der Mann, der die Welt zum Narren hielt, soll im Mittelalter in Mölln verweilt und auch hier gestorben sein. Das ist kaum zu übersehen bei einem Besuch der hübschen Kreisstadt. Roter Backstein, Kopfsteinpflaster und die direkte Lage am See verleihen ihr reichlich Charme. Auch die Wege zu Ausflugszielen im Naturpark sind kurz.

Am historischen Marktplatz konzentrierte sich schon zu Gründerzeiten das städtische Leben. Hier wurden u.a. Gerichtsurteile gefällt, Strafen vor der schaulustigen Öffentlichkeit vollzogen und Menschen an den Pranger gestellt. Von Letzterem zeugt noch die Nachbildung des »Schandpfahls« mit eiserner Kette. Rundherum gruppieren sich schmucke Fachwerkhäuser, die romanische St.-Nicolai-Kirche (frühes 13. Jh.) und das 1373 erbaute Rathaus. Es ist das zweitälteste Rathaus in Schleswig-Holstein (nach dem Lübecker Rathaus) und gilt als Paradebeispiel der Backsteingotik. Im Inneren ist die stadtgeschichtliche Sammlung des Möllner Museums zu besichtigen.

Am Till-Brunnen

Till Eulenspiegel ist natürlich auch zugegen. Als Skulptur krönt er den Brunnen auf dem Marktplatz. Der für die berühmten Geschichten sorgende Narr soll im Jahr 1350 in Mölln gestorben sein – und den Möllner Bürgern zuvor noch einige Streiche gespielt haben. Es soll Glück bringen, Fußspitzen und Daumen der Bronzefigur gleichzeitig zu berühren, weshalb sie schon ganz blank gerieben sind. Wer weiß, ob die vielen, die es ta-

Ihn trifft man hier auf jeden Fall, den wohl größten Schelm der Nation.

Der Möllner Stadtsee mit der St.-Nicolai-Kirche

ten, damit nicht auch ein wenig zum Narren gehalten wurden, doch schaden kann es ja nicht. Gleich gegenüber können Stadtbesucher die Geschichte Eulenspiegels in einem Museum nacherleben. Die Dauerausstellung zeigt die Entwicklung Till Eulenspiegels von der literarischen Figur bis zur heutigen Kinderbuchfigur. Das erste bekannte Buch mit seinen Geschichten wurde bereits im Jahr 1510/11 veröffentlicht. Das Eulenspiegel Museum ist eine eigenständige Abteilung des Möllner Museums. Dazu wurde ein altes Fachwerkhaus auf dem Markt (1582) saniert.

Eulenspiegel–Festspiele und Stadtführungen

Ein besonderes Ereignis sind die Eulenspiegel-Festspiele, die alle drei Jahre auf dem historischen Marktplatz stattfinden. Weitaus häufiger hat man Gelegenheit, Till in der Stadt anzutreffen: Bei der »Till Eulenspiegel-Begrüßung« kann man den wieder auferstandenen Schalk in Menschengestalt begegnen.

Mölln liegt im Naturpark Lauenburgische Seen, ist also besonders im Osten von Gewässern umgeben und an der Alten Salzstraße gelegen (siehe S. 258). So sind auch Ausflüge in die Umgebung reizvoll und besonders zu empfehlen.

(siehe S. 258)

Infos und Adressen

SEHENSWÜRDIGKEITEN
Möllner Museum. Stadtgeschichtliche Sammlung im Rathaus und Eulenspiegel Museum. Marktstraße 2, 23879 Mölln, Tel. 04542/83 54 62, www.moellner-museum.de

ESSEN UND TRINKEN
Zum Weißen Ross. Restaurant und Zweisternehotel direkt am Wasser. Hauptstraße 131, 23879 Mölln. Tel. 04542/27 72, www.weissesross.com.

ÜBERNACHTEN
Pension Seeschlösschen. Gästezimmer und Apartments in einer Jugendstilvilla. Auf den Dämmen 11, 23879 Mölln, Tel. 04542/37 37, www.seeschloesschen-moelln.de

FESTE UND EVENTS
Eulenspiegel-Festspiele. Geplant sind sie wieder für 2018.

INFORMATION
Tourist-Information. Städtische Kurverwaltung Mölln im Historischen Rathaus, Am Markt 12, 23879 Mölln, Tel. 04542/70 90 oder 856 88 90, ferien@moelln.de, www.moelln-tourismus.de

Bei der Seebrücke
von Niendorf

REISEINFOS

Anreise

Die meisten Ortschaften an der schles-wig-holsteinischen Ostseeküste sind gut an das Verkehrsnetz angebunden. Hauptachsen für die Anreise mit dem Auto sind die Autobahnen A 1 Hamburg-Fehmarn sowie die A 7 Hamburg-Flensburg. Erstere ist die kürzeste Strecke für Fahrten Richtung Lübeck/Ostholstein, während Letztere besonders für die direkte Anreise zu den nördlichen Küstenorten zwischen Kiel und Flensburg relevant ist. Bei der Fahrt nach Fehmarn über die A 1 ist zu beachten, dass die Fehmarnsundbrücke bei stürmischem Wetter oftmals für leere Lkws und Anhänger gesperrt ist, was auch Wohnmobile betreffen kann – zeitige Planung nach Wetterbericht hilft Warten zu vermeiden.

Für die Anreise mit der Bahn gibt es zahlreiche Verbindungen. Besonders zu den größeren Städten ist meist eine direkte und schnelle Anreise per ICE möglich. Bei kleineren Ortschaften kann es hingegen eine zeitaufwendigere Anfahrt mit Regionalzügen und mehrfachem Umsteigen bedeuten. Berücksichtigt man wiederum, dass es gerade zu Ferienzeiten auch zahlreiche Staus auf den Autobahnen gibt, ist die Bahn dennoch oft die bessere Wahl – und sie entlastet die Umwelt.

Zum Nahverkehr in Schleswig-Holstein, für den das Bundesland selbst verantwortlich ist, zählen derzeit 1179 Kilometer Schienennetz mit 178 Bahnstationen und 26 000 Kilometer Buslinien mit 7500 Haltestellen. Sechs Eisenbahnunternehmen und knapp 50 Busunterneh-

Ankunft in Travemünde

Allee bei Gut Emkendorf im Naturpark Westensee

men befördern täglich fast 900 000 Menschen. Um den Busverkehr kümmern sich die 15 Kreise und kreisfreien Städte im Land. Infos und Fahrpläne unter www.nah.sh

Eine Anreise mit dem Flugzeug kann über den Airport Hamburg-Fuhlsbüttel und die anschließende Weiterfahrt mit Bahn, Bus oder Mietwagen erfolgen, oder per Anschlussflug nach Lübeck, Schleswig-Holsteins größtem Verkehrsflughafen. Lübeck Airport verbindet die Metropolregion Hamburg und den Ostseeraum mit Zielen in Europa. Der Flughafen sucht nach einer erneuten Insolvenz derzeit (Stand 2015) einen neuen Betreiber. Außerdem gibt es in Kiel einen

Regionalflughafen. Infos unter www.hamburg-airport.de, www.flughafen-luebeck.de, www.airport-kiel.de

Sonnenbaden im Windschatten

Einkaufen

Mit großen Städten in jeder Region bietet die Ostseeküste vielfältige Einkaufsmöglichkeiten nahe der Küste. Ganz oben im Norden ist Flensburg mit seiner fast zwei Kilometer langen Einkaufsmeile, zu der die Fußgängerzone Holm/Breite Straße gehört, durch die Nachbarschaft zu Dänemark geprägt: Beide Sprachen, die Möglichkeit, oft auch in Kronen/Öre bezahlen zu können, und dänische Spezialitäten machen die Fördestadt zu einem besonderen Shoppingerlebnis. Über den Harisleer Ortsteil Wassersleben (wo es bereits einen dänischen Supermarkt gibt) sind auch dänische Ortschaften gut zu erreichen. Lakritz, skandinavische Mode und Zutaten für die originalen Hotdogs sind die bei Urlaubern wohl beliebtesten Produkte. Flensburg mit seinen historischen Gassen und Kaufmannshöfen hat obendrein viele inhabergeführte Läden. Zu den regionalen Produkten gehören z. B. Rum und andere Spirituosen.

Im Hafenstädtchen Eckernförde verbinden sich die historischen Straßenzüge des Fischerviertels und eine kleine, moderne Fußgängerzone. Auch der wöchentliche Fischmarkt im Hafen zieht viele Gäste an. Außer fangfrischem Fisch gibt es andere regionale Spezialitäten, Souvenirs und Flohmarktware. Besonderes Flair bietet auch die Lübecker Altstadtinsel. Das Marzipan, für das die Hansestadt berühmt ist, bekommt man hier in allen Varianten. In der Landeshauptstadt Kiel blieb zwar wenig historische Substanz erhalten, dafür lädt die Fußgängerzone (Holstenstraße) in unmittelbarer Hafennähe zum Flanieren und Shoppen ein.

Christa Krüger mit einem Dorsch im Hafen von Niendorf

Modernes Shoppen im Kieler Einkaufs-zentrum Sophienhof

Die Fischersiedlung Holm in Schleswig

In den Seebädern und anderen Badeorten sind vielfach Promenaden mit einem Angebot an Strandutensilien, Supermärkten, Souvenirs und oft auch Boutiquen etc. vorhanden. Hier bekommt man meist auch passende Kleidung für Wind und Wetter, falls doch nicht ganz das Richtige eingepackt wurde.

Fangfrischen Fisch kann man vielerorts in Schleswig-Holstein bekommen. Über die Möglichkeiten und aktuelle Anlandungen informiert die Initiative Fisch vom Kutter, die sich für regionalen, saisonalen, fair gehandelten und nachhaltigen Fisch einsetzt. Infos unter www.fischvomkutter.de

Ermäßigungen

Einzelne Rabatte und andere Ermäßigungen gibt es in vielen Kultureinrichtungen, Schwimmbädern etc. Gebündelt sind sie mit der ostseecard* möglich, die Zugang zu abgabepflichtigen Stränden, Ermäßigung bei Freizeiteinrichtungen u. Ä. bietet. Derzeit beteiligen sich 19 Orte und 25 Partner der schleswig-holsteinischen Ostseeküste an dem Projekt. Man bekommt die Karte direkt vom Vermieter der Ferienunterkunft oder im jeweiligen Touristbüro. Infos unter www.ostseecard.de

Speziell für die Region Lübeck-Travemünde gibt es außerdem die HappyDay Card, erhältlich als Tageskarte, Zwei-Tageskarte oder 72-Stunden-Ticket. Zu ihren Leistungen zählen unbegrenzte Fahrten in allen Bussen und Bahnen zwischen Lübeck und Travemünde sowie Ermäßigungen in vielen Museen, im Theater, in der Musik- und Kongresshalle sowie bei Hafen- und Kanalrundfahrten.

So süß kann Eckernförde sein: die Bonbonkocherei Hermann Hinrichs.

Zu kaufen gibt es sie in den Tourist-Informationen Lübeck und Travemünde und in vielen Lübecker Hotels.

Infos im Internet

Die offizielle Homepage der Tourismus-Agentur Schleswig-Holstein GmbH, www.sh-tourismus.de, informiert umfassend über die Ferienregionen an der schleswig-holsteinischen Ostseeküste. Mit der Funktion Suchen & Buchen sind dort auch direkt buchbare Unterkünfte von Partnern zu finden, wobei es sich um Angebote des jeweils angegebenen Partners handelt.

Über Daten und Fakten zum regionalen Tourismus informiert der Tourismus-verband Schleswig-Holstein e.V. auf www.tvsh.de. Nachrichten aus Schleswig-Holstein und aller Welt sind auch online in der shz zu lesen (www.shz.de). Das Portal beinhaltet auch das ebenfalls zu dem Verlag gehörende Flensburger Tageblatt als Online-Ausgabe.

Bauernhof-Eis aus Ahrensbök

273

Strandkörbe und ein
bisschen Nostalgie

Am Strand von Haffkrug

Klima und Reisezeit

Die Ostseeküste Schleswig-Holsteins ist von gemäßigtem Klima geprägt. Im Sommer liegen die durchschnittlichen Höchsttemperaturen bei um die 25 Grad. Im Winter pendelt sich das Thermometer in der Regel bei um die null Grad ein. Bei den jährlichen Sonnenstunden liegt die Ostseeküste im bundesweiten Vergleich weit vorn. Besonders im Herbst und Winter kann es ordentlich stürmen, Sturmfluten mit Hochwasser sind aber an der Ostsee extrem selten.

Mit ihren sehenswerten Städten ist die Küste zwischen Flensburg und Lübeck ganzjährig ein lohnenswertes Reiseziel, selbst in den Seebädern ist auch im Winter noch einiges los. Insofern hängt die ideale Reisezeit von den persönlichen Vorlieben ab. Zu den Ferienzeiten, besonders im Sommer, wird es meist auf den Autobahnen und an vielen Stränden sehr voll. Auch wer über Weihnachten/ Silvester an die Ostsee fahren möchte, sollte frühzeitig buchen. Ruhiger und wettermäßig schön ist es z. B. im Juni.

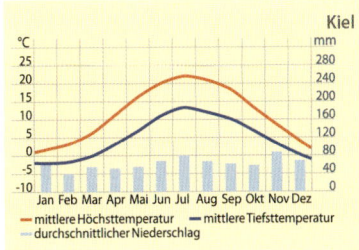

275

Oft unterschätzt wird die intensive Sonneneinwirkung an der See. Selbst bei kühlerem Wetter oder bedecktem Himmel kann sie sehr intensiv sein. An ausreichend Sonnenschutz (Lotion mit hohem Lichtschutzfaktor), bei Bedarf auch Kopfbedeckung ist daher unbedingt zu denken.

Notrufnummern

Wie überall in Deutschland gelten in Schleswig-Holstein die zentralen Notrufnummern:

Polizeinotruf
Telefon: 110
Feuerwehrnotruf
Telefon: 112

Öffentliche Verkehrsmittel

siehe Anreise

Tourismus-Informationen

Tourismus-Agentur
Schleswig-Holstein GmbH,
Wall 55, 24103 Kiel,
info@sh-tourismus.de,
www.sh-tourismus.de,
Tel. 0431/60 05 83

Tourismusverband
Schleswig-Holstein e.V.,
Wall 55, 24103 Kiel,
Tel. 0431/560 10 50,
www.tvsh.de

Sterneküche an der Ostsee

Hier wurde auch für die TV-Serie »Der Landarzt« gedreht.

DEZEMBER/JANUAR

Feuer & Flamme. Rund um den Jahreswechsel leuchtet die Lübecker Bucht bei Fackelwanderungen, Shows wie Fire&Ice und anderen Aktionen in den Seebädern. www.luebecker-bucht-ostsee.de

Anbaden. In vielen Badeorten stürmt man bereits am Neujahrstag das Wasser. Eine Ausnahme ist Travemünde (siehe Mai). www.ostsee-schleswig-holstein.de

Die Windjammerparade ist der Höhepunkt der »Kieler Woche«.

FEBRUAR

Biikebrennen. Der Brauch, am 21. Februar große Feuer zu zünden, soll sich zwar ursprünglich an der Nordsee entwickelt haben, doch man pflegt ihn auch an der Ostsee in vielen Strandorten und Dörfern, etwa in Wassersleben bei Flensburg oder Grömitz an der Lübecker Bucht. www.ostsee-schleswig-holstein.de

MÄRZ

Meer Frühling. Das Seebad Großenbrode feiert den Frühlingsanfang mit buntem Programm an der Strandpromenade. www.grossenbrode.de

APRIL

Osterfeuer. Und wieder glühen die Strände, um den Winter zu vertreiben. An vielen Küstenorten. Am Abend des Ostersamstags. www.ostsee-schleswig-holstein.de

MAI

Anbaden in Travemünde. Vor der Kulisse der historischen Badekarren stürmen Mutige die noch kühle See im Badedress wie anno dazumal. Auch wer sich nicht traut, darf mitfeiern bei Musik, Speis und Trank. In der Regel am Samstag nach Himmelfahrt. www.travemuende-tourismus.de

Weltfischbrötchentag. In den Seebädern an der Ostseeküste Schleswig-Holsteins feiert man jährlich den »Norddeutschen Burger«. Mit maritimem Unterhaltungsprogramm. www.ostsee-schleswig-holstein.de

JUNI – AUGUST

Eutiner Festspiele. Im Juni beginnt jährlich das sommerliche Klassik-Festival auf der romantischen Freiluftbühne Deutschlands am Eutiner See. Juni–August. www.eutiner-festspiele.de

Kieler Woche. Eines der weltgrößten Segelsportereignisse mit Regatten, Volksfest und Kinderprogramm. Jährlich im Juni.

Dampf Rundum Flensburg. Maritime Großveranstaltung im Flensburger Hafen mit Traditionsschiffen, dem Salondampfer »Alexandra« u. v. m. Alle zwei Jahre (jeweils die ungeraden Jahre, also wieder 2017, 2019 etc.) an einem Wochenende im Juli. www.flensburger-dampfrundum.com/dampfrundum.htm

Flensburger Hofkultur. Einen ganzen Monat lang wird in Flensburgs malerischen Höfen gefeiert, mit Livemusik, Kabarett und Filmvorführungen. Jährlich von Mitte Juli bis Mitte August. www.hofkultur.flensburg.de

Schleswig-Holstein Musik Festival (SHMF). Ein internationales Kulturereignis, jährlich im Juli und

August. Schlösser und Herrenhäuser, Scheunen und Ställe sowie die schönsten Kirchen Schleswig-Holsteins bilden eine stimmungsvolle Kulisse für hochkarätige Darbietungen – aber auch ungewöhnliche Orte wie Werften und alte Industriehallen. www.shmf.de

Travemünder Woche. Die Segelregatta der Lübecker Bucht ist zwar nicht ganz so berühmt wie die »Kieler Woche«, doch genauso ein Ereignis von Weltrang. Wassersport und ein Festival für die ganze Familie. Zehn Tage, jährlich Mitte Juli. www.travemuende-tourismus.de

AUGUST

Eutiner Festspiele. Höhepunkte der Klassik auf der romantischen Freiluftbühne Deutschlands am Eutiner See. Juni–August. www.eutiner-festspiele.de

SEPTEMBER

Traumautomeile. Edelmodelle und Neuheiten, blitzender Chrom und mobile Highlights, darunter zahlreiche Weltpremieren. Die Traumautomeile findet auf der Promenade von Timmendorfer Strand, an einem Wochenende Anfang September statt. www.timmendorfer-strand.de

OKTOBER

Kohlregatta Heiligenhafen. Zum Ende der Segelsaison, rund um den Tag der Deutschen Einheit, füllt sich der Hafen mit Traditionsschiffen aus aller Welt. Vier Tage. www.heiligenhafen-touristik.de

DEZEMBER

In Fischers Wiehnacht. Der malerische Fischerhafen von Niendorf verwandelt sich am zweiten Adventswochenende in einen märchenhaften Weihnachtsmarkt. www.timmendorfer-strand.de

Lübecker Weihnachtsmarkt. Die Hansestadt mit ihren sieben Kirchtürmen erstrahlt, die Altstadtinsel mit mehreren Weihnachtsmärkten ist eines der schönsten Erlebnisse zur Adventszeit. www.luebecker-weihnachtsmarkt.de

Auch ohne Schnee bezaubernd: Weihnachtsmarkt auf der Lübecker Altstadtinsel

OSTSEEKÜSTE
für Kinder und Familien

Reiterferien begeistern vor allem die Mädchen.

Die Ostseeküste ist allein schon aufgrund ihrer vielen Strände ein Ziel für die ganze Familie. Schon die Kleinsten haben schließlich Spaß daran, im Sand zu buddeln oder bei Regenwetter im Meerwasserwellenbad zu planschen. Doch genauso kommen ältere Kinder und Jugendliche auf ihre Kosten – von Animation über Wassersport bis hin zu speziellen Kulturangeboten ist alles möglich.

Schon Spaß bei der Anreise

Familien, die eine lange Anreise haben und Ziele wie Kiel oder Flensburg ansteuern, könnten in Hamburg einen spannenden Zwischenstopp einlegen. Ohnehin geht es dort über die Autobahn A 7 als Nord-Süd-Achse durch den Elbtunnel. Hier bietet es sich an, die Ausfahrt HH-Othmarschen zu nehmen und von dort auf kurzem Weg die Elbchaussee anzusteuern. Diese wiederum führt Richtung stadteinwärts über die Verlängerungen Palmaille und St. Pauli Hafenstraße direkt zum Hafen, wo u. a. das Miniatur Wunderland ein Top-Ziel für Groß und Klein ist, die weltgrößte Modelleisenbahn in der Speicherstadt (vorherige Buchung ist besonders an Wochenenden und zu Ferienzeiten sinnvoll, da es voll werden kann). Auch in die Hamburger City sind es von hier aus nur wenige Schritte.

Alle, die Richtung Lübeck/Ostholstein/Fehmarn wollen, können Hamburg zwar über die Autobahn A 1 großräumig umfahren, doch genauso den Schlenker durch die Metropole einlegen – vom Hafen ist die Fortsetzung der A 1 im Hamburger Osten schnell erreicht. Alternativ bietet sich nahe der A 1, bereits in Schleswig-Holstein, im Sommer ein Badestopp an der Drei-Seen-Platte Lütjensee, Mönchsteich und Großensee (Abfahrt Ahrensburg) an. Am Großensee gibt es auch ein Freibad.

Ohnehin liegen auch viele der in diesem Reiseführer vorgestellten Ausflugsziele nahe der Autobahnen, sodass sich Zwischenstopps etwa im Tierpark Arche Warder oder in Rendsburg mit der spannenden Schwebefähre (beides A 7) einbauen lassen – Frühzeitige Planung ist also sinnvoll!

○ Kinder bis 6 Jahre

Viele Strände an der eher ruhigen Ostsee sind ideal für Familien, seicht ins Meer abfallend, mit feinem Sand, Promenade und Strandkorbverleih und DLRG-Überwachung während der Saison. Kleinen und großen Abenteurern gefallen außerdem die vielerorts vorhandenen naturbelassenen Strände mit wilden Küsten, steinigen Bereichen, in denen sich Fossilien verstecken, und Plätzen, an denen man auch mal ein Lagerfeuer machen kann.

○ Kinder bis 10 Jahre

Entlang der Promenaden wird außerdem viel Animation und Betreuung geboten, sodass Eltern auch mal für sich sein können. Im Kinderhafen am Strand von Dahme etwa gibt es ein buntes Programm mit Bastelhits für Kids, Piratentagen, Zirkusfesten und Fußballturnieren. Daran können Kinder ab 6 Jahren

Tipps für Kinder und Familie

auch alleine teilnehmen. Im benachbarten Seebad Kellenhusen gibt es Animation für Kinder im Käpt´n-Kelli-Klub (ab 3 Jahren), und auch viele andere Badeorte haben einiges für die jungen Gäste im Angebot. Auch steigen im Sommer oft Familienfeste und Aktionen wie eine Mini-Disco oder Kindershows.

O Kinder bis 14 Jahre

Ältere Kinder und Jugendliche kommen auch auf ihre Kosten, sei es beim Surfen, im Kletterpark oder einfach beim Chillen in der Beachbar. So gibt es auch trendige Strandlokale wie in Surendorf auf dem Dänischen Wohld mit Wassersport gleich nebenan. In Kellenhusen an der Lübecker Bucht lädt die 305 Meter lange Erlebnis-Seebrücke mit ihren Themeninseln und Hängematten, Wasserspringmöglichkeiten von Kuben, Leitern und Brettern zum Relaxen und Sonnenbaden ein.

OO Glücksburger Wasserschloss
Nicht nur kleinen Prinzessinnen gefällt das schwanenweiße Wahrzeichen von Glücksburg. Kinder können seine prachtvollen Räume auf unterhaltsame Weise erkunden, anschließend lockt der nahe Kurstrand Sandwig mit seinem Wassersportangebot.

OO Artefact Powerpark
In diesem Vergnügungspark kann man statt Achterbahn fahren mit der Sonne um die Wette strampeln, statt Lose zie-

hen Antworten auf spannende Fragen erleben und die wohl einzige »Watt-Wanderung« an der Ostsee unternehmen.

OOO Phänomenta Flensburg
Die Experimentierausstellung bringt physikalische Phänomene auf eine Weise näher, die selbst den größten Schulfachmuffel aus der Reserve lockt. Rund 170 Experimente für verschiedene Altersstufen.

OOO Freizeitpark Tolk-Schau
Bootsrutsche, Sommerrodelbahn, Swing Boot, Familien-Achterbahn, Berg- und Talbahn, Autoscooter und viele andere Fahrgeschäfte, Tiere und ein »Tal der Dinosaurier«. Für die Kleinsten gibt es Kinderkarussells, eine Pferdchenbahn, Schwanen-Tretboote, (Wasser-)Spielplätze und einen Märchenwald.

OOO Naturerlebniszentren in Eckernförde
Die Eichhörnchen-Schutzstation am Windebyer Noor steht auch Besuchern offen. Hier werden verletzte Eichhörnchen und »Findelkinder« gepflegt und wieder ausgewildert oder finden dauerhaft ein Zuhause. Sie gehört zum UmweltInfoZentrum (UIZ) Eckernförde. Nicht weit davon können Besucher im liebevoll gestalteten Ostsee Info-Center (OIC) jede Menge Spaß haben und dabei noch viel über den Lebensraum »vor der Tür« erfahren.

OO Kulturinsel Dietrichsdorf
Hier können sich einmal die großen Kinder und jugendliche Familienmitglieder

Nasser Rutschspaß im Hansa-Park

Urlaub auf dem Bauernhof
Wer neben dem Badeurlaub auch Spaß am Leben mit Tieren hat, ist hier genau richtig aufgehoben. Von Streicheltieren über Reiterferien bis zum aktiven Hofleben wird alles geboten. Infos gibt es zum Beispiel unter: www.landsichten.de/schleswig-holstein

Jugendherbergen
Eine preiswerte Variante für alle, denen Komfort nicht so wichtig ist, sind die Jugendherbergen, etwa in Eckernförde: Hier können in der Regel auch ganze Familien unterkommen. Dazu ist zwar eine Mitgliedschaft (Jugendherbergsausweis) erforderlich, doch der Jahresbeitrag ist gering und man kann ihn dann auch öfter nutzen. https://familienurlaub.jugendherberge.de

Ferienwohnung, Hotel & Co.
Als stark touristisch geprägte Region bietet die Ostseeküste Schleswig-Holsteins Ferienwohnungen, Hotels und andere Unterkünfte in allen Kategorien. Ein besonders bei Familien beliebtes All-Inclusive-Ziel mit viel Trubel ist auch der Ferien- und Freizeitpark Weißenhäuser Strand: www.clubfamily.de/hotel/ferien-und-freizeitpark-weissenhaeuser-strand

so richtig »austoben«: Auf dem Gelände der Fachhochschule Kiel entstand eine wahre Schatzinsel für Medien- und Kulturfreunde. Einige der Angebote sind auch für kleine Kinder geeignet.

○○○ Arche Warder
In Europas größtem Tierpark für vom Aussterben bedrohte Haus- und Nutztierrassen begegnet man unter anderem dem schon in der Bibel erwähnten Jakobsschaf, das bis zu sechs Hörner haben kann und kuriose Vertreter.

○○○ Hansa-Park
Achterbahn fahren direkt am Meer, größter Nervenkitzel im »Fluch von Novrogod« und noch ganz viele andere Erlebnisse warten in dem Freizeitpark nahe Lübeck.

Kleiner Sprachführer

ALLGEMEIN

achtern hinten
adschüs tschüss
anspräken ansprechen, um etwas
  bitten
bidden bitten
dat deit mi Leed Entschuldigung
dremmeln drängeln, schieben
dröge trocken
Dustern Dunkelheit
Feudel Wischlappen für den Boden,
  hiervon abgeleitet: feudeln
freuh, fröh früh
Goden Avend Guten Abend
Goden Dag ok Guten Tag
goot groß
Hus Haus
kick mol wedder in schau mal
  wieder rein
Kinnings Kinder
Klock Uhr
Klönsnack Plauderei
laat spät
luschern schauen, gucken
lütt klein
Mäkelborg Mecklenburg
min Jung mein Junge
Moin Hallo
Puschen Hausschuhe
schnacken reden, bereden
snacken reden, sprechen
Schöndank Dankeschön
sutsche sachte, locker, entspannt
Trecker Traktor
Water Wasser

UNTERWEGS

linksch links
piel geradeaus
rechtsch rechts

ESSEN UND TRINKEN

Labskaus Deftige Hausmannskost
  mit püriertem Pökelfleisch, Kartoffel-
  brei, Roter Bete und einem Spiegelei
  obendrauf
Tüften un Plum Kartoffelsuppe mit
  Pflaumen

WETTER

Daak Nebel
dat klaart up es klart auf
heet heiß
ieskoolt eiskalt
koolt kalt
Rägen Regen
Schietweder schlechtes Wetter
Sünnschien Sonnenschein

ZAHLEN

1 een / ein
2 twee / twei
3 dree / drei
4 veer
5 fief
6 söss / sess / soss
7 söben / söven
8 acht
9 negen
10 teihn
100 hunnert / hünnert
1000 dusend

WOCHENTAGE

Mandag Montag
Dingsdag Dienstag
Middwoch Mittwoch
Dunnersdag Donnerstag
Fridag Freitag
Suennabend Samstag
Suenndag Sonntag

Wellness auf Norddeutsch.

plop'

BIER BEWUSST GENIESSEN.
DIE DEUTSCHEN BRAUER.

ÖKO-TEST
Flensburger Pilsener
sehr gut

Genuss erleben. Flensburger Pilsener.
Gebraut mit Küstengerste aus Schleswig-Holstein.

Register

Impressum

Produktmanagement: Claudia Hohdorf
Lektorat: Katja Retieb
Korrektorat: Anke Höhne
Layout: Elke Mader
Umschlaggestaltung: Zero Werbe-
agentur
Repro: Repro Ludwig
Kartografie: Kartographie Huber, Heike
Block
Herstellung: Bettina Schippel
Printed in Slovenia by Florjancic

Sind Sie mit diesem Titel zufrieden?
Dann würden wir uns über Ihre
Weiterempfehlung freuen.

Erzählen Sie es im Freundeskreis,
berichten Sie Ihrem Buchhändler,
oder bewerten Sie bei Onlinekauf.

Und wenn Sie Kritik, Korrekturen
Aktualisierungen haben, freuen wir
uns über Ihre Nachricht an
Bruckmann Verlag,
Postfach 40 02 09,
D-80702 München
oder per E-Mail an
lektorat@verlagshaus.de.

Unser komplettes Programm finden
Sie unter

 www.bruckmann.de

Alle Angaben dieses Werkes wurden von
den Autoren sorgfältig recherchiert und
auf den neuesten Stand gebracht sowie
vom Verlag geprüft. Für die Richtigkeit
der Angaben kann jedoch keine Haftung
übernommen werden.

Danksagung:
Der Bildautor Ottmar Heinze bedankt
sich beim Team des Ostsee-Holstein-
Tourismus e.V. ganz herzlich für die
Unterstützung.

Bildnachweis:
Alle Bilder des Innenteils und des Um-
schlags stammen von Ottmar Heinze,
Hamburg, außer:
huber-images.de/Gräfenhain, S. 18;
huber-images.de/Sabine Lubenow,
S. 19 u.; Integrierte Station Geltinger
Birk. Landesamt für Landwirtschaft, Um-
welt und ländliche Räume, S. 79; Lan-
deshauptstadt Kiel/Bodo Quante, S. 278;
Christine Lendt, S. 126; picture alli-
ance/dpa, S. 94 u.; Probstei Museum,
S. 167; Shutterstock/katatonia82,
S. 146 o.; Shutterstock/Bildagentur
Zoonar GmbH, S. 188 o.; taff/Benjamin
Nolte, S. 60; Wikimedia Commons/Jörg
Braukmann, S. 94 o.; Wikimedia Com-
mons/Niteshift, S. 76 u.; Wikimedia
Commons, S. 251/252 o.; ZKW, S. 159

Umschlag:
Vorderseite: Rapsfeld auf Fehmarn
(oben); Der Heringskönig 2015 von Kappeln (mitte rechts); Fehmarn mit dem
Leuchtturm Flügge (unten); Rückseite:
Heiligenhafen Graswarder (links); Strand
und Seebrücke in Niendorf (rechts)

Die Deutsche Nationalbibliothek ver-
zeichnet diese Publikation in der Deutschen Nationalbibliografie; detaillierte
bibliografische Daten sind im Internet
über http://dnb.d-nb.de abrufbar.

© 2016 Bruckmann Verlag GmbH
ISBN 978-3-7343-0417-0